KB058314

영어 전치사
②③④⑤번의 뜻도
힘써 알자

저자 **Max Lee** (이충훈)

영어 콘텐츠 개발 및 영어 교육업체 English Edition을 운영하고 있는 저자는 네이버 온라인 영어 카페 "나도 영어로 말할래"를 통해 재미없고 수동적인 영어 공부가 아닌 미드, 팝송, 영화와 함께 즐기는 능동적이고 재미있는 영어 공부를 강조하고 있다. 청소년기 때부터 뉴질랜드, 호주 등에서 유학했고, 성균관대학교 대학원에서 TESOL 석사 과정을 수료했다. 또, 공동경비구역 JSA에서 육군 통역병으로도 복무했다.
학생들에게 토익, 텝스, 수능, 공무원, 경찰영어 등 다양한 시험 영어를 가르치면서 시험 영어의 뼈대인 문법과 회화 훈련을 결합한 커리큘럼 완성을 인생의 목표로 삼고 있다. 저서로는 〈영어 ○○을 힘써 알자〉 시리즈, 〈미드&스크린 영어회화 표현사전〉, 〈영어회화패턴 이건 기본이야〉 등이 있다.

영어 전치사 ②③④⑤번의 뜻도 힘써 알자

지은이 Max Lee (이충훈)
초판 1쇄 인쇄 2019년 1월 21일
초판 1쇄 발행 2019년 2월 8일

발행인 박효상 **총괄 이사** 이종선 **편집장** 김현 **기획·편집** 신은실, 김효정, 김설아
디자인 이연진 **조판** 디자인마루 **마케팅** 이태호, 이전희 **관리** 김태옥

종이 월드페이퍼
인쇄·제본 현문자현

출판등록 제10-1835호 **발행처** 사람in
주소 04034 서울시 마포구 양화로 11길 14-10 (서교동) 3F
전화 02) 338-3555(代) **팩스** 02) 338-3545
E-mail saramin@netsgo.com **Homepage** www.saramin.com

책값은 뒤표지에 있습니다.
파본은 바꾸어 드립니다.

ⓒ 이충훈 2019

ISBN
978-89-6049-717-7 14740
978-89-6049-718-4 (세트)

사람이 중심이 되는 세상, 세상과 소통하는 책 **사람in**

영어 전치사 ②③④⑤번의 뜻도 힘써 알자

Max Lee 지음

사람in
saram
in.com

저자의 말
각 전치사의 여러 뜻을 모르고 영어를 잘할 수 없다!

[주어 + 동사] 혹은 [주어 + 동사 + 목적어] 같은 영어 문장을 만드는 어순 틀을 익히는 것이 영어 말하기를 위해서 절대적인 것만큼, 다양한 전치사들의 정확한 쓰임과 의미를 활용하는 연습을 하는 것 또한 여러분의 영어 말하기 능력 향상을 위한 또 하나의 절대적 요소입니다. 왜냐하면 다양한 전치사를 알고 활용해야만 문장에 시간, 장소, 방법 등과 관련한 구체적인 부가 설명을 더하면서 문장을 확장시켜 나갈 수 있기 때문입니다. 여러분이 흔히 알고 있는 in, at, on 등의 전치사는 반드시 뒤에 명사가 위치하여 at school (학교에서), in Korea (한국에서), on the wall (벽에) 같이 하나의 의미 덩어리로 결합됩니다. 이렇게 '전치사 + 명사' 덩어리를 우리 문법에서는 전치사구, 또는 간단히 전명구라고 부릅니다. 전명구는 문장의 앞, 중간, 뒤에 위치하여 문장에 시간, 위치, 장소, 방법 등과 관련한 다양한 내용을 덧붙여 주는 역할을 하지요. 예를 들어, 영어의 기본 어순인 [주어 + 동사]의 틀로, "걔들이 도착했어"는 They arrived가 됩니다. 여기에 '전치사 + 명사' 의미 덩어리를 붙여서 시간, 장소, 방법 등의 추가적인 정보를 말할 수 있게 되지요. 아래의 예문처럼 말입니다.

They arrived at the station. (걔들 역에 도착했어.)
They arrived at 9. (걔들 9시에 도착했어.)
They arrived by ambulance. (걔들 앰뷸런스 타고 도착했어.)

위의 예문에서 보듯이 영어식 어순을 활용해 문장을 완성해 가는 과정에서 '전치사 + 명사' 덩어리를 활용해 더 긴 문장을 말할 수 있게 되고, 이를 통해 좀 더 구체적인 세부 내용을 전달할 수 있게 되는 겁니다. 그러므로 다양한 전치사를 알지 못하고 이러한 전치사 표현을 문장에서 적절히 사용하는 연습을 하지 않는다면 절대로 말하기 실력이 향상할 수 없게 되지요.

영어 말하기 실력 향상을 방해하는 또 한 가지 요소를 말씀드리면, 모르는 단어를 사전에서 찾을 때 가장 대표적인 뜻만 확인하고 만다는 겁니다. 사실, 동사와 전치사는 회화에서 대표 뜻 말고 그 외의 의미로도 쓰이는 경우가 참 많습니다. 전치사 at을 예로 들어볼까요? 대표적인 뜻은 '(장소를 콕 지정해서 말하는) ～에'입니다. 하지만 사전에서 2, 3, 4, 5번의 뜻을 살펴보면 '(시간을 나타내어) ～에', '(나이를 나타내어) ～살에', '(방향) ～으로, ～을 향해', '～ 중에 있는'이 있습니다. 2, 3, 4, 5번 뜻이라고 잘 안 쓰일 것 같다고요? 절대 아닙니다.

I got up <u>at</u> 6 o'clock. (난 6시에 일어났다.)
I got married <u>at</u> the age of 23. (난 23살에 결혼했다.)
Why are you shouting <u>at</u> me? (왜 저한테 소리치시죠?)
They were <u>at</u> war. (그들은 전쟁 중이었다.)

이렇게 실제 회화에서 다양하게 쓰이기 때문에 전치사의 용도와 더불어 각각의 뜻을 아는 것이 중요합니다.

이미 시중에는 수많은 전치사 책이 있습니다. 하지만 아쉬운 부분은 거의 모든 전치사 책이 영어 말하기를 위한 실질적인 연습 과정을 제공하지 못하고, 단순히 이미지를 활용하여 전치사의 개념만 전달하는 것에 초점을 맞추고 있다는 겁니다. 전치사 개념을 이해한다고 해서 영어 말하기 능력이 늘지는 않습니다. 중요한 것은 전치사의 개념을 이해한 후, 실제로 해당 전치사를 활용하여 영어식 어순으로 문장을 직접 만들어 보고, 또 이를 다양한 대화문을 통해 말해 보는 연습을 하는 것이죠. 본 도서는 전치사의 개념 이해에만 초점을 두고 있지 않습니다. 각 전치사별 핵심 개념과 다양한 뜻을 이해하고 난 후, 영어식 어순에 맞추어 예문을 살펴보고, 또 문장을 직접 영작해 본 후에 다양한 대화문으로 단계적인 연습을 할 수 있게 구성되어 있습니다. 또, 짧지만 알찬 동영상 강의와 함께 좀 더 긴 대화문을 통해서 전치사를 좀 더 실제 말하기에 가까운 상황에서 활용할 수 있게 했습니다. 적극적으로 문장을 써 보고, 대화문을 통해서 문장을 말하는 연습을 하며 살아 있는 말하기 능력을 키우시길 바랍니다.

Max 올림

우리말 '~에'는
무조건 in으로 통일해 쓰는 당신에게

문제를 하나 내볼게요. 아래 색깔로 표시한 부분은 어떤 전치사를 써야 할까요?
'책상에 열쇠 있어.
방에 누군가 있어.
(다른 곳이 아니라) 지하철역에서 그거 봤어.'

아마, 열 명 중 반 정도는 다 in으로 써야 한다고 생각하실 거예요. 왜냐고요? 학교에서 학원에서 그렇다고 배웠으니까요. in 하면 '~에, ~ 안에'의 뜻으로 혼자는 못 쓰이고 뒤에 장소를 나타내는 명사 표현이랑 같이 써야 한다고 배웠을 겁니다. 영어가 이렇게 간단하다면 얼마나 좋겠어요. 그렇지 않으니까 많은 사람들이 머리를 싸매며 고심합니다.

특히, 어느 정도 문장을 보고 해석이 가능한, 나름 문장도 만들 수 있는 분들한테 어려운 점이 뭐냐고 하면 거의 대부분이 '전치사'가 어렵다고 합니다. 우리말 해석으로는 다 비슷비슷한데 어떨 때는 얘를 썼다가 어떨 때는 쟤를 썼다가 한다고요.

그럼 위의 문장을 한번 볼까요? 먼저, '책상에 열쇠 있어' 이 문장부터 해봅시다. 이게 정확하게 말하면 '책상 위에 열쇠가 있어'의 뜻입니다. 열쇠가 책상 표면 위에 접촉해 접촉면 바로 위에 있는 거예요. 이렇게 접촉면 바로 위에 있다는 의미로 '~에'의 뜻일 때는 on을 써야 합니다. 그래서 The key is on the desk가 맞습니다. 두 번째 '방에 누군가 있어'는 방 안에 누군가 있다로 우리가 알고 있는 내부의 '~ 안에'의 뜻입니다. 이때는 in을 쓰는 게 맞아요. 그래서 Someone is in the room이 되는 거죠. 마지막으로 '(다른 곳이 아니라) 지하철역에서 그거 봤어'는 내가 그것을 본 곳은 경찰서도 아니고, 공항도 아니고 콕 찍어서 지하철역이라고 가리키는 거예요. 이렇게 어떤 내부가 아니라 한 지점을 콕 찍어서 가리킬 때는 in이 아니라 at을 써야 합니다. 그래서 I saw it at the subway station이 되는 것이지요. 이런 명확한 의미 구분이 안 되는 상태에서 영어 문장을 접하다 보면 분명 해석은 대충 하는데 언제 in을 쓰는지, at을 쓰는지, on을 쓰는지 개념이 정립되지 않아서 머릿속에서 마구 섞이는 상황을 겪게 됩니다.

사실, 이건 여러분 잘못이 아니에요. 전치사의 중요성을 인지하지 못하고 우리말 뜻만 가르친 선생님들께 문제가 있는 것이죠. 전치사는 우리말에는 없는 말이에요. 우리말은 후치사라고 하니까요. 후치사 하니까 더 어렵다고요? 어렵지 않아요. '미선이에게', '방 안에', '너를 통해서'처럼 색깔 부분이 핵심어 뒤에 오는 걸 후치사라고 해요. 영어는 우리말과 달리 앞에 오기 때문에 전치사라고 합니다. 결국은 앞에 오냐 뒤에 오냐의 차이일뿐 우리말에도 있는 내용입니다.

그럼 이것들이 하는 역할이 무엇이냐, 궁금하시죠? 핵심어의 뜻을 더 분명하게 해줍니다. 전치사나 후치사(앞으로는 전치사라고 할게요) 없이 그냥 미선이, 너, 방 이렇게만 있다고 해봅시다. 얘네들 만으로는 말하고 싶은 내용이 뭔지 정확하게 알 수가 없습니다. 전치사를 써야만 미선이를 좋아하는 게 아니라 미선이에게 공을 던졌다는 걸 알 수 있고, 전치사를 써야만 네가 걔한테 직접 준 게 아니라 너를 통해서 그 애에게 전달이 되었다는 걸 전할 수 있습니다. 또 전치사를 써야만 '방을 청소한 게 아니라 방 안에서 꼼짝 않고 있었다'는 걸 제대로 말할 수 있습니다. 이렇듯 전치사 하나를 어떻게 쓰느냐에 따라서 문장의 의미가 달라지고 뉘앙스가 바뀌기 때문에 소홀히 할 수 없는 부분이기도 합니다.

여러분은 전치사가 문장에서 차지하는 위상을 제대로 깨닫고 정확히 공부하고 싶어서 이 책을 집으셨을 겁니다. 그런 여러분께 몇 가지 당부 말씀을 드리고 싶습니다.

먼저, 절대로 한국어 뜻을 그대로 받아들이지 말기 바랍니다. 앞에서 '~에'에 해당하는 전치사가 여러 개 있고, 각각의 쓰임새가 다 다르다는 걸 설명했습니다. 한국어 뜻을 보더라도 의미상 어떤 것이 될지 세밀하게 파악할 수 있도록 하세요.

두 번째, 전치사는 제 아무리 각각의 미묘한 뜻과 용법을 마스터했다 해도 문장으로 체화하지 않으면 아무 소용이 없습니다. 반드시 해당 용법의 문장을 완전히 외워서 활용할 수 있게 해야 합니다. 시각으로 본 게 100이라면 말로 나오는 건 반의 반도 안 됩니다. 그만큼 시각 정보를 output하는 게 쉽지 않다는 이야기입니다. 꼭 여러 번 반복하여 익숙해지도록 해야 합니다.

마지막으로, 응용 문장을 많이 만들어 봐야 합니다. 정확한 의미와 용법, 뉘앙스를 익히고, 기본 문장을 마스터하고 나면 여러분 스스로가 문장을 만들고 싶어집니다. 기초가 탄탄하니까 자신감이 생기거든요. 그럴 때 어려운 내용보다는 여러분 주변의 일상을 전치사를 활용해 묘사해 보세요. 그게 바로 회화에서 쓰일 수 있는 문장이고, 그렇게 해서 회화 실력이 느는 거니까요.

영어 학습의 변방으로 치부되던 전치사의 가치를 알아본 여러분의 안목에 찬사를 보내며, 이 책을 통해 여러분의 회화와 전반적인 영어 실력이 한층 더 업그레이드 되기를 진심으로 바랍니다.

자, 이제 슬슬 시작해 볼까요?

01 at을 한눈에!

02 in을 한눈에!

03 on을 한눈에!

12   헷갈리는 전치사를 한눈에!

다른 책에는 없는
〈영어 전치사 ②③④⑤번의 뜻도 힘써 알자〉 만의 특징

개념 정리가 명확합니다.
헷갈리는 전치사, 알고 보면 비슷비슷한 한국어로 퉁쳐서 그렇습니다. 개별 전치사의 가장 핵심 뜻을 알려 주고 거기에서 파생된 ②③④⑤번의 의미와 쓰임을 알려 주니, 더 이상 헷갈리지 않고 쓸 수 있습니다.

쓰잘데기 없는 내용은 안 알려줍니다.
전치사도 파고들면 무궁무진합니다. 하지만 우리가 전치사 관련 논문을 쓰지 않을 바에야 그것을 다 할 필요가 없습니다. 영어로 문장을 만들어 내는 데 필요한 즉, 회화 문장을 만들어 내는 데 필요한 전치사와 그 용법을 알면 됩니다. 그 외에는 관심 있는 분들만 공부하시면 됩니다.

예문이 너무나도 현실적입니다.
기본 개념에 파생된 개념까지 겨우 이해하는데 들어주는 예문이 어디 가서 써 먹지도 못할 거라면 맥빠지죠? 우리 책은 그런 거 없습니다. 일단 미드나 영화에서 활용될 정도로 실용적인 예문을 들어주거든요. 그렇다고 문장이 어렵냐. 그것도 아닙니다. 어렵지 않으면서도 피부에 와닿는 현실적인 문장, 그 어려운 것을 〈영어 전치사 ②③④⑤번의 뜻도 힘써 알자〉는 해냅니다.

저자의 동영상 강의가 일품입니다.
강의하시는 선생님 외모에 신경을 쓰느라 혹시라도 집중하지 못할까(?) 저자는 자신을 철저히 숨긴 채 오로지 강의로만 승부합니다. 책 자체로도 이해가 가지만, 오랜 집필과 강의 경험이 녹아든 동영상 강의를 보고 있자면 예전에 그렇게나 헷갈리던 전치사가 쏙쏙 이해가 됩니다.

어순 전환 배치 과정을 문장마다 보여줍니다.
우리가 전치사를 공부하는 건 결국 우리말을 영어 문장으로 정확하게 만들기 위해서입니다. 우리말과 영어는 어순이 달라서 영어로 바로 바꾸기가 쉽지 않습니다. 그렇게 바로 바꿀 수 있으려면 훈련을 해야 하잖아요. 〈영어 전치사 ②③④⑤번의 뜻도 힘써 알자〉에서는 들어준 예문마다 어떤 식으로 전환해서 영어 문장이 되는지를 보여주니 그걸 보다 보면 전치사 개념 파악에 어순 배치가 시간이 가면서 잘 될 수밖에 없습니다.

이렇게 하면 영어 실력 향상 100% 보장!

유닛 설명

각 유닛에 들어가면 기본 설명이 나옵니다.
이 부분에 모든 게 달려 있어요. 절대 그냥 지나
치지 말고 꼼꼼히, 이해가 갈 때까지 읽으세요.
이 부분만 이해하면 다른 건 어려울 게 없어요.

---

unit 1

난 킹 스트리트 17번지에 살아.
I live at 17 King Street.

at: (공간에서 한 지점, 위치) ~에

전치사 at은 공간에서의 한 지점, 위치를 가리킵니다. '11번지에', '버스 정류장에', '모퉁이에', '책상에', '문밖)에'처럼 지점, 위치를 나타낼 때 at이 쓰이지요. in과 비교했을 때 in이 국가명, 도시명 등과 함께 쓰이기에 in은 넓은 장소는 좁은 장소에 쓰인다고 얘기하는 경우가 많습니다. 하지만, 비교적 큰 장소인 공항이나 역의 위치를 얘기할 때 at the airport (공항에), at the station (역에)이라고 하는 것처럼, 단순히 넓거나 좁은 개념으로 접근하지 말고 공간의 어느 지점, 또는 어느 위치란 기본 뜻으로 접근해서 표현을 익히는 게 좋습니다. 참고로 at the gym처럼 [전치사+명사] 덩어리는 앞에 있는 명사를 꾸며 주는 역할도 합니다. 그래서 the people at the gym은 '체육관이라는 한 지점에 있는 사람들, 즉, '체육관 사람들'의 의미가 되지요.

전치사 감잡기

왼쪽 한글 문장을 영어로 만들어 보면서 전치사
에 관한 감을 잡아 봅시다. 한국어 문장을 바로
영어로 하는 게 어려울 거예요. 하지만 걱정하지
마세요. 어떤 식으로 어순을 재배치해야 하는지
자세히 나와 있으니까 보면 바로 감이 탁 옵니
다. QR코드를 찍어서 원어민들의 발음을 들어
보는 건 필수죠!

▶ 001-2

[전치사 감 잡기] 쉬운 문장으로 전치사 감을 잡자!

난 킹 스트리트 17번지에 살아.
나는 I / 산다 live / 킹 스트리트 17번지에
at 17 King Street

I live at 17 King Street.

걔 차가 신호등에서 기다리고 있어.
그의 차는 His car / 기다리고 있다 is waiting /
신호등에서 at the traffic light

His car is waiting at the traffic light.

안내 데스크에 아무도 없었어.
아무도 없었다 There was no one /
안내 데스크에 at the information desk

There was no one at the information desk.

상단에 성함을 적어 주세요.

Please write your name at the

Max쌤의 강의

QR 코드를 찍어 보세요. 선생님이 아주 이해가
쏙쏙 가게 설명해 놨습니다. 옆의 대화 문장은,
보기에는 쉬워 보이지만 요게 아주 일상 회화에
서 응용하기 좋은 것들이라서 반드시 달달 외워
두시기를 강추합니다. 해당 유닛의 전치사에서
핵심이 되는 내용이 다 담겨 있거든요.

내 친구들이랑 해변에 수영하러 갔어.

▶ Max쌤의 강의 001

A Hey, Mark. How was your summer vacation?
B It was awesome. I visited my friends in Hawaii.
A Hawaii? It's a beautiful place, isn't it? So what did you do there?
B I visited many interesting places, and ate a lot of delicious food.
Also, I went swimming at the beach with my friends. It was the best time of my life.

A: 이, 마크. 여름 방학 여행이? B: 굉장했지. 하와이에 있는 친구들을 방문했거든.
A: 하와이? 거기 이름다운 곳이잖아, 안 그래? 그래 거기서 뭐 했어?
B: 재미있는 곳도 많이 갔고, 맛있는 음식도 많이 먹었지. 또, 친구들이랑 해변에 수영하러 갔거든. 내 인생 최고의 시간이었거든.

문장 조립하기

이제, 설명도 읽었고, 선생님 강의도 들었으니까 한국어 문장을 여러분이 직접 영어로 만들어 보세요. 어렵지 않습니다. 오른쪽에 힌트 단어랑 설명이랑 다 수록했으니까 조금만 머리 굴리면 다 할 수 있어요. 여기에 나온 문장에서 단어만 바꿔 말하면 얼마든지 멋지게 말할 수 있습니다.

회화로 연결하기

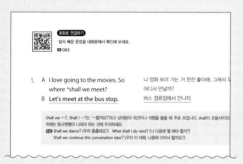

백문이불여일견이라고 하죠? 백 번 듣는 것보다 한 번 보는 게 낫다고요. 이게 영어에서는 백견이불여일화라고 바뀌어야 합니다. 백 번 보는 것보다 한 번 말하는 게 낫다고요. 눈으로 아무리 영어 문장을 많이 봐도 보기만 해서는 영어 절대 잘할 수 없습니다. 말로 할 수 있어야 하지요. 앞의 페이지에서 열심히 만들었던 영어 문장, 그냥 만들기만 하고 안 쓰면 소용없습니다. 어떤 상황에서 어떤 뉘앙스로 쓰이는지 말할 수 있어야 진정한 영어 문장 만들기가 완성됐다고 할 수 있는 거죠. 그래서 너무 부담스럽지 않게 배운 문장을 활용할 수 있는 회화를 넣었습니다. 솔직히, 이 부분의 백미는 직접 만들어 본 문장 외의 다른 문장입니다. 아, 우리말로 이게 영어로는 이런 뜻이구나 하는 게 정말 많거든요.

* 회화 표현을 보면 파란색 별* 표시가 있습니다. 회화 문장을 만드는 데 필요한 문법 사항을 꼼꼼하게 체크해 요렇게 하나씩 콕 찍어 설명을 해주었습니다. 알고 나면 아주 유용한 내용이 될 거라 자신합니다. 최대한 쉽게 설명했으니까 꼭 자기 것으로 만들어 주세요.

이제 제대로 한판 공부해 볼 준비가 되셨나요? 그럼, 출발해 볼까요?

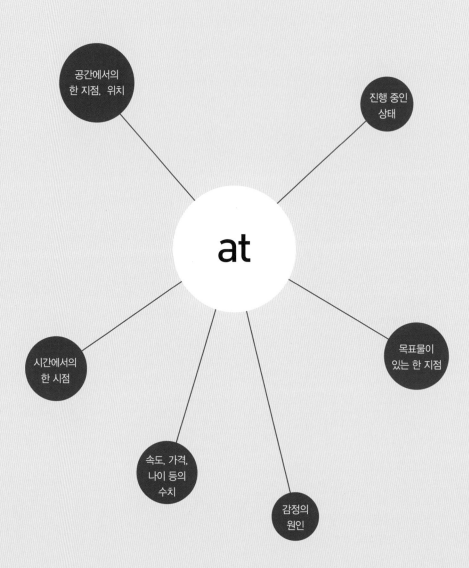

01

at을 한눈에!

at은 at the corner (모퉁이에), at the airport (공항에)처럼 공간에서의 한 지점, 위치를 나타낼 때 쓰입니다. 즉, 언급되는 장소의 어딘가에 마치 하나의 '점'처럼 위치하고 있음을 전달하지요. 이렇게 공간상 한 점의 개념에서 그 의미가 확장되어 at 3 (3시에), at midnight (자정에), at dinner (저녁 식사 때)처럼 시간상에서 한 시점을 나타낼 때도 at을 쓰게 됩니다. 이렇듯 공간과 시간상에서 위치, 한 점의 개념은 전치사 at을 아우르는 대표적인 이미지입니다. 이 외에, shout at (〜를 향해 소리치다), shoot at (〜를 향해 쏘다)처럼 목표물을 향해 날아가는 한 점의 개념, 그리고 be surprised at (〜에 놀라다), get mad at (〜에 화가 나다)처럼 특정한 감정 표현과 함께 쓰여 그러한 감정을 느끼게 한 대상을 언급할 때 마치 점처럼 콕 집어서 at으로 표현하지요. 또, at 100 kilometers 100킬로미터로), at the age of 10 (10살 나이에) 같이 속도, 가격, 나이 등 수치상의 한 점을 언급할 때도 at이 활용됩니다. 마지막으로 at은 the나 a(n) 등의 관사 없이 특정 명사와 함께 at lunch (점심 식사 중인), at war (전쟁 중인), at church (예배 중인)처럼 쓰이면 특정 활동 상태가 진행 중임을 전달하는 숙어 표현이 되기도 합니다.

이처럼 다양한 at의 세계로 우리 같이 떠나볼까요?

난 킹 스트리트 17번지에 살아.
I live at 17 King Street.

at: (공간에서 한 지점, 위치) ~에

전치사 at은 공간에서의 한 지점, 위치를 가리킵니다. '11번지에', '버스 정류장에', '모퉁이에', '책상에', '문(앞)에'처럼 지점 즉, 위치를 나타낼 때 at이 쓰이지요. in과 비교했을 때 in이 국가명, 도시명 등과 함께 쓰이기에 in은 넓은 장소, at은 좁은 장소에 쓰인다고 얘기하는 경우가 많습니다. 하지만, 비교적 큰 장소인 공항이나 역의 위치를 얘기할 때 at the airport (공항에), at the station (역에)이라고 하는 것처럼, 단순히 넓거나 좁은 개념으로 접근하지 말고, 공간의 어느 지점, 또는 어느 위치란 기본 뜻으로 접근해서 표현을 익히는 게 좋습니다. 참고로 at the gym처럼 [전치사+명사] 덩어리는 앞에 있는 명사를 꾸며 주는 역할도 합니다. 그래서 the people at the gym은 '체육관이라는 한 지점에 있는 사람들' 즉, '체육관 사람들'의 의미가 되지요.

▶ 001-2

전치사 감 잡기 쉬운 문장으로 전치사 감을 잡자!

난 킹 스트리트 17번지에 살아.
나는 I / 산다 live / 킹 스트리트 17번지에
at 17 King Street

I live at 17 King Street.

걔 차가 신호등에서 기다리고 있어.
그의 차는 His car / 기다리고 있다 is waiting /
신호등에서 at the traffic light

His car is waiting at the traffic light.

안내 데스크에 아무도 없었어.
아무도 없었다 There was no one /
안내 데스크에 at the information desk

There was no one at the information desk.

상단에 성함을 적어 주세요.
적어 주세요 Please write / 당신의 이름을 your name
/ 상단에 at the top

Please write your name at the top.

샘은 컴퓨터 책상(앞)에 앉아 있어.
샘은 Sam / 앉아 있다 is sitting /
컴퓨터 책상(앞)에 at the computer desk

Sam is sitting at the computer desk.
미드: Supernatural

내가 체육관 사람들에게 얘기해 볼게.
나는 I / 얘기할 것이다 will talk
/ 사람들에게 to the people / 체육관에 있는 at the gym

I'll talk to the people at the gym.
미드: Little Red Book

내 친구들이랑 해변에 수영하러 갔어.

A Hey, Mark. How was your summer vacation?

B It was awesome. I visited my friends in Hawaii.

A Hawaii? It's a beautiful place, isn't it? So what did you do there?

B I visited many interesting places, and ate a lot of delicious food.
Also, **I went swimming at the beach with my friends.** It was the best time of my
life.

A: 야, 마크. 여름 방학 어땠어? B: 끝내줬지. 하와이에 있는 친구들을 방문했거든.
A: 하와이? 거기 아름다운 곳이잖아, 안 그래? 그래 거기서 뭐 했어?
B: 재미있는 곳도 많이 갔고, 맛있는 음식도 많이 먹었지. 또, 친구들이랑 해변에 수영하러 갔었어. 내 인생 최고의 시간이었다니까.

문장 조립하기 다음 우리말을 영어로 써 보자.

1. 버스 정류장에서 만나자.

....

- meet 만나다 / the bus stop 버스
  정류장
- '~하자'라고 권유할 때는 [Let's+동
  사원형] 패턴으로 문장을 만듭니다.

2. 난 애플에서 일해.

....

- work 일하다 / Apple (회사) 애플
- 보통 회사명, 학교명 앞에는 at이 붙
  습니다. **e.g.** I study at Harvard. (전
  하버드에서 공부해요.)

3. 카운터에 있는 저 여자 누구야?

....

- Who 누구 / that girl 저 여자 / the
  counter 카운터
- Who are you? (너 누구야?)처럼 be
  동사가 쓰인 의문사 의문문의 어순은
  [의문사+be동사+주어 ~?]입니다.

4. 나 힐튼호텔에서 묵고 있어.

....

- stay 묵다, 머물다 / the Hilton hotel
  힐튼호텔
- '~하고 있다'는 현재진행형 시제로
  [be동사의 현재형 am/are/is+동
  사 -ing] 형태로 씁니다.

5. 걔 너희 대학교 학생이니?

....

- a student 학생 / your college 너희
  대학교
- 너희 대학교라는 위치를 나타내며 거
  기에 소속된 학생이냐는 의미이므로
  at을 씁니다.

1. A I love going to the movies. So where *shall we meet?

   B **Let's meet at the bus stop.**

   나 영화 보러 가는 거 완전 좋아해. 그래서 우리 어디서 만날까?

   버스 정류장에서 만나자.

> Shall we ~?, Shall I ~?는 '~할까요?'라고 상대방의 의견이나 의향을 물을 때 주로 쓰입니다. shall이 조동사이므로 뒤에는 동사원형이 나와야 하는 것에 주의하세요.
> **e.g.** Shall we dance? (우리 춤출래요?)　What shall I do next? (나 다음에 뭘 해야 할까?)
> Shall we continue this conversation later? (우리 이 대화, 나중에 이어서 할까요?)

2. A Do you *work at LG?

   B No, **I work at Apple.**

   너 LG에서 일하니?

   아니, 나 애플에서 일해.

> 현재시제는 '지금 ~하는 중이다'의 현재진행시제와는 쓰임이 다릅니다. 현재시제는 평소의 습관, 일상처럼 늘 반복되는 상황이나 행동을 설명할 때 쓰이죠. 예를 들어, I eat at the cafeteria. (난 구내식당에서 밥 먹어요.)는 지금 먹는 중이라는 뜻이 아니라 평소에 밥을 먹으면 구내식당에서 먹는다는 일상을 설명하는 문장입니다.

3. A **Who is that girl at the counter?**

   B Oh, that's Jenny. She's cute, *isn't she?

   카운터에 있는 저 여자 누구야?

   아, 쟤 제니야. 쟤 귀엽지, 안 그래?

> 부가의문문은 평서문 뒤에 말 그대로 부가적으로 덧붙이는 의문문입니다. 상대방에게 동의를 구하거나 자신이 말한 내용을 확인하고자 할 때 사용하죠. 부가의문문은 앞에 말한 평서문이 긍정문일 경우, [동사의 부정형+대명사 주어] 형태로 부정문을 사용해야 하는 것이 원칙입니다.
> **e.g.** You <u>can</u> do this, <u>can't you?</u> (너 이거 할 수 있잖아, 안 그래?)
> She <u>likes</u> chocolate, <u>doesn't she?</u> (그녀는 초콜릿을 좋아하잖아, 그렇지 않아?)

4. **A** So, are you staying at *your sister's?

그래서, 너 네 여동생 집에서 묵고 있는 거야?

   B No, **I'm staying at the Hilton Hotel.**

아니, 나 힐튼호텔에서 묵고 있어.

고유명사나 일반명사의 소유격은 단어 뒤에 's를 붙여 줍니다. Tom's (톰의), my sister's (내 여동생의)처럼 말이죠. 하지만 위의 문장에서 your sister's는 your sister's house (네 여동생의 집)에서 house를 생략한 형태입니다. 이렇게 소유격 뒤에 나오는 house (집), store (가게) 등의 단어는 생략이 가능합니다.

5. **A** **Is he a student at your college?**

걔 너희 학교 학생이니?

   B He was a student here, but dropped out *last semester.

여기 학생이었는데 지난 학기 때 자퇴했어.

시간과 관련해 '바로 전의 ~, 지난 ~'의 뜻을 갖는 last는 뒤에 시간 명사가 와서 부사처럼 쓰일 때 앞에 따로 전치사가 오지 않습니다.
e.g. I met her last year. (난 그녀를 작년에 만났어.) We had fun last summer. (우린 지난 여름에 재미있었어.)

Truth lies at the bottom of the decanter.

진실은 술병의 바닥에 놓여 있다. = 취중진담

....
truth 진실 lie 놓여 있다 bottom 바닥 decanter 마개가 있는 유리병

우린 9시에 일 시작해.
We start work at 9.

at: (시간, 나이에서의 한 시점) ~에

전치사 **at**은 시간이나 나이에서 한 시점을 얘기할 때도 쓰입니다. '8시에', '11시 15분에' 같이 구체적인 시간을 말하거나 '아침, 점심, 저녁 식사 때' 같이 시간상의 한 시점을 말할 때도 at이 활용되지요. 또 '11살에', '20살 때'처럼 나이에서의 한 시점을 말할 때도 역시 at이 쓰입니다. 마지막으로 '크리스마스에', '할로윈에', '새해에' 같이 시간상 약간의 기간을 언급할 때도 at이 쓰일 수 있지요. 예문을 통해서 at의 쓰임을 연습해 주세요. 공통적으로 시점의 한 지점에서 콕 하고 점을 찍는 듯한 느낌을 줄 수 있습니다.

 ▶ 004-5

전치사 감 잡기 쉬운 문장으로 전치사 감을 잡자!

우린 9시에 일 시작해.
우리는 We / 시작한다 start / 일을 work / 9시에 at 9

We start work at 9.

그는 20살에 결혼했어.
그는 He / 결혼했다 got married / 20살에 at 20

He got married at 20.

밤에 날 보러 와 줘.
와 줘 Please come / 나를 보러 see me / 밤에 at night

Please come see me at night.

너희 아버지 아침 식사 때 신문 읽으셔?
너희 아버지는 읽으시니? Does your father read / 신문을 the newspaper / 아침 식사 때 at breakfast

Does your father read the newspaper at breakfast?

우린 점심 때 요가 수업 같이 들었어.
우리는 We / (수업, 강의를) 들었다 took / 요가 수업을 a yoga class / 같이 together / 점심 때 at lunchtime

We took a yoga class together at lunchtime.
미드: Close to Home

너 왜 할로윈 때 그거 안 입었어?
너 왜 ~ 안 했어? Why didn't you / 입다 wear / 그것을 it / 할로윈 때 at Halloween

Why didn't you wear it at Halloween?
미드: Big Bang Theory

그건 7시 30분에 시작해.

A There's a free concert tonight. Do you want to come with me?

B Yeah, of course. What time does it start?

A **It starts at 7:30**, so why don't we meet up again at 7?

B Well, they don't usually have enough seats, so why don't we just go now?
   I'll buy you dinner.

A: 오늘 밤에 무료 콘서트가 있어. 나랑 같이 갈래? B: 그럼, 당연하지. 몇 시에 시작하는데?
A: 7시 30분에 시작하니까, 7시에 다시 만나는 건 어때?
B: 음, 그런 콘서트는 보통 좌석이 충분하지 않으니까, 그냥 지금 가는 건 어때? 내가 저녁 사 줄게.

문장 조립하기 다음 우리말을 영어로 써 보자.

1. 내가 너 6시 반에 데리러 갈게.

....

- pick you up 너를 데리러 가다
- '~할 것이다'라고 말하는 사람의 의지, 결심을 전할 때는 조동사 will을 사용합니다.

2. 밤에 나 잠을 잘 잘 수가 없어.

....

- sleep well 잘 자다 / night 밤
- '~할 수 있다'는 가능, 능력을 말할 때는 조동사 can을 사용합니다.

3. 나 너 크리스마스에 볼 거야. (= 크리스마스에 보자.)

....

- see 보다 / Christmas 크리스마스
- '~할 것이다'라고 말하는 사람의 의지, 결심을 전할 때는 조동사 will을 사용합니다.

4. 그것에 관해 저녁 식사 때 더 얘기하자.

....

- talk about ~에 관해 얘기하다 / more 더 / dinner 저녁 식사
- '~하자'고 청유문을 말할 때는 [Let's+동사원형] 패턴을 씁니다.

5. 우리는 지금 함께 살지 않아.

....

- live together 함께 살다 / at the moment 지금
- 참고로 at that moment는 '그때'로 과거의 시점을 나타냅니다.

1. A What time shall we meet?

   B I'll *pick you up at 6:30.

   우리 몇 시에 만날까?

   내가 너 6시 반에 데리러 갈게.

---

pick up (~를 데리러 가다), take off (~를 벗다), try on (~를 입어 보다) 같이 [타동사+부사] 형태로 이루어지는 동사 덩어리들이 있습니다. 이 동사 덩어리를 동사구라고 하는데요, 뒤에 오는 목적어가 대명사일 경우, 반드시 [타동사+목적어+부사]의 순서를 유지해 주어야 합니다.

e.g. I'll pick her up. (내가 그녀를 데리러 갈게.) Take it off. (그거 벗어.)

---

2. A I can't sleep well at night.

   B I think you should not drink coffee or tea *in the evening.

   밤에 나 잠을 잘 잘 수가 없어.

   내 생각에 너 저녁에는 커피나 차 마시지 말아야 할 것 같아.

시간 상 약간의 기간을 나타낼 때는 at이 쓰입니다. at the New Year (새해에), at Christmas (크리스마스에), at night (밤에)처럼 말이죠. 하지만, 아침 (morning), 오후 (afternoon), 저녁 (evening)에는 관용적으로 at이 아닌 in이 쓰이는 점, 알아두세요.

e.g. in the morning (아침에) in the afternoon (오후에) in the evening (저녁에)

---

3. A I'll see you at Christmas.

   B All right. *I'll be counting the days.

   크리스마스에 보자.

   그래. 날짜 세면서 기다리고 있을게.

[will+be+동사-ing]는 미래진행시제입니다. '~하고 있을 거다'로 미래에 계속해서 어떤 행동이나 상황이 진행 중일 것임을 나타낼 때 쓰이는 시제지요.

e.g. I will be doing my homework tonight. (난 오늘 밤에 숙제하고 있을 거야.)

4. **A** Wow, it's already 7. Time flies. <u>**Let's talk about it *more at dinner.**</u>

   B Sounds good. I'm really hungry.

와우, 벌써 7시네. 시간 참 빨라.
그것에 관해서는 저녁 식사 때 더 얘기하자.

좋지. 진짜 배고프다.

> more는 '더'라는 뜻이에요. 어떤 기준치를 넘어서 '더 많이'를 의미할 때 쓰는 단어입니다. 그래서 우리말의 '좀 더 (많이)'는 some more가 되지요. much (많이) – more (더 많이) – most (가장 많이)의 변화도 참고로 알아두세요.

5. **A** <u>**We don't live together at the moment,**</u> but *we're going to move in together at the end of the month.

   B Really? Congratulations!

우리는 지금 같이 살지 않아. 근데, 이달 말에 함께 이사 들어갈 거야.

진짜? 축하해!

> [be동사+going to+동사원형]은 '~할 것이다, ~할 예정이다'란 뜻으로 순간적인 결심이나 의지가 아닌 사전 계획으로 예정된 즉, 계획된 일을 언급할 때 쓰입니다.
> **e.g.** I'm going to study in Japan next year. (나 내년에 일본에서 공부할 거야.)

A fool at forty is a fool indeed.
마흔 살에 어리석은 사람은 진짜로 어리석은 게 맞다.

....
fool 멍청이, 얼간이 indeed 참으로, 진짜로

존이 내게 손가락질 했어.
John pointed his finger at me.

at: (대상, 목표) ~를 향해서, ~에, ~를

전치사 at은 방향성을 갖는 throw (던지다), shout (소리치다), aim (겨냥하다), wave (손을 흔들다) 등의 동사와 함께 쓰여 그러한 행동이 가리키는 대상, 목표물을 언급할 때 쓰입니다. 또, good (잘하는), brilliant (훌륭한), terrible (형편없는) 등의 특정 형용사와 함께 쓰여서 어떤 대상에 대해 잘하는구나 혹은 못하는구나를 설명할 때 사용되기도 하지요.

▶ 007-8

전치사 감 잡기 쉬운 문장으로 전치사 감을 잡자!

존이 내게 손가락질 했어.
존이 John / 가리켰다 pointed /
그의 손가락을 his finger / 나를 향해 at me

John pointed his finger at me.

내게 소리 좀 그만 쳐!
그만해 Stop / 소리치는 것을 shouting / 날 향해 at me

Stop shouting at me!

난 저 새를 조준하고 있어.
나는 I / 조준하고 있다 am aiming / 저 새를 at that bird

I am aiming at that bird.

그는 정말 이걸 잘해.
그는 He / 정말 잘한다 is really good / 이것을 at this

He is really good at this.

그들은 그를 향해 돌을 던졌어.
그들은 They / 던졌다 threw / 돌들을 stones /
그를 향해 at him

They threw stones at him.
미드: Vikings

넌 비밀 지키는 건 형편없구나.
너는 You / 형편없다 are terrible /
비밀 지키는 게 at keeping secrets

You are terrible at keeping secrets.
미드: Bob's Burgers

그들을 향해 소리를 치거나 뭔가를 던지지 마.

A We've finally arrived. Welcome to the zoo.

B This is awesome. Look at all those different animals. Can I feed the animals?

A No, you can't. It's not safe. Also, **don't shout at or throw things at them.**

B Don't worry. I won't do such things.

A: 드디어 도착했네. 동물원에 온 걸 환영합니다. B: 끝내주네요. 저기 다른 동물들 좀 봐 봐요. 동물들에게 먹이를 줘도 돼요?
A: 그건 안 돼. 안전하지 못하니까. 또, 동물들을 향해 소리 지르거나 뭔가를 던지지 마. B: 걱정하지 마세요. 그런 짓은 안 할 테니까.

문장 조립하기 다음 우리말을 영어로 써 보자.

1. 네가 이 공 나한테 던진 거야?

....

- throw 던지다 / this ball 이 공
- '~했니?'는 과거시제로 일반동사의 과거시제 의문문은 [Did+주어+동사원형 ~?]의 틀로 말합니다.

2. 내가 그를 노려봤어.

....

- stare 노려보다, 응시하다
- stare (응시하다, 노려보다) 뒤에는 목적어가 바로 위치 못합니다. 목표물을 지정하는 전치사 at이 꼭 필요하지요.

3. 왜 저를 그런 식으로 쳐다보시는 거죠?

....

- look at ~을 보다 / like that 그런 식으로
- look (보다) 뒤에는 목적어가 바로 위치 못합니다. 목표물을 지정하는 전치사 at이 꼭 필요하지요.

4. 그가 우리를 향해 손을 흔들고 있어.

....

- wave 손을 흔들다
- wave at ~은 '~를 향해 손을 흔들다'는 뜻입니다.

5. 너 요리 정말 잘하는구나.

....

- be good 잘하다 / cooking 요리
- be good at ~은 어떤 구체적이거나 추상적인 행위를 '잘하다'는 뜻입니다.

1. **A** **Did you throw this ball at me?**　　네가 이 공 나한테 던진 거야?

　　B No, it wasn't me. It was Jason. He 　아니. 내가 그런 거 아냐. 제이슨이 그랬다니까.
　　　 *ran away.　　　　　　　　　　　　걔 도망갔어.

> '달리다'의 동사 run은 '멀리'의 부사 away와 결합하여 run away 즉, '도망치다'란 새로운 동사로 재탄생합니다. 이렇게
> away와 결합하여 새로운 동사의 의미로 쓰이는 표현들을 같이 외워 두세요.
> **e.g.** take away (가져가다, 빼앗아 가다)　get away (벗어나다, 멀리 가다)　slip away (빠져 나가다)

2. **A** Did that man cut in line *in front　저 남자가 네 앞에서 새치기한 거야?
　　　 of you?

　　B Yeah, so **I stared at him**, but he 　응, 그래서 내가 그 사람 노려봤거든. 그런데 ,
　　　 didn't move.　　　　　　　　　　　꿈쩍도 안 하더라고.

> in front of는 '~ 앞에'란 뜻입니다. in front of the house (그 집 앞에서), in front of people (사람들 앞에서)처럼 말이
> 죠. before 역시 '~ 앞에'란 의미가 있는데요, before가 좀 더 문어체적인 느낌이 있습니다.

3. **A** **Why are you looking at me like**　왜 저를 그런 식으로 쳐다보시는 거죠?
　　　 that?

　　B Oh, I'm sorry. You just *look like 　아, 죄송해요. 제가 아는 누구랑 닮으셔서요.
　　　 someone I know.

> [look like+명사]는 '~와 닮다'란 뜻입니다. You look like Tom Cruise. (넌 톰 크루즈를 닮았어.), He looks like my
> father. (걔는 우리 아버지를 닮았어.)처럼 활용합니다.

4. A So where is your big brother?

    B He is over there with other boys. Oh, *there he is. **He is waving at us.**

そ그래서 네 형(오빠)은 어디 있는데?

저쪽에 다른 애들하고 같이 있어. 아, 저기 있다. 그가 우리를 향해 손을 흔들고 있어.

> 사람이나 사물을 가리키면서 [There+대명사 주어+is/are]라고 말하면 '~가 저기 있다'란 뜻을 전달합니다. There she is. (그녀는 저기 있어.), There it is. (그거 저기 있어.), There you are. (너 거기 있구나.)처럼 말이죠.

5. A Wow, **you're really good at cooking.**

    B Thanks. *Try this. It's really delicious.

와우, 너 정말로 요리 잘하는구나.

고마워. 이거 먹어 봐. 정말 맛있어.

> 음식을 한 번 먹어 본다고 말할 때는 동사 eat을 쓰지 않고 try를 씁니다. 그러므로 '이것 좀 먹어 봐.'는 Eat this.보다 Try this.라고 말하는 게 더 적절하지요. "난 멕시코 음식 먹어 본 적 있어."라고 말할 때도 try를 써서 I have tried Mexican food.라고 하면 됩니다.

A cat may look at a king.

고양이도 왕을 볼 수 있을지 모른다. [= 누구에게나 기회, 권리가 있을 수 있다.]

....
may ~일지도 모른다 look at ~을 보다

나 너한테 화난 거 아니야.
I'm not mad at you.

at: (원인, 이유) ~에 [의해], ~을 보고, ~을 듣고

전치사 at은 주로 감정을 나타내는 delighted (기쁜), mad (화난), surprised (놀란), disappointed (실망한) 등의 형용사와 결합해 그런 감정을 갖게 된 원인, 이유를 언급할 때 쓰입니다. 또, tremble (벌벌 떨다), call (전화하다) 등의 동사와 결합하여 그러한 행동을 하게 된 이유를 덧붙일 때도 at이 활용되지요.

e.g. I still tremble at the thought of him. (나 아직도 그 남자 생각에 치가 떨려.)

▶ 010-11

전치사 감 잡기 쉬운 문장으로 전치사 감을 잡자!

나 너한테 화난 거 아니야.
나는 I / 화나지 않았다 am not mad / 너한테 at you

I'm not mad at you.

우린 그의 태도에 열이 받았어.
우리는 We / 짜증이 났다 were annoyed / 그의 태도에 at his attitude

We were annoyed at his attitude.

나 그 결과에 실망했어.
나는 I / 실망했다 am disappointed / 그 결과에 at the result

I'm disappointed at the result.

우린 그 소식에 정말로 놀랐어.
우리는 We / 정말 놀랐다 were really surprised / 그 소식에 at the news

We were really surprised at the news.

샘과 딘은 서로에게 얼굴을 찌푸려.
샘과 딘은 Sam and Dean / 얼굴을 찌푸리다 frown / 서로를 향해 at each other

Sam and Dean frown at each other.

난 이 예상치 못한 사건의 반전에 충격 받았어.
나는 I / 충격 받았다 am shocked / 이 예상치 못한 사건의 반전에 at this unforeseen turn of events

I'm shocked at this unforeseen turn of events.

미드: Supernatural

네가 얼마나 많이 실력이 늘 수 있는지 놀랄 걸.

A I suck at writing.

B Don't worry. You just need practice.

A But I don't know where to start.

B If that's the case, I recommend you take this writing course.
   You will be surprised at how much you can improve.

A: 나 글 쓰는 거 진짜 못해. B: 걱정하지 마. 그저 연습이 필요할 뿐이야.
A: 하지만 어디서부터 시작해야 할지를 모르겠어.
B: 그렇다면, 이 글쓰기 과정을 듣는 걸 추천할게. 네가 얼마나 많이 실력이 늘 수 있는지 놀랄 걸.

문장 조립하기 다음 우리말을 영어로 써 보자.

1. 너 나한테 화난 거야?

....

- mad 화난
- mad는 '화난'이고, be mad는 '화나 다'입니다. be동사 의문문은 be동사 를 주어 앞으로 이동시켜야 합니다.

2. 나 네 반응에 조금 놀랐어.

....

- a little 조금 / surprised 놀란 / your reaction 네 반응
- a little은 상태나 양을 수식하는 어구 로 '약간, 조금'의 뜻을 전달합니다.

3. 제가 그의 요청에 전화를 드리는 겁니다.

....

- call 전화하다 / his request 그의 요청
- 지금 전화 중인 것이기에 현재진행형 으로 말해야 합니다. call (전화하다) 뒤에 at이 오면 전화하게 된 계기나 경위를 설명하죠.

4. 난 아직도 내 전 여친 생각에 치가 떨려.

....

- tremble 떨다, 치가 떨리다 / the thought of ~에 대한 생각
- 사람 명사 앞에 ex- 붙으면 '전 ~'이 란 뜻을 전합니다.
  e.g. my ex-girlfriend (내 전 여자친 구), ex-husband (전 남편)

5. 난 그저 네 자신감에 깜짝 놀랐어.

....

- just 그저, 그냥 / amazed 깜짝 놀란 / your confidence 네 자신감

회화로 연결하기

앞서 배운 문장을 대화문에서 확인해 보세요.

▶ 012

1. **A Are you mad at me?**

   B No, I'm not *mad at you. I'm just tired.

   너 나한테 화났니?

   아니, 나 너한테 화난 거 아냐. 그냥 좀 피곤해.

> be mad at[with]은 뭔가에 화가 나다는 뜻입니다. 반면, be mad for는 '무언가에 열광적이다, 무언가를 몹시 탐내다'는 뜻이 되지요. 한때 유명했던 프랜차이즈 식당 '매드 포 갈릭 (Mad for Garlic)'이 무슨 뜻인지 이제 이해가시죠?

2. **A I was a little surprised at your reaction.** You didn't *seem sad at all.

   B Well, I was not on good terms with him. Actually, we both hated each other.

   나 네 반응에 약간 놀랐어. 너 전혀 슬퍼 보이지 않았거든.

   음, 나 그 사람과 사이가 좋지 않았어. 사실, 우리 둘 다 서로를 싫어했지.

> look과 seem은 둘 다 [look/seem+형용사] 틀로 '~한 상태로 보이다'의 뜻입니다. 예를 들어, 행복해 보이는 사람에게 You look happy. 또는 You seem happy.라고 말할 수 있지요. 다만, look이 좀 더 외관상 확연히 보이는 경우에 쓰이고, seem은 추상적으로 그렇다는 느낌이나 생각이 들 때 쓰인다는 차이가 있습니다.

3. A Would you like to *leave a message for Mr. Derek?

   B Actually, **I'm calling at his request.** Please tell him I called.

   데릭 씨에게 메시지 남기시겠어요?

   사실, 제가 그분 요청으로 전화 드리는 건데요. 제가 전화했었다고 전해 주세요.

> 동사 leave는 '~을 떠나다, ~를 남기다, 두고 가다, ~한 상태로 두다' 등 다양한 의미로 쓰입니다. 예를 들어, "나 가방 집에 두고 왔어."는 leave의 과거형 left를 써서, I left my bag at home.이라고 말하면 되지요.

4. **A** **I still tremble at the thought of my ex-girlfriend.**

난 아직도 내 전 여친 생각에 치가 떨려.

B Yeah, *what a bitch! How could she run away with all your money?

그래, 정말 나쁜 년이지! 어떻게 네 돈을 다 가지고 튈 수가 있지?

> [What+(a/an)+(형용사)+명사]는 감탄문 구문으로 '정말 ~대'란 뉘앙스를 풍깁니다. 대화 중 뉘앙스로 좋은 의미이거나 나쁜 의미의 형용사를 쓰는 게 충분히 유추 가능한 상황일 때는 형용사를 생략하고 말하기도 합니다.
> **e.g.** What a bitch! (정말 나쁜 년이야!) What an idiot! (진짜 멍청한 놈이네!)
> What a view! (끝내주는 경치네!)

5. **A** **I'm just amazed at your confidence.** You never back down.

난 그저 네 자신감에 깜짝 놀랐어. 넌 절대로 물러서질 않는구나.

B Well, without confidence, I'm *nothing.

음, 자신감 빼면, 난 시체지.

> 사람을 가리켜 nothing이라고 하면 '쥐뿔도 없는 사람', '아무것도 없는 사람'이란 뜻이 됩니다. 반대로 사람을 가리켜 something이라고 하면 '뭔가 있는 사람', '대단한 사람'이란 뜻이 되지요.
> **e.g.** Wow, he is something. (와우, 그는 정말 대단해. 아주 물건이야.)

I have always been delighted at the prospect of a new day, a fresh try, one more start with a big of magic somewhere behind the morning.

난 아침 뒤편 어딘가에 있는 약간의 마법과 함께 새로운 하루, 새로운 시도, 한 번 더 시작한다는 기대에 항상 기뻤다.

....

delighted 기쁜 prospect 기대, 전망 somewhere 어딘가에 behind ~의 뒤에

그는 18살 나이에 의사가 됐어.
He became a doctor at the age of 18.

at: (속도, 가격, 나이 등의 수치) ~에, ~로

전치사 at은 '~에, ~로'란 뜻으로 가격, 속도, 비용, 나이 등 수치와 관련된 표현을 말할 때 함께 쓰입니다. 예를 들어, '싼 값'은 영어로 a low price인데요, '나 그거 싼 값에 샀어.'는 I bought it (난 그것을 샀어)란 핵심 문장에 전치사 at을 더한 at a low price (싼 값에)를 덧붙여서 I bought it at a low price. (나 그거 싼 값에 샀어.)라고 말하면 됩니다. 참고로, '18살 나이에'는 '18살에'로도 표현할 수 있기에 at 18으로 쓸 수 있습니다.

▶ 013-14

전치사 감 잡기 쉬운 문장으로 전치사 감을 잡자!

그는 18살 나이에 의사가 됐어.
그는 He / ~가 되었다 became / 의사 a doctor /
18살 때 at the age of 18

He became a doctor at the age of 18.

너 시간당 100km로 운전하고 있는 거야?
너 운전하고 있는 거야? Are you driving /
100km로 at 100 kilometers / 시간당 per hour

Are you driving at 100 kilometers per hour?

그는 77세에 노벨평화상을 수상했어.
그는 He / 받았다 won / 노벨평화상을 the Nobel Peace
Prize / 77세에 at the age of 77

He won the Nobel Peace Prize at the age of 77.

나 이것들을 각각 1달러에 팔았어.
나는 I / 팔았다 sold / 이것들을 these /
1달러에 at 1 dollar / 각각 each

I sold these at 1 dollar each.

오늘 날, 사업은 빛의 속도로 움직여.
오늘 날 Today / 사업은 business / 움직인다 moves /
빛의 속도로 at the speed of light

Today, business moves at the speed of light.
미드: Silicon Valley

그것들은 4분마다 백만 개의 비율로 번식할 수 있어.
그것들은 They / 번식할 수 있다 can multiply /
백만 개의 비율로 at the rate of a million / 4분마다
every four minutes

They can multiply at the rate of a million every four minutes.
미드: Doctor Who

적절한 가격에 나온 가죽 재킷이에요.

A   Hello, can I help you?

B   Oh, yes. I'm after something for my boyfriend.

A   How about this? **It's a leather jacket at a resonable price.** It's only 300 dollars.

B   Well, I like it, but I want something cheaper.

A: 안녕하세요. 도와드릴까요? B: 아, 네. 남자친구 줄 선물을 찾고 있어요.
A: 이건 어떠세요? 적당한 가격에 나온 가죽 재킷이에요. 300달러 밖에 안 해요. B: 아, 마음에 들지만, 좀 더 싼 걸로 주세요.

문장 조립하기   다음 우리말을 영어로 써 보자.

1. 누가 20살 나이에 결혼을 해?

....

- Who 누가 / get married 결혼하다
- [의문사+동사 ~?] 어순의 의문문에서 동사가 현재시제일 때는 단수 취급합니다. **e.g.** Who wants this? (누가 이거 갖고 싶니?)

2. 난 시간당 200km로 운전 중이야.

....

- 운전하다 drive / per hour 시간당
- '운전 중이야'는 현재진행시제이므로 [am/are/is+동사 -ing] 형태로 써야 합니다.

3. 대부분의 여성들이 25살 때 첫 아이를 낳아.

....

- Most women 대부분의 여성들 / have one's first child 첫 애를 낳다
- 아이를 낳는다는 건 곧, 아이를 가지게 되는 것이므로 원어민들은 소유동사 have로 말합니다.

4. 그는 빛의 속도로 달릴 수 있어.

....

- run 달리다 / the speed of light 빛의 속도
- '~를 할 수 있다'의 능력은 조동사 can으로 표현합니다. **e.g.** I can do it.(나 그거 할 수 있어.)

5. 싱글 룸이 하룻밤에 60달러니, 그 호텔은 확실히 가성비가 좋아.

....

- a night 하룻밤(에) / for a single room 싱글 룸에 / the hotel 그 호텔 / definitely 확실히 / good value 좋은 가성비
- 속도, 가격, 나이 등의 수치를 말할 때 전치사 at이 사용됩니다.

1. A **Who gets married at the age of 20?**

   B **I'm guessing people *in love.**

   도대체 누가 20살 나이에 결혼을 해?

   사랑에 빠진 사람들이 하겠지.

   > people in love에서 in love는 '사랑에 빠진'으로 앞의 명사 people을 수식해서 '사랑에 빠진 사람들'이란 의미를 전달합니다. 이렇게 [전치사+명사] 덩어리를 전치사구라고 하는데요, 이 전치사구는 명사 뒤에 놓여서 명사를 수식해 줄 수 있습니다.
   > **e.g.** people with money (돈이 있는 사람들) a man in the office (사무실에 있는 사람)

2. A **I'm driving at 200 kilometers per hour.**

   B **Slow down. You will *get yourself killed.**

   나 시간당 200km로 운전 중이야.

   속도 늦춰. 너 그러다 죽어.

   > get은 [get+목적어+과거분사]의 형태로 쓰이기도 합니다. 이때는 '목적어가 ~한 상태가 되게 하다'란 뜻이죠. 위의 문장은 '네 자신을 죽은 상태가 되게 하다' 즉, '죽게 되다'의 뜻이 됩니다. 또 "나 머리 잘랐어."도 이 형태를 이용해 말할 수 있습니다. 머리를 잘랐다는 건 내가 직접 자른 게 아니라 머리카락 (hair)이 미용사에 의해 잘려지게 되는 거잖아요. 그래서 I got my hair cut.이라고 말할 수 있습니다. 참고로 '자르다' cut의 과거분사형은 원형과 같은 cut입니다.

3. A **On average, most women have their first child at the age of 25.**

   B **Really? That's *earlier than I expected.**

   평균적으로, 대부분의 여성은 25세에 첫째 아이를 낳아요.

   정말요? 제 예상보다 더 빠르네요.

   > [비교급+than]은 '~보다 더 ...한'이란 의미를 만들죠. 3음절 이상 형용사들을 제외한 대다수의 형용사 비교급은 형용사 뒤에 -er를 붙이면 됩니다.
   > **e.g.** short (짧은) – shorter (더 짧은)

4. A So this guy *in the mask is Flash.
       What is his superpower?
    B He can run at the speed of light.

그러니까, 마스크를 쓴 이 남자가 플래시란 거
네. 이 자의 슈퍼파워는 뭐야?
그는 빛의 속도로 달릴 수 있어.

[in+의류 명사]의 전치사구는 명사를 뒤에서 수식해서 '~를 입고(신고/끼고) 있는'의 뜻을 더합니다. 즉, '마스크를 쓴 남
자'에서 '마스크를 쓴'은 전치사 in을 활용해 in the mask라고 말하면 되는 거죠.
e.g. a woman in a skirt (스커트를 입은 여성)

5. A At 60 dollars a night for a single
       room, the hotel is definitely a
       good value.
    B Yeah, I think so. Let's *book two
       single rooms at this hotel.

싱글 룸이 하룻밤에 60달러니, 그 호텔은 확실
히 가성비가 좋아.

응, 나도 그렇게 생각해. 이 호텔에다 싱글 룸
두 개 예약하자.

book이 동사로 쓰이면 티켓이나 방을 '예약하다'의 뜻입니다. 참고로 [book A into B] 형태로 쓰면 'A를 B에다가 예약
잡아주다'의 뜻이죠.
e.g. I'll book you into that hotel. (내가 너 저 호텔에 방 잡아 줄게.)

If you're not a communist at the age of 20, you haven't got a heart. If you're still a communist at the age of 30, you haven't got a brain

당신이 20세에 공산주의자가 아니라면, 당신은 감정이 없는 것이다. 당신이 30세에도 여전히 공산주의자라면, 당신은
뇌가 없는 것이다.

....
communist (공산주의자) haven't got (가지고 있지 않다) heart (심장, 감정, 열의)

그 두 나라는 지금 전쟁 중이야.
The two countries are at war now.

at: (상태) ~하는 중인, ~하는 상태인

at은 관사 the나 a/an 없이 쓰인 특정 명사 어휘와 묶여 '~에 종사하는', 또는 '~하는 중인'의 관용어구로도 쓰입니다. 예를 들어, at lunch는 '점심 식사 중인'이란 뜻이고, at prayer는 '기도 드리는 중인', at table은 '식사 중인', at war는 '전쟁 중인'의 뜻이 됩니다. 또, at이 관사 없이 쓰인 건물을 가리키는 명사와 결합되기도 합니다. 이때는 그 건물의 위치나 지점을 말하는 것이 아니라, 그 건물에서 일반적으로 행해지는 활동 자체를 뜻하게 됩니다. 예를 들어, at home은 '집에서 쉬는 중인', at work는 '일하는 중인', at school은 '공부하는 중인'의 의미가 됩니다. (이 경우, 동사는 보통 상태를 나타내는 be동사가 함께 쓰입니다.)

 ▶ 016-17

전치사 감 잡기 쉬운 문장으로 전치사 감을 잡자!

그 두 나라는 지금 전쟁 중이야.
그 두 나라는 The two countries / ~이다 are / 전쟁 중인 at war / 지금 now

The two countries are at war now.

애들은 학교에서 공부하는 거 싫어해.
아이들은 Kids / 싫어한다 hate / 학교에서 수업하는 것 being at school

Kids hate being at school.

난 그와 냉전 상태야.
나는 I / ~이다 am / 냉전 상태인 at odds / 그와 with him

I am at odds with him.

내 남편은 아직도 일하는 중이야.
내 남편은 My husband / ~이다 is / 아직도 일하는 중인 still at work

My husband is still at work.

이제 난 정말 불리한 입장에 있어.
이제 Now / 나는 I / 이다 am / 정말 불리한 입장인 really at a disadvantage

Now I'm really at a disadvantage.
미드: Smallville

내가 한 가지 일에 대해선 네 마음을 편하게 해줄게.
내가 ~해 줄게 Let me / 놓다 put / 네 마음을 your mind / 휴식 중인 (상태로) at rest / 한 가지 일에 대해 about one thing

Let me put your mind at rest about one thing.
미드: Horace and Pete

나 예배 중이야.

A Jane, where are you now?
B **I'm at church.** I can't talk now.
A Just a quick question. Where did you put the remote control?
B Check under the table in the living room. I gotta go. Bye!

A: 제인, 너 지금 어디야? B: 나 예배 중이야. 지금 얘기 못 해.
A: 한 가지만 빨리 물을게. 리모컨 어디다 뒀어? B: 거실에 있는 탁자 아래 확인해 봐. 나 끊어야 해. 안녕!

문장 조립하기 다음 우리말을 영어로 써 보자.

1. 마음 편하게 하셔도 됩니다.

....

- can ~해도 된다 / put 놓다 / your mind 네 마음 / at rest 휴식 중인
- 원어민들은 마음을 편하게 하는 걸 '마음을 휴식 중인 상태로 놓는 것'으로 봅니다.

2. 걔들 아직 식사 중이야?

....

- still 아직도 / at table 식사 중인
- still은 어떤 행동이나 상태가 말하고 있는 순간까지도 계속 지속될 때 씁니다.

3. 난 단지 널 편안하게 해주려고 노력했던 거야.

....

- only try 오직 노력하다 / put 놓다 / at ease 편안한 상태로
- [try to+동사원형]은 '~하기 위해 노력하다'의 뜻입니다.

4. 난 모두 점심 먹고 있을 거라 생각했어.

....

- I thought 나는 생각했다 / everyone 모두 / at lunch 점심 식사 중인
- everyone, everybody, every+단수 명사가 주어에 쓰이면 동사는 단수 취급합니다. **e.g.** Everybody is here. (모두 여기 있어.)

5. 톰은 일하는 중이었고, 제인은 수업 중이었어.

....

- at work 일하는 중인 / and 그리고 / at school 수업 중인
- 건물을 뜻하는 단어를 a/an이나 the 같은 관사 없이 at과 함께 쓰면 그 건물에서 벌어지는 활동을 의미합니다.

1. A Now **you *can put your mind at rest.** We found your dog.
   B Oh, thank you so much.

   이제 마음 놓으셔도 됩니다. 개를 찾았습니다.

   오, 정말 감사드려요.

> 상대방에게 '~해도 돼'라고 허락, 허가를 할 때 [You can+동사원형] 패턴을 활용할 수 있습니다. 조동사 can은 '~할 수 있다'는 가능, 능력 뿐 아니라, '~해도 된다'는 허락, 허가의 의미로도 쓰이기 때문이죠.
> **e.g.** You can come in. (들어오셔도 됩니다.)

2. A **Are they still at table?**
   B Yes, they are. Actually, they're just *getting started.

   걔들 아직 식사 중이야?

   응. 사실, 이제 막 시작하고 있어.

> '시작하다'는 start 외에 get started라고 해도 됩니다. 즉, "시작합시다!"는 영어로 Let's start! 또는 Let's get started!라고 말하면 되지요. 차이라면 start 뒤에는 목적어가 바로 올 수 있지만 get started 뒤에는 그 대상이 전치사 on과 등장해야 한다는 겁니다.
> **e.g.** Let's start the project. = Let's get started on the project. (그 프로젝트 시작하자.)

3. A **I was only trying to put you at ease.**
   B Yeah, I know. And I *thank you for that. But I'm really okay.

   난 단지 널 편안하게 해주려고 했던 거야.

   응, 알아. 그건 정말 고마워. 하지만 나 정말로 괜찮아.

> 상대방에게 고맙다고 얘기할 때 Thank you.라고 하지요. 구체적으로 무엇에 대해 고마운지는 뒤에 전치사 for와 함께 언급해 주면 됩니다. 예를 들어, '도와줘서 고마워.'는 Thank you for your help. '시간 내줘서 고마워.'는 Thank you for your time.이라고 말하면 되지요.

4. **A** I thought everyone was *at lunch.

   B No, we were waiting for you *outside.

난 모두 점심 먹고 있을 거라 생각했어.

아냐, 우리 밖에서 널 기다리고 있었어.

---

outside는 '밖에서, 밖으로'의 뜻입니다. 예를 들어, "난 개를 밖으로 데리고 갔어."는 영어로 I took the dog outside.라고 말하지요. 하지만, outside가 전치사로 쓰일 때도 있어요. 그때는 [outside+명사] 덩어리로 쓰여야 하고요, '~의 밖에, ~의 밖으로'란 뜻입니다.

e.g. We were waiting for you outside the building. (우리는 건물 밖에서 널 기다리고 있었어.)

---

5. **A** Did you check their alibi?

   B Yes, I did. *According to their friends, Tom was at work, and Jane was at school.

그들의 알리바이는 확인해 봤어?

응, 했어. 걔들 친구들에 따르면, 톰은 일하는 중이었고, 제인은 수업 중이었어.

---

according to는 '~에 따르면'이란 전치사구로 화자가 아닌 다른 사람의 의견이나 어떤 내용을 전달할 때 쓰입니다. 또 according to는 무언가의 기준점을 제시하며 '~ 순으로, ~를 기준으로 하여'란 의미로도 사용됩니다.

e.g. Please arrange the books according to size. (크기순으로 책을 정리해 주세요.)

The most violent passion sometimes leaves us at rest, but vanity agitates us constantly.

가장 맹렬한 열정도 가끔씩은 우리를 쉬게 놔두지만, 허영심은 끊임없이 우리를 자극한다.

....

violent 격렬한, 맹렬한 passion 열정 leave ~한 상태로 두다 vanity 허영심 agitate 자극하다 constantly 지속적으로

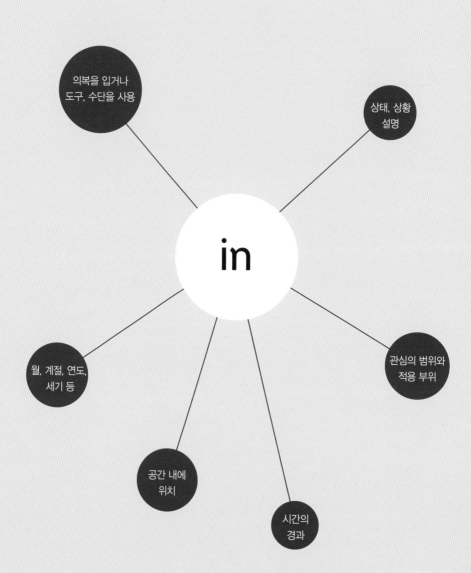

02

in을 한눈에!

in은 in the box (상자 안에), in the room (방 안에)처럼 어떤 공간의 안에 있음을 전할 때 씁니다. 즉, at과는 달리 구체적으로 어떤 장소의 내부에 위치하고 있음을 전달하지요. 도시나 국가에 있음을 말할 때도 공간의 내부 개념을 적용하여 in Seoul (서울에), in Korea (한국에)처럼 in을 씁니다. 이렇게 공간상의 내부란 개념에서 그 의미가 확장되어 in March (3월에), in summer (여름에), in 2018 (2018년에), in the 21st century (21세기에)처럼 월, 계절, 연도, 세기 등의 시간 표현과 함께 in이 활용됩니다. 어떤 공간 안에 존재하는 이미지가 확장되어 in the hat (모자를 쓴), in heels (힐을 신은)처럼 옷, 신발, 안경, 모자 등의 의복류를 착용한 상태를 in을 활용해 말하기도 하지요. 옷 속에, 신발 안에 있다고 보니까요.

여기서 더 추상적으로 그 의미가 확장되어 participate in (~에 참여하다), succeed in (~에 성공하다), in conclusion (결론을 말하자면)처럼 특정 어휘와 결합하여 특정 영역 안에 들어가 참여하고 성공하는 등의 다양한 표현들에서 in이 빠질 수 없습니다.

마지막으로, in love (사랑에 빠진), in tears (울면서), in trouble (곤경에 빠진)처럼 특정 명사들과 결합하여 특정 심리나 감정 상태 안에 있음을 전달할 때 in이 쓰이기도 합니다.

뭔가의 내부에 있는 기본 이미지를 바탕으로 다양하게 쓰이는 in, 이제 더 자세히 알아볼까요?

나 그거 신문에서 읽었어.
I read it in the newspaper.

in: (위치) ~ 안에, ~에

건물, 사물, 도시, 국가 등의 공간 안 즉, 내부를 나타낼 때 in을 사용합니다. 건물, 사물 등의 위치를 언급할 때는 in 외에도 at 등이 문맥에 따라서 다양하게 사용 가능하며, 공간의 크기 여부는 in을 사용하는 것과 아무 관계가 없습니다. 다만, 도시나 국가에서란 의미를 전할 때는 항상 in이 쓰여야 한다는 걸 기억하세요. 또 '소설 속', '연설에서' 같이 **추상적 공간 안을 말할 때도 이 in이 쓰입니다.** 즉, 내부를 뜻할 때는 in을 쓴다는 것, 잊지 마세요.

e.g. I like the character in the novel. (난 소설 속 그 캐릭터가 마음에 들어.)

 ▶ 019-20

전치사 감 잡기 쉬운 문장으로 전치사 감을 잡자!

나 그거 신문에서 읽었어.
나는 I / 읽었다 read / 그것을 it /
신문에서 in the newspaper

I read it in the newspaper.

나 화장실에 있었어.
나는 I / 있었다 was / 화장실에 in the bathroom

I was in the bathroom.

톰은 뉴욕에서 태어났어.
톰은 Tom / 태어났다 was born / 뉴욕에서 in New York

Tom was born in New York.

그건 세계에서 가장 큰 건물이야.
그것은 It / ~이다 is / 가장 큰 건물
the tallest building / 세계에서 in the world

It is the tallest building in the world.

우리는 같은 반에 있었어.
우리는 We / 있었다 were /
같은 반에 in the same class

We were in the same class.
미드: The OC

난 시골에서 살고 싶어.
나는 I / 원한다 want / 사는 것을 to live /
시골에서 in the country

I want to live in the country.
미드: Couger Town

내 사촌 중 한 명이 파리에 살아.

A What are you doing, Toby?

B I'm writing an email to my French teacher.

It's kind of my homework for the summer.

A Oh, so you're writing it in French.

B Yeah, but it's not easy. **One of my cousins lives in Paris.**

I think I should call him and ask for help.

A: 너 뭐 하고 있어, 토비? B: 우리 프랑스어 선생님께 이메일 쓰고 있어. 여름방학 동안 해야 할 숙제 같은 거라.
A: 아, 그래서 프랑스어로 쓰고 있구나.
B: 응, 근데 쉽지가 않네. 사촌 중 하나가 파리에서 살거든. 걔한테 전화해서 도움을 요청해야 할까 봐.

문장 조립하기 다음 우리말을 영어로 써 보자.

1. 너 부엌에서 뭐하고 있는 거야?

....

- What 무엇 / do 하다 / the kitchen 부엌
- '~하는 중이다'는 진행형시제 [be동 사+동사 -ing]로 표현하고, 의문문일 때는 be동사를 주어 앞으로 뺍니다.

2. 냉장고에 주스나 우유 좀 있어?

....

- A or B A 또는 B / the refrigerator 냉장고
- '~가 있다'는 There is/are ~구문을 사용합니다. 의문문은 be동사를 주어 앞으로 뺀 Is/Are there ~?입니다.

3. 너 네 커피에 크림 넣으면 안 돼.

....

- put ~을 넣다 / cream 크림
- '~해서는 안 된다'가 강압적인 의무 가 아니라 제안, 추천, 충고의 뜻일 때는 should not을 사용하세요.

4. 샌디에이고는 캘리포니아 주의 남쪽에 있어.

....

- San Diego 샌디에이고 / the south of ~의 남쪽 / California 캘리포니 아 주
- 도시 이름 같은 고유명사들은 특수한 경우를 제외하고 앞에 the를 붙이지 않습니다.

5. 거실 내 벽에 시계가 있어.

....

- a clock 시계 / on the wall 벽에 / the living room 거실
- 벽 표면 바로 위에 시계가 있는 거라 서 '(표면 바로) 위에'를 뜻하는 on을 씁니다.

1. A **What are you doing in the kitchen**, John?

   B I'm trying to make something for lunch, but I don't know *what is good.

   너 부엌에서 뭐 하는 거야, 존?

   점심으로 뭘 좀 만들려고 하는데, 뭐가 좋을지 모르겠네.

> what, who 등의 의문사는 What is your name?처럼 혼자 단독으로 쓰이거나, I don't know what your name is. (난 네 이름이 뭔지 몰라.)에서처럼 동사의 목적어 자리에 놓일 수도 있습니다. 전자에 쓰일 때와 후자에 쓰일 때의 단어 순서가 조금 다르죠? 맞습니다. 전자처럼 단독으로 쓰일 때는 [의문사+의문문 어순 (동사+주어)]지만, 후자처럼 쓰일 때는 [의문사+주어+동사]의 어순이 됩니다. 중요한 거니까 꼭 기억해 두세요.

2. A **Is there any juice or milk in the refrigerator?**

   B No, there's only water. I think we *should go to the supermarket.

   냉장고에 주스나 우유 좀 있어?

   아니, 물 밖에 없어. 우리 슈퍼마켓에 가야겠다.

> '~해야 한다'고 말할 때 한국 사람들은 must, have to를 주로 떠올립니다. 하지만 should도 있거든요. must와 have to는 좀 더 강제성을 띈 강한 의무를 말할 때 쓰이고, should는 꼭 해야 하는 의무라기보다는 그렇게 하는 게 좋겠다는 제안, 추천, 권유의 뉘앙스로 말할 때 쓰입니다.

3. A If you're *allergic to dairy products, **you shouldn't put cream in your coffee.**

   B Oh, you're right. I'll have my coffee black.

   유제품에 알레르기 있으면, 너 네 커피에 크림 넣으면 안 돼.

   아, 네 말이 맞다. 난 그냥 블랙으로 마실래.

> '알레르기'는 영어로 allergy라 합니다. 발음은 [알레르기]가 아니라 [앨러지]고요. allergic은 형용사로 '알레르기가 있는'의 뜻으로 be allergic to는 '~에 알레르기가 있다'입니다. to 뒤에 알레르기를 일으키는 대상을 언급해 주면 됩니다.
> **e.g.** She is allergic to peanuts. (그녀는 땅콩 알레르기가 있어.)

4. **A** San Diego is in the south of California.

B Yeah, I know. My girlfriend is from there. *Isn't it a perfect place for surfing?

샌디에이고는 캘리포니아 주의 남쪽에 있어.

응, 나도 알아. 내 여자친구가 거기 출신이거든. 거기가 서핑하기에 최적의 장소 아닌가?

'~이지 않나?'라고 be동사를 활용한 부정의문문을 말할 때는 [Isn't+단수 주어 ~?/Aren't+복수 주어 ~?] 형태를 활용하면 됩니다. 부정의문문은 보통 자신이 생각하는 답이 있고 그것을 상대방에게 확인받고자 할 때 쓰입니다. 예를 들어, 내가 어떤 것이 아름답다고 생각하고 상대방도 그렇게 생각하는지 확인하고 싶다면 Is it beautiful? (그거 아름답니?)가 아니라 Isn't it beautiful? (그거 아름답지 않니?)라고 물어야 하는 거죠.

5. **A** What time is it now?

B *Beats me. There is a clock on the wall in the living room.

지금 몇 시야?

나도 몰라. 거실 내 벽에 시계가 있어.

상대방의 질문에 '몰라.'라고 대답할 때 I don't know. 외에 다양한 표현들이 있습니다. 대표적으로 I have no idea. / I have no clue. / Beats me. / Your guess is as good as mine. 등의 표현을 기억해 두세요.

Everyone has a skeleton in his closet.
모두가 자신의 벽장 안에 해골을 가지고 있다. (= 누구에게나 숨기고 싶은 비밀이 있다.)

....
everyone 모두 (단수 취급) skeleton 해골 closet 벽장

2월에 눈이 많이 내렸어
It snowed a lot in February.

in: (월, 계절, 연도, 세기 등) ~에

in은 in March (3월에), in fall (가을에)처럼 '월, 계절' 등을 말할 때, in 1990 (1990년에), in the 1990s (1990년대에), in the 21st century (21세기에)처럼 '년도, 세기' 같은 비교적 긴 시간을 말할 때 쓰입니다. 이 외에 in the morning (아침에), in the afternoon (오후에)처럼 '오전, 오후, 저녁'을 말할 때도 사용되지요. 시간을 나타낼 때 쓰는 전치사로 in 외에 on과 at이 있는데, on은 주로 날짜, 요일 같은 특정 일을 말할 때 쓰이고, at은 구체적인 시간을 나타낼 때 주로 쓰인다는 차이가 있습니다.

 ▶ 022-23

전치사 감 잡기 쉬운 문장으로 전치사 감을 잡자!

2월에 눈이 많이 내렸어.
눈이 내렸다 It snowed / 많이 a lot / 2월에 in February

It snowed a lot in February.

나 이 자전거 봄에 샀어.
나는 I / 샀다 bought / 이 자전거 this bike /
봄에 in spring

I bought this bike in spring.

제 딸은 2015년에 태어났어요.
내 딸은 My daughter / 태어났다 was born /
2015년에 in 2015

My daughter was born in 2015.

텔레비전은 20세기에 발명되었어.
텔레비전은 The television / 발명되었다 was invented
/ 20세기에 in the 20th century

The television was invented in the 20th century.

난 1980년대에 아주 잘 나가는 기업 변호사였어.
나는 I / ~이었다 was / 아주 잘 나가는 기업 변호사
a hotshot corporate lawyer / 1980년대에 in the 1980s

I was a hotshot corporate lawyer in the 1980s.
미드: Michael's Gambit

그 비행기는 오후 2시에 떠나.
그 비행기는 The flight / 떠나지 않는다 doesn't leave /
2시까지 until 2 / 오후에 in the afternoon

The flight doesn't leave until 2 in the afternoon.
미드: Fresh off the boat

매년 5월에 이렇게나 많이 비가 와?

A It's raining cats and dogs.

B Yeah, it's pouring. **Does it rain this much in May every year?**

A No, this is very unusual. Because we normally have great sunny days between April and May.

B Well, that's strange. I guess it has something to do with global warming.

A: 비가 억수로 내리네. B: 그러게, 쏟아 붓는구나. 매년 5월에 이렇게 비가 많이 와?
A: 아니, 이건 굉장히 드문 상황이야. 왜냐하면 보통 4월과 5월 사이에는 날씨가 정말 좋거든.
B: 음, 이상하네. 지구 온난화랑 관련이 있는 것 같아.

문장 조립하기 다음 우리말을 영어로 써 보자.

1. 그는 2012년도에 졸업했어.

....

- graduate 졸업하다
- '~월에, ~년도에'는 in으로 표현합니다.

2. 그곳은 아침(에) 8시 30분에 문 열어.

....

- It 그곳은 / open 문 열다
- 구체적인 시간은 전치사 at으로 표현합니다. **e.g.** at 5 (5시에)

3. 너 저녁에 자주 외출하니?

....

- often 자주, 종종 / go out 외출하다 / evening 저녁
- always (항상), often (자주), sometimes (가끔)의 빈도부사는 go out 같은 일반동사 앞에 옵니다.

4. 너 7월에 결혼할 예정이니?

....

- get married 결혼하다 / July 7월
- 정해진 가까운 미래를 말할 때는 [be동사 현재형+동사 -ing]로 말할 수 있습니다. **e.g.** I'm going there tonight. (나 오늘 밤 거기 갈 거야.)

5. 난 겨울에 스노보드 타러 가는 거 좋아해.

....

- like 좋아하다 / go snowboarding 스노보드 타러 가다
- 동사 like 뒤에 '~하는 것을'이란 목적어가 붙을 때는 [to+동사원형]과 [동사-ing] 형태 모두 가능해요. **e.g.** I like to eat this. = I like eating this. (나 이거 먹는 거 좋아해.)

1. **A** Is your son still *in school?

   B No, **he graduated in 2012.** Now he works at a bank.

   네 아들 아직도 학교 다니니?

   아니, 걔 2012년에 졸업했어. 지금 걔 은행에서 근무해.

   > in 뒤에 the나 a/an 관사를 생략한 장소 명사가 바로 위치할 경우가 있어요. 그때는 그 해당 장소의 기능을 나타내는 표현이 됩니다. 예를 들어, the가 쓰인 I'm in the prison.은 감옥이라는 장소에 내가 있다는 의미고 I'm in prison.은 내가 감옥이라는 곳에 수감되어 수형 생활을 하고 있다는 것을 의미합니다.
   > **e.g.** in bed (잠자리에, 자고 있는) in prison (수감 중인) in hospital (입원 중인)

2. **A** What time does the post office open?

   B **It opens at 8:30 *in the morning.**

   우체국이 몇 시에 열지?

   그곳은 아침 8시 30분에 문 열어.

   > '아침에', '오후에', '저녁에'는 각각 in을 활용해 in the morning, in the afternoon, in the evening이라고 합니다. 하지만, '밤에', '자정에', '정오에'는 at을 활용해 at night, at midnight, at noon이라고 말하지요. (단, '밤 동안에'란 뜻으로 in the night이 쓰이기도 합니다.) 마지막으로, 구체적인 요일을 언급해서 말할 때는 전치사 on을 활용해 on Sunday morning (월요일 아침에), on Friday night (금요일 밤에)라고 말해야 하는 걸 기억하세요.

3. **A** **Do you often go out in the evening?**

   B No, I usually stay home and watch TV. Actually, I'm *a couch potato.

   너 저녁에 자주 외출하니?

   아니, 난 보통은 집에 있으면서 TV 봐. 사실, 나 게을러.

   > 하루 종일 소파 (couch)에 앉아서 TV만 보며 빈둥거리는 게으른 사람을 가리켜서 couch potato라고 합니다. 마찬가지로 하루 종일 앉아서 인터넷만 하는 사람을 가리켜 mouse potato라고 하지요.

4. A **Are you getting married in December?**

   너 12월에 결혼할 예정이니?

   B Yes, I am. I'm getting married *on December 17th. You're coming, right?

   응, 맞아. 12월 17일에 결혼할 예정이야. 너 올 거잖아, 그렇지?

   January (1월), February (2월), March (3월) 등의 '〜월에'를 말할 때는 전치사 in이 쓰입니다. 하지만, 구체적으로 날짜까지 언급할 때는 전치사 on이 사용되는 것에 주의해 주세요.
   e.g. in March (3월에) on March 10th (3월 10일에)

5. A What do you usually do in your free time?

   넌 여가 시간에 보통 뭐 해?

   B Well, **I like to go snowboarding in winter**, and I also like to go fishing in summer.

   음, 난 겨울에 스노보드 타러 가는 거 좋아해. 그리고 여름엔 낚시하러 가는 것도 좋아하고.

   [go+동사-ing]는 어떤 목적으로 무언가를 하러 간다는 의미를 전합니다. 즉, go fishing은 '낚시하러 가다', go skiing은 '스키 타러 가다', go shopping은 '쇼핑하러 가다'처럼 말이죠.

   ## In the morning **be first up, and in the evening last to go to bed, for they who sleep catch no fish.**

   아침에 제일 먼저 일어나라. 그리고 저녁에 제일 늦게 잠자리에 들어라. 잠을 자는 인간은 물고기를 잡지 못하니까.

   ....
   up 일어난, 깨어난 for 왜냐하면

10분 뒤에 보자.
I will see you in ten minutes.

in: (시간의 경과) ~ 후에, ~ 지나서, ~만에, 지난 ~ 동안

전치사 in은 주로 미래시제 (will/be going to+동사원형, be동사+동사-ing) 등과 함께 쓰여 '~ 후에, ~ 지나서'란 의미로 사용됩니다. 상황에 따라서 종종 '~ 내에'란 의미로도 사용 가능하죠. 이때는 주로 in 뒤에 시간과 기간에 관련된 단어가 옵니다. 그리고 미래시제가 아닌 상황에서는 '지난 ~ 동안'의 뜻으로 과거부터 현재까지 시간의 기간을 가리킬 때도 씁니다. 예를 들어, '이번 겨울이 지난 몇 년 동안 가장 추워.'는 '지난 몇 년 동안'을 in을 활용해 in years라고 표현해 This winter is the coldest in years.라고 말하면 되지요.

▶ 025-26

전치사 감 잡기 쉬운 문장으로 전치사 감을 잡자!

10분 뒤에 보자.
나는 I / 볼 것이다 will see / 너를 you /
10분 뒤에 in 10 minutes

I will see you in ten minutes.

그 앨범은 2주 후에 나올 예정이야.
그 앨범은 The album / 나올 예정이다 is coming out /
2주 후에 in two weeks

The album is coming out in two weeks.

나 4일 만에 스키 타는 거 배웠어.
나는 I / 배웠다 learnt / 스키 타는 것을 to ski /
4일 만에 in four days

I learnt to ski in four days.

우린 그를 지난 몇 년 동안 못 봤어.
우리는 We / 본 적이 없다 haven't seen / 그를 him /
몇 년 동안 in years

We haven't seen him in years.

커피가 몇 분 후에 준비될 거예요.
커피가 Coffee / 준비될 것이다 will be ready /
몇 분 후에 in a few minutes

Coffee will be ready in a few minutes.
영화: The Shining

지난 한 달 동안 여섯 명이 여기서 살해당했어.
여섯 명이 Six people / 살해당했다 have been murdered
/ 여기서 here / 지난 한 달 동안 in a month

Six people have been murdered here in a month.
미드: Scream

나 8시간 후에 돌아올 거야.

A   Hi, can I store my baggage here during my stopover?
B   Yes, of course. How many bags do you have?
A   I have two. What are your rates? **I'll be back in 8 hours.**
B   It's 4 dollars per piece of luggage for up to 12 hours.

A: 안녕하세요. 여기 잠깐 머무는 동안 짐 좀 맡겨 둘 수 있나요? B: 네, 그럼요. 가방이 몇 개예요?
A: 두 개요. 요금이 어떻게 되죠? 8시간 후에 돌아올 거예요. B: 12시간까지는 짐 하나당 4달러예요.

문장 조립하기   다음 우리말을 영어로 써 보자.

1. 우리 몇 시간 후에 착륙하게 될 거야.

....

- land 착륙하다 / a few hours 몇 시간
- '~할 것이다'란 단순 미래시제를 말할 때는 조동사 will을 사용합니다.

2. 내가 두세 시간 있다가 너한테 전화할게.

....

- call 전화하다 / two or three hours 두세 시간
- '~할 것이다'라고 말하는 시점의 결심, 의지를 말할 때 조동사 will을 사용할 수 있습니다.

3. 우리가 4주 뒤에 결혼한다는 게 믿기지가 않아.

....

- believe 믿다 / get married 결혼하다 / four weeks 4주
- 정해진 가까운 미래는 [be동사 현재형+동사-ing]로 말할 수 있습니다.

4. 난 2주 만에 운전하는 것 배웠어.

....

- learn 배우다, ~할 수 있게 되다 / to drive 운전하는 것
- learn은 불규칙 동사로 과거형은 learnt입니다.

5. 지난 10년 동안 가장 더운 날이야.

....

- the hottest 가장 더운 / a decade 10년
- 날씨, 시간 등을 말할 때는 주어 자리에 it을 사용합니다.

1. **A** **We will land in a few hours.**
   B We still have a few hours *to go? Who said time flies? I think it crawls.

   우리 몇 시간 후에 착륙할 거야.

   아직도 몇 시간이나 가야 하는 거야? 누가 시간이 빠르다고 했냐? 기어가는 것 같구먼.

   > [to+동사원형]의 to부정사는 명사 뒤에 붙어서 '~할, ~일'의 뜻으로 앞에 온 명사를 수식해 줍니다. 여기서 a few hours to go는 정확히는 '가야 할 몇 시간'이란 뜻이죠.
   > **e.g.** subject to study (공부할 과목) food to eat (먹을 음식)

2. **A** *Did I catch you at a bad time?
   B Yeah, I'm in a meeting right now. **I'll call you in two or three hours.**

   지금 전화 받기 곤란하세요?

   네, 제가 지금 회의 중이거든요. 제가 두세 시간 뒤에 전화 드릴게요.

   > Did I catch you at a bad time?은 단어 뜻 그대로 하면, '내가 안 좋은 때에 널 잡은 거야?'입니다. 즉, 전화 걸었는데 전화 받는 사람 태도가 뭔가 어색할 때, 회의실 문을 열었는데 뭔가 분위기가 싸할 때 쓸 수 있는 좋은 표현입니다.

3. **A** **I can't believe we're getting married in four weeks.**
   B *Me, neither. It feels so unreal.

   우리가 4주 뒤에 결혼한다는 게 믿어지지가 않아.

   나도 그래. 너무 비현실적으로 느껴져.

   > 상대방 말에 "나도 그래."라고 공감을 나타낼 때가 있습니다. 그때, 상대방의 말이 긍정이면 Me, too.라고 하시고요. 상대방 말이 부정이면 Me, neither.라고 답해야 합니다.
   > **e.g.** A: I like him. (난 걔 마음에 들어.) B: Me, too. (나도.)
   > A: I don't like him. (난 걔 마음에 안 들어.) B: Me, neither. (나도.)

4. **A I learnt *to drive in two weeks.**

   B Wow, you're a fast learner.

   나 2주 만에 운전하는 거 배웠어.

   와, 너 빨리 배우는구나.

learn (배우다)은 뒤에 '~하는 것을'이라고 행위 관련 목적어가 붙을 때 반드시 [to+동사원형] 형태를 취합니다. 예를 들어, '나 영어로 말할 수 있게 되었어.'는 I learnt speaking English.가 아니라 반드시 I learnt to speak English.라고 해야 하지요.

5. A It's really *scorching today. Look at me. I'm soaked in sweat.

   B Yeah, the weatherman said **it's the hottest day in a decade.**

   오늘 진짜 타는 듯이 덥다. 나 좀 봐. 땀에 흠뻑 젖었어.

   그러게. 기상 캐스터가 그러더라. 10년 만에 가장 더운 날씨라고.

날씨가 hot한 정도가 아니라 그 이상일 때 쓸 수 있는 표현에는 다음과 같은 것들이 있습니다.
scorching (타는 듯이 뜨거운: 온도가 높아서 그런 경우), sweltering (푹푹 찌는 듯이 더운: 너무 더워서 불편할 정도),
muggy (무더운: 기분 나쁠 정도로 따뜻하고 습한)

My rule always was to do the business of the day in the day.

나의 규칙은 항상 그 날의 일을 그 날 안에 하는 것이었다.

....
rule 규칙 business 일

나 힐 신고 있어.
I am in heels.

in: (의복) ~를 입은 / (도구, 수단) ~을 사용해서, ~로

전치사 in은 옷이나 천 같은 무언가를 입고 있거나 덮고 있는 모습을 나타낼 때 쓰입니다. 예를 들어, '나 반바지 입은 한 남자를 봤어.'란 말은 I saw a man (나 한 남자를 봤어)란 기본 문장 틀에 in을 사용해 in shorts (반바지를 입은)라고 표현한 어구를 붙이면 되지요. 즉, in shorts가 앞에 나온 a man을 꾸며 주는 겁니다. 또, **in은 무언가를 수단, 도구로써 사용한다고 할 때도** 쓰입니다. Write it in English. (그거 영어로 써.)처럼 글의 수단이 되는 '영어로'를 전치사 in을 사용해 in English라고 표현하지요.

▶ 028-29

전치사 감 잡기 쉬운 문장으로 전치사 감을 잡자!

나 힐 신고 있어.
나는 I / ~이다 am / 힐을 신은 in heels

I am in heels.

이거 종이로 포장해 주세요.
포장해 주세요 Please wrap / 이것을 this / 종이로 in paper

Please wrap this in paper.

너 모자 쓴 여자 보이니?
너는 보니? Do you see / 그 여자를 the woman / 모자를 쓴 in the hat

Do you see the woman in the hat?

난 내 가장 좋은 옷을 입고 있어.
나는 I / 입고 있다 am dressed / 내 가장 좋은 옷을 입은 in my best clothes

I am dressed in my best clothes.

난 드레스 입고 우리 집 앞에 있을 게.
나는 I / 있을 것이다 will be / 우리 집 앞에 in front of my house / 드레스를 입고 in a dress

I will be in front of my house in a dress.
영화: The OC

네 손이 잉크로 덮였었잖아.
네 손은 Your hands / 덮였었다 were covered / 잉크로 in ink

Your hands were covered in ink.
미드: Smallvile

너 그 셔츠 입으니까 엄청 잘 어울려.

A **You look great in that shirt,** John.

By the way, I haven't seen you much lately.

B Yeah, I'm busy preparing for a presentation in my Chinese class.

A Oh, really? Did you write a script for your presentation?

B I'm still working on it. **It takes too much time to write in Chinese.**

A: 너 그 셔츠 입으니까 엄청 잘 어울린다. 존. 그나저나 너 요즘에 얼굴 보기 힘드네. B: 응. 중국어 수업 발표 준비하느라 바빠.
A: 오, 그래? 발표 대본은 썼어? B: 아직 작업 중이야. 중국어로 쓰니까 시간이 너무 많이 걸리네.

문장 조립하기 다음 우리말을 영어로 써 보자.

1. 난 턱시도를 입으면 안 어울려 보여.

_____

- look right 어울려 보이다 / in a tuxedo 턱시도를 입으면
- 형용사 right은 '옳은, 정확한, 오른쪽(의), 어울리는' 등의 다양한 의미로 쓰입니다.

2. 그는 검은 색 옷을 입고 있었어.

_____

- be dressed in ~를 입고 있다
- 특정 색의 옷을 입고 있다고 말할 때는 전치사 in 뒤에 간단히 색깔명만 언급해도 됩니다. **e.g.** in blue (파란색 옷을 입은), in red (빨간 옷을 입은)

3. 네가 모자 쓴 애야?

_____

- the one 그 사람 (정해진 하나) / in a hat 모자를 쓴
- '너 ~이니?'라고 상대방의 정체, 신분, 이름 등을 물을 때는 be동사를 써서 Are you ~?라고 질문합니다.

4. 난 제복 입은 남자들이 정말 좋아.

_____

- love 진짜 좋아하다 / men 남자들 / in uniform 제복 입은
- [전치사+명사] 덩어리는 바로 앞에 있는 명사를 수식할 수 있습니다. **e.g.** the woman in the hat (모자 쓴 여자)

5. 톰은 아무거나 입어도 멋있어 보여.

_____

- look great 멋져 보이다 / in anything 아무거나 입은
- anything은 부정문과 의문문에서는 '어떤 것도'의 뜻이지만 긍정문에서는 '아무거나'의 뜻으로 쓰입니다.

1. **A I don't look right in a tuxedo.**
   B What are you talking about? It looks great *on you.

   난 턱시도를 입으면 안 어울려 보여.

   무슨 소릴 하는 거야? 그거 너한테 완전 잘 어울려.

   > 전치사 on은 '착용, 부착, 소지'의 의미로 쓰일 때가 있습니다. on you는 '너에게 착용된 상태에서'란 뉘앙스가 전달되는 것이죠. 보통 '나 돈 없어.'라고 말할 때도 소지의 의미로 전치사 on을 사용해 I have no money on me.라고 말하곤 합니다. on 대신 with를 써도 됩니다.

2. **A** Do you remember the man?
   B Yeah, he was bald *with a mustache. That night <u>**he was dressed in black.**</u>

   너 그 남자 기억해?

   응, 그는 대머리에 콧수염이 있었어. 그날 밤에, 그는 검은 색 옷을 입고 있었지.

   > 전치사 with는 '소지, 소유'의 의미가 있습니다. [with+명사] 덩어리는 명사 뒤에 위치해 그 명사를 가지고 있는 소유 대상을 언급해 주지요.
   > **e.g** a woman <u>with</u> blue eyes (파란 눈을 가진 여자) a man <u>with</u> a mustache (콧수염을 가진 남자)

3. **A** In this picture, <u>**are you the one in a hat?**</u>
   B Nope. I'm *the one without a hat.

   이 사진에서, <u>네가 모자 쓰고 있는 얘야?</u>

   아니. 난 모자 안 쓰고 있는 얘야.

   > one은 여러 개 중에서 불특정한 사람이나 사물 하나를 뜻하고, the one은 여러 개 중에서 특정한 사람이나 사물 하나를 뜻합니다. 위의 문장은 사진을 보면서 사진에 있는 여러 사람 중 한 사람을 콕 찍으면서 '너니'라고 한 것이기 때문에 the one이라고 한 겁니다. one과 the one의 가장 큰 특징은 [전치사+명사]의 수식을 받을 수 있다는 거지요.
   > **e.g** the one in a tuxedo (턱시도 입은 그 사람)

4. **A I love men in uniform.**

   B Oh, really? One of my cousins is a cop. I can *set you up with him.

   난 제복 입은 남자들이 정말 좋아.

   아, 진짜? 내 사촌 중 한 명이 경찰인데. 내가 너 걔랑 소개팅 해 줄 수 있어.

---

set A up with B는 'A를 B와 만나게 주선해 주다' 즉, 소개팅 시켜 준다는 뜻입니다. set 대신 fix를 써서 fix A up with B라고도 말합니다.
e.g. Set [Fix] me up with your brother. (네 오빠랑 나 소개팅 시켜 줘.)

---

5. **A Tom looks great in anything.**

   B Yeah, he's the sexiest man *alive.

   톰은 아무거나 입어도 멋있어 보여.

   응, 걔야말로 살아 있는 가장 섹시한 남자야.

---

alive는 '살아 있는'이란 뜻의 형용사로 특이하게도 명사 앞이 아니라 명사 뒤에 놓여 명사를 수식합니다. 보통 a로 시작하는 형용사 중에서 명사 뒤에 놓여서만 수식 가능한 것들이 있지요.
e.g. a room available (이용 가능한 방) a dog awake (깨어 있는 개)

Beware of the wolf in sheep's clothing.

양가죽을 쓴 늑대를 조심하라.

··············
beware of ~을 조심하다, 경계하다 sheep 양 clothing 의류, 피복

너 그 연구에 참여했니?
Did you participate in the study?

in: (관심, 범위, 부위) ~에, ~을, ~ 내에선

전치사 in은 관심이나 참여의 대상이 무엇인지를 말하거나 경험, 의견 등 한정된 범위에 대한 말을 할 때 쓰일 수 있습니다. 예를 들어, '난 너에게 관심 없어.'란 말은 핵심 틀인 I have no interest (난 관심 없어)에 관심의 대상을 전치사 in으로 표현해 I have no interest in you.라고 하면 되지요. 비슷한 맥락으로 '제 의견엔', '제 경험상'이란 말 또한 의견과 경험의 범위를 자신에게 한정시키는 것이므로 전치사 in과 함께 in my opinion (제 의견으론), in my experience (제 경험으로)처럼 표현합니다.

▶ 031-32

전치사 감 잡기 쉬운 문장으로 전치사 감을 잡자!

너 그 연구에 참여했니?
너는 참여했니? Did you participate /
그 연구에 in the study

Did you participate in the study?

난 인생에서 성공할 거야.
나는 I / 성공할 것이다 will succeed / 인생에서 in life

I will succeed in life.

그는 정치에 굉장히 능숙해.
그는 He / ~이다 is / 굉장히 능숙한 very skilled /
정치에 in politics

He is very skilled in politics.

두 번째 장에서, 넌 그 정보를 찾아낼 거야.
두 번째 장에서 In the second chapter / 너는 you /
찾을 것이다 will find / 그 정보를 the information

In the second chapter, you'll find the information.

결론을 말하면, 변화할 때가 됐습니다.
결론을 말하면 In conclusion / 때가 됐다 it is time /
변화를 위한 for a change

In conclusion, it's time for a change.
미드: Awkward

난 내 힘이 미치는 범위에서 모든 걸 할 거야.
나는 I / 할 것이다 am going to do / 모든 것을
everything / 내 힘이 미치는 범위에서 in my power

I'm going to do everything in my power.
미드: The Flash

다행히도, 이 사이트에 M사이즈로 그게 있어.

A   Yes! I have found the leather jacket I liked so much.

B   Oh, you mean the one we saw at the mall?

A   Yes, exactly. **Luckily, this website has it in size M.**

B   Great. What are you waiting for? Place an order already.

A: 오예! 내가 엄청 마음에 들어했던 가죽 재킷을 찾았어. B: 아, 우리가 몰에서 봤던 그거 말하는 거야?
A: 응, 바로 그거. 다행히도, 이 사이트에 M사이즈로 그게 있네. B: 잘됐네. 뭘 기다려? 얼른 주문해.

문장 조립하기   다음 우리말을 영어로 써 보자.

1. 난 제니에게 관심 없어.

....

- be interested 관심 있다, 흥미가 있다 / Jenny 제니
- be동사의 부정형은 be동사 뒤에 not을 붙입니다.

2. 난 경제학을 전공하고 있어.

....

- major 전공하다 / economics 경제학
- 전공하고 있다는 건 현재진행시제 [be동사 현재형+동사-ing]로 표현합니다. major in이 '~을 전공하다'의 뜻이에요.

3. 누가 그 행사에 참여하고 싶어 하지?

....

- Who 누가 / want to+동사원형 ~하기를 원하다 / participate 참여하다 / the event 그 행사
- Who, What, Which가 주어 역할을 겸할 때 동사는 단수 취급합니다

4. 내 의견으론, 우리가 그의 제안을 받아들여야 해.

....

- my opinion 내 의견 / accept 받아들이다 / his offer 그의 제안
- '~해야 한다'고 말할 때 그 뉘앙스가 추천, 제안, 권고라면 have to, must가 아닌 should를 사용합니다.

5. 내 경험으론, 운 같은 건 있지 않아.

....

- my experience 내 경험 / no such thing as ~ 같은 건 없는 / luck 운
- '~가 있다/없다' 존재 여부를 말할 때는 There 구문을 사용합니다.
  e.g. There is no bug. (벌레 없어.)

1. **A** Don't try to *lump me with her. **I'm not interested in Jenny.**

   B Well, we'll see about that.

   날 걔랑 엮어 보려고 하지 마. 난 제니에게 관심 없어.

   음, 그건 두고 보면 알겠지.

   > lump가 명사로는 '덩어리'란 뜻인데요. 동사로 lump A with B의 숙어 표현이 되면 'A를 B와 엮다'란 뜻이 됩니다. 즉, 두 사람을 이성관계로 묶으려고 한다는 의미죠.

2. **A** Would you please introduce yourself?

   B Okay. Hi, I'm *a sophomore in college, and **I'm majoring in economics.**

   자기소개를 해 주시겠어요?

   넵. 안녕하세요, 전 대학교 2학년이고요, (전) 경제학을 전공하고 있습니다.

   > 대학생을 학년별로 지칭하는 표현들을 알아두세요.
   > 1학년: freshman   2학년: sophomore
   > 3학년: junior   4학년: senior

3. **A** Who *wants to participate in the event?

   B Well, not me.

   누가 그 행사에 참여하고 싶은 거야?

   음, 나는 아냐.

   > want (원하다), need (필요로 하다), hope (희망하다), plan (기획하다) 등의 동사 뒤에는 [to+동사원형]이 목적어로 올 수 있습니다. 예를 들어, '난 거기 가기를 원해.'는 영어식 어순으로 하면 '난+원한다+가는 것을+거기에'로 나눠지고 이에 따라, I want 뒤에 '가는 것을'에 해당하는 말을 to go로 표현해서 I want to go there.라고 말하면 되지요.

4. A **In my opinion, we should accept his offer.** What do you think?

   B Well, it's hard to say. I can't *make up my mind.

   내 의견으로, 우리가 그의 제안을 받아들여야 해. 넌 어떻게 생각해?

   음, 뭐라 말하기가 어렵네. 난 결정 못 내리겠어.

   > make up one's mind는 '결정을 내리다'란 뜻입니다. 상대방에게 '결정해'라고 명령, 요청할 때 Make up your mind.라고 말할 수 있지요. '결정하다, 결정을 내리다'는 이 외에 make a decision 또는 간단히 decide라고 말할 수 있습니다.
   > **ex** I'm sorry, but I can't decide. (죄송한데, 결정을 못하겠어요.)

5. A **In my experience, *there is no such thing as luck.**

   B I can't agree with you on that. I won the second prize in the lottery last week.

   내 경험으로, 운 같은 건 없어.

   그 부분에는 동감 못하겠어. 나 지난주에 로또 2등 당첨됐거든.

   > 유명한 경제학 명언 중에 하나가 바로 '공짜 점심은 없다'입니다. 영어로는 There is no such thing as ~ (~ 같은 건 없다) 구문을 활용해 There is no such thing as free lunch.라고 합니다. '세상에 공짜란 없다'란 의미로 사용할 수 있습니다.

Children who get everything they ask for seldom succeed in life.

요구하는 모든 걸 갖는 아이들은 인생에서 거의 성공하지 못한다.

....

ask for ~를 요청하다 seldom 거의 ~ 않는 succeed 성공하다

난 사랑에 빠졌어.
I am in love.

in: (상태, 상황) ~한 상태로/상황으로, ~한 상태인/상황인

전치사 in은 어떤 상태에 있거나 상황에 처해 있음을 나타낼 때 쓰입니다. 예를 들어, '나는 사랑에 빠졌다'를 봅시다. 사랑에 빠진 건 누군가를 사랑하는 상태에 있게 된 거죠? 그래서 뒤에 love를 써서 in love가 되면 '사랑 안에' 즉, '사랑에 빠진'이 됩니다. '사랑에 빠지다'처럼 종결형 어미가 되려면, 그렇죠. 앞에 be동사를 써 줘야 합니다. 그래서 I am in love. 로 문장을 만들 수가 있는 겁니다. 이것 외에도 in prison (감옥에 수감되어 있는), in tears (울고 있는)처럼 특정 명사들과 결합해 어떤 특수한 상황에 처해 있음을 표현하기도 하지요.

 ▶ 034-35

전치사 감 잡기 쉬운 문장으로 전치사 감을 잡자!

난 사랑에 빠졌어.
나는 I / ~이다 am / 사랑에 빠진 상태인 in love

I am in love.

그녀는 울면서 저기에 서 있어.
그녀는 She / 서 있다 is standing / 저기에 there /
우는 상태로 in tears

She is standing there in tears.

톰과 제인은 감옥에 수감되어 있어.
톰과 제인은 Tom and Jane / 있다 are /
감옥에 수감된 상태로 in prison

Tom and Jane are in prison.

그들은 어둠 속에서 춤 추고 있었어.
그들은 They / 춤을 추고 있었다 were dancing /
어둠 속에서 in the darkness

They were dancing in the darkness.

나 곤경에 빠진 게 아냐.
나는 I / ~가 아니다 am not /
곤경에 빠진 상태인 in trouble

I am not in trouble.
미드: Sex and the city

난 비 올 때 수영하는 거 안 좋아해.
나는 I / 안 좋아한다 don't like /
수영하는 것을 swimming /
비가 오는 상황에서 in the rain

I don't like swimming in the rain.
미드: Smallville

벚꽃이 활짝 피었어.

A Look. **Cherry blossoms are in full bloom.**

B Yeah, they're beautiful. Let's take a picture.

A I'll ask the man over there to take a picture of us.

B Wait! What if he runs away with the camera? Let's just take a selfie of us.

A: 봐 봐. 벚꽃이 활짝 피었어. B: 그러게. 아름답다. 사진 한 방 찍자.
A: 저쪽에 있는 남자 분한테 우리 사진 찍어 달라고 부탁할게.
B: 잠깐만! 저 사람이 카메라 들고 튀면 어떡하려고? 그냥 우리끼리 셀카 찍자.

문장 조립하기 다음 우리말을 영어로 써 보자.

1. 나 여전히 20대야.

....

- still 여전히 / in my twenties (내) 20대의 상태인
- 나이, 외모, 성격 등의 상태를 나타낼 때는 '〜이다'의 be동사를 씁니다.

2. 그는 여전히 건강 상태가 좋아.

....

- still 여전히 / good health 좋은 건강
- '건강 상태가 좋다'를 '좋은 건강 상태에 있다'라고 생각 후 영작해 보세요.

3. 나 급해.

....

- 급함 a hurry
- '급하다'를 be동사와 함께 '급한 상태이다'로 표현해 보세요.

4. 그들은 가난한 아이들을 도와줘.

....

- help 도와주다 / children 아이들 / poverty 가난
- '가난한 아이들'은 poor children도 되지만, '가난한 상태에 있는 아이들'로도 표현할 수 있습니다.

5. 내 생각에 빨간색과 자주색이 올 겨울에 유행할 거야.

....

- I think 내 생각에 / purple 자주색 / fashion 유행 / this winter 올 겨울에
- '유행하다'를 '유행하는 상태가 되다'로 생각 후 영작해 보세요.

1. **A** Are you 32?

   B What? Do I look that old? **I'm still in *my twenties.**

   너 32살이니?

   뭐? 내가 그렇게 늙어 보여? 나 아직도 20대야.

   > 10대는 영어로 teens라고 합니다. 그 이상의 20대, 30대, 40대 등은 기수의 복수형으로 표현해 줍니다. 그 해당 나이 대에 있는 건 전치사 in을 앞에 써서 표현할 수 있습니다.
   > **e.g.** twenties (20대) thirties (30대) forties (40대) fifties (50대) in one's thirties (30대인) in one's forties (40대인)

2. **A** My dog is 15 years old, but **he is still in good health.**

   B I guess it's because you *walk him in the park every day.

   내 개는 15살인데, (그는) 아직도 건강 상태가 좋아.

   그건 네가 걔를 매일 공원에 산책 데리고 가서 그런 것 같아.

   > 많은 동사들이 뒤에 목적어가 위치하느냐 그렇지 않느냐에 따라 그 해석이 달라질 수 있습니다. 예를 들어, walk는 I walk every day. (난 매일 걸어.)처럼 뒤에 목적어(명사)가 위치하지 않으면 '걷다'란 뜻이지만, I walk my dog every day. (난 매일 개를 산책시켜.)처럼 뒤에 목적어가 위치하면 '~와 동행하다, ~를 산책시키다'란 의미가 되지요.

3. **A** Where *are you headed to, Jack?

   B To the post office. **I'm in a hurry.** It will close in 10 minutes.

   너 어디 가는 거야, 잭?

   우체국에. 나 급해. 10분 뒤에 우체국 문을 닫거든.

   > be headed to[for]는 '~로 향해 가다'란 뜻의 회화 표현입니다. 형태는 수동태이지만 수동태 의미로 해석할 필요가 없지요. be heading to[for]로 써도 동일한 의미를 전합니다.
   > **e.g.** I'm headed to the library. = I'm heading to the library. (나 도서관에 가고 있어.)

4. **A** What exactly does this
     organization do?

   B It's a *non-profit organization.
   They help children in poverty.

이 단체가 하는 일이 정확히 뭐야?

거긴 비영리 단체야. 그들은 가난한 아이들을
도와줘.

> non은 혼자서는 못 쓰이고 단어 앞에 붙여서 '반대, 부정, 결여'의 의미를 나타냅니다. 단어 앞에 붙는다고 하여 접두어
> 라고 하지요. profit은 '영리'란 뜻인데, 앞에 non이 붙으면 non-profit 즉, '비영리'가 됩니다.
> **e.g.** non-fiction 비소설 non-alcoholic 알코올이 아닌 nonsense 말도 안 되는 말

5. **A** **I think red and purple will be in**
   fashion this winter.

   B *I couldn't agree with you more.

내 생각에 빨간색과 자주색이 올 겨울에 유행할
거야.

완전 동감이야.

> 상대방 말, 의견에 동감을 표현할 때 사용할 수 있는 회화 표현들로는 I agree with you. / I agree with your point.
> 가 있습니다. 좀 더 강하게 동감을 표현하고자 할 때는 I totally agree. (나 완전 동의해.) / I couldn't agree with you
> more. (더 이상 어떻게 더 동의하겠니.) 등을 사용할 수 있습니다.

Marry in haste, and repent at leisure.

서둘러서 결혼해라. 그러면 두고두고 후회한다.

....

marry 결혼하다 repent 후회하다 leisure 여유로운 시간, 한가한 시간

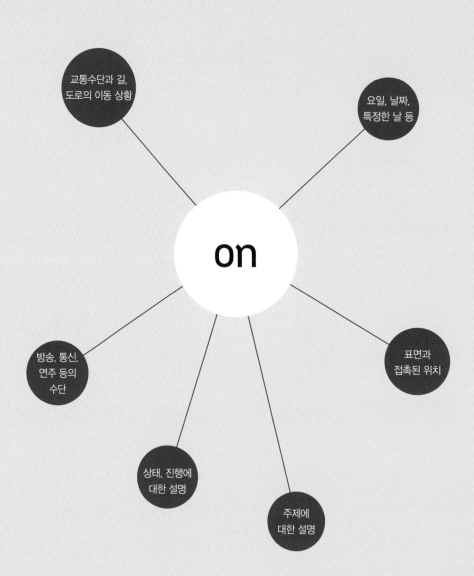

03

on을 한눈에!

전치사 on은 on the wall (벽에), on the ceiling (천장에), on the hill (언덕에), on the first floor (1층에), on King Street (킹 스트리트에)처럼 가로든 세로든 대각선이든 상관없이 어떤 표면 위에 있거나 어떤 표면에 붙어 있다고 말할 때 쓰입니다. 즉, 우리말로 '~ 위에'는 표면과의 접촉 외에 공간적으로 떨어져 있을 때도 쓰이지만, on은 접촉 상태가 없을 때는 사용될 수 없는 거지요. 이렇게 어떤 표면과 접촉돼 있음을 강조하는 개념에서 그 의미가 확장되어 on the train (기차에서, 기차를 타고), on the bus (버스에서, 버스를 타고), on the plane (비행기에서, 비행기를 타고)처럼 특정 교통수단을 타고 있거나 이동 중임을 전달할 때도 on이 활용됩니다. 또, on the Internet (인터넷에), on Channel 10 (10번 채널에), on the radio (라디오에서)처럼 방송, 통신 등의 수단을 가리키는 명사와 함께 결합되어 사용되기도 합니다. 이런 수단들은 기본적으로 전파라는 접촉 매개체로 운영되기 때문이죠. 이 외에도 a book on international commerce (국제 통상에 관한 책)에서처럼 '~에 대해, ~에 관해'란 뜻으로 좀 더 구체화된 주제에 대해 언급

할 때 on이 사용되기도 합니다. 마지막으로 on sale (할인 중인), on strike (파업 중인), on fire (불타고 있는)처럼 on은 특정 명사와 함께 짝을 이뤄 '~하는 중인'의 상태를 전달할 때도 사용됩니다.

앞에서 배운 in도 특정 명사와 함께 쓰일 때 어떤 상태를 나타낸다고 했죠? on도 역시 그렇고요, 뒤에 오는 단어들이 정해져 있기 때문에 보일 때마다 외워 두는 수밖에 없습니다.

자, 이번엔 on의 세계로 떠나 볼까요?

바닥에 그 상자 내려 놔.
Put down the box on the floor.

on: (표면과의 접촉) ~ 위에. ~에(게)

전치사 on은 '~에, ~ 위에'의 뜻입니다. 이건 두 대상 간의 위치가 공간적으로 떨어져 있는 것이 아니라, **하나가 다른 하나의 표면에 붙어 있는 상태, 표면에 지탱된 상태, 혹은 아주 근접하게 접하여 거의 붙어 있는 것처럼 보이는 상태를** 나타냅니다. 예를 들어, "파리 한 마리가 벽에 있네."란 말을 보세요. 파리가 벽이라는 표면에 다리를 대고 접촉해 있는 이미지가 그려지죠? 그래서 기본 틀인 A fly is (파리 한 마리가 있어)란 문장 틀에 전치사 on을 활용한 on the wall (벽에)을 붙여서 A fly is on the wall.이라고 하면 됩니다.

▶ 037-38

전치사 감 잡기 쉬운 문장으로 전치사 감을 잡자!

바닥에 그 상자 내려 놔.
내려 놔 Put down / 그 상자를 the box /
바닥 위에 on the floor

Put down the box on the floor.

책상 위에 있는 저 책 내 거야.
저 책은 That book / 책상 위에 있는 on the desk /
~이다 is / 내 것 mine

That book on the desk is mine.

나 호수에 접해 있는 집을 샀어.
나는 I / 샀다 bought / 집을 a house /
호수에 접한 on the lake

I bought a house on the lake.

그는 얼굴에 흉터가 있어.
그는 He / 가지고 있다 has / 흉터를 a scar /
그의 얼굴에 on his face

He has a scar on his face.

너 내 발 밟고 있다.
너는 You / 있다 are / 내 발 위에 on my foot

You are on my foot.
미드: 2 Broke Girls

벽에 화재경보기가 있어?
~가 있니? Is there / 화재경보기가 a fire alarm /
벽에 on the wall

Is there a fire alarm on the wall?
미드: Alias

나 킹 스트리트에 있는 것 같아.

A   I think I'm lost. I can't find your house.

B   Where exactly are you right now?

A   **I think I'm on King Street. I can see a big church on my right.**

B   Oh, just go straight ahead and turn left at the second corner.

A: 나 길 잃어버린 것 같아. 네 집을 찾을 수가 없어. B: 너 지금 정확히 어디에 있어?
B: 킹 스트리트에 있는 것 같아. 오른쪽에 큰 교회가 보여. B: 아, 그러면 곧장 직진해. 그리고 두 번째 모퉁이에서 왼쪽으로 돌아.

문장 조립하기   다음 우리말을 영어로 써 보자.

1. 너 등 대고 누워 봐.

....

- lie 눕다 / your back 네 등
- 명령문은 동사원형으로 문장을 시작합니다. lie on one's back은 '눕다'의 뜻입니다.

2. 저쪽에 지붕 위에 있는 저건 뭐지?

....

- What 무엇 / that 저것 / the roof 지붕 / over there 저쪽에
- What, When, Who 등의 의문사를 활용한 be동사 의문문은 [의문사+be동사+주어 ~?] 어순이 됩니다.

3. 그 바지 너에게 잘 어울려.

....

- Those pants 그 바지 / look good 잘 어울리다, 좋아 보이다
- 바지 같은 의복은 사람 피부 표면에 접착해 있기에 여기서 '너에게'란 표현으로 on you가 쓰입니다.

4. 나 오늘 아침에 길에서 100달러 지폐 주웠어.

....

- find 발견하다 / 100-dollar bill 지폐 / the street 길 / this morning 오늘 아침에
- 길에서 돈을 주운 건 결국 돈을 발견했다는 것이므로 '줍다'의 pick up보다 find를 쓰는 게 더 잘 어울립니다.

5. 언덕에 있는 그 집 팔려고 내놨더라.

....

- The house 그 집 / the hill 언덕 / for sale 판매 중인
- 매매로 나왔다는 것은 결국 판매 중인 상태에 있다는 것이므로 '~이다/있다'의 be동사를 사용합니다.

1. **A** I *have a sore back.

   B <u>Lie on your back</u>, and follow my instructions.

   등이 쑤시네.

   등 대고 누워 봐. 그리고 내가 하라는 대로 따라서 해.

> '등이 아프다', '배가 아프다', '감기에 걸리다' 같이 아픈 곳이나 앓고 있는 질병을 말할 때 [I have+병명] 패턴을 활용하세요. 예를 들어, 감기 (a cold)는 I have a cold. (나 감기 걸렸어.), 복통 (a stomachache)은 I have a stomachache. (나 배 아파.)라고 하면 되죠. 다양한 병명을 뜻하는 명사들만 알면 얼마든지 표현할 수 있습니다.

2. **A** **What is that on the roof over there?**

   B You mean *those black birds? I think they are crows.

   저쪽에 지붕 위에 있는 저건 뭐지?

   저 검은 새들 말하는 거야? 까마귀 같은데.

> that의 복수형이 those입니다. that과 those는 각각 '저것', '저것들'의 뜻도 있고, '저 ~'라는 뜻으로 명사를 수식하기도 합니다. that은 단수 명사를, those는 복수 명사를 수식하지요.
> **e.g** that dog (저 개) those dogs (저 개들)

3. **A** **Those *pants look good on you.**

   B Oh, thanks. I got it at the mall yesterday.

   그 바지 너에게 잘 어울려.

   아, 고마워. 어제 몰에서 샀어.

> 두 개의 짝으로 이루어진 pants (바지), trousers (바지), shorts (반바지), jeans (청바지) 등은 모두 복수형으로 취급해 주어야 합니다. 그래서 대명사도 that이 아닌 복수형 those가 함께 쓰이지요. 이 외에도 scissors (가위), glasses (안경)처럼 쌍으로 이루어진 도구류 명사들도 역시 복수 취급해 줘야 하는 것 잊지 마세요.

4. **A** **I found a 100-dollar bill on the street this morning.**

나 오늘 아침에 길에서 100달러 지폐 주웠다.

B For real? You're so lucky. *Buy me lunch, will you?

진짜? 너 진짜 운 좋다. 나 점심 사주라, 그래 줄 거지?

> buy A B는 'A에게 B를 사주다'란 뜻입니다. '~해'라는 명령문 뒤에 '그래 줄래?', '그래 줄 거지?'처럼 부가의문문을 붙일 수 있는데, 그게 영어로는 will you?입니다.
> e.g. Help me, will you? (나 도와줘, 그래 줄 거지?)

5. **A** **The house on the hill is for sale.**

언덕에 있는 그 집 팔려고 내놨더라.

B Yeah, I know. I had my eyes on it, but it's *way too expensive now.

응, 알고 있어. 내가 눈독 들이고 있었는데, 지금은 너무 비싸네.

> [way too+형용사]는 '지나치게 ~한'의 뜻으로 부정적인 의미를 내포합니다.
> e.g. way too short (지나치게 키가 작은) way too high (지나치게 높은) way too heavy (지나치게 무거운)

The grass is always greener on the other side of the fence.

울타리 반대편에 있는 잔디는 항상 더 푸르다. (= 남의 떡이 더 커 보인다.)

....

grass 잔디, 풀, 풀밭 greener 더 푸른 (비교급) the other side 반대편

수요일에 보자!
See you on Wednesday!

on: (요일, 날짜, 특정한 날 등) ~에

'월요일에'처럼 요일을 말할 때, '11월 3일에'처럼 날짜를 말할 때, '크리스마스에'처럼 특정한 날을 말할 때 이 '에'에 해당하는 말은 모두 전치사 on을 활용하면 됩니다. on Monday, on November 3, on Christmas Day처럼 말이죠. (참고로, 앞서 배웠던 at Christmas는 크리스마스이브, 크리스마스 당일 등의 행사 기간 자체를 가리키지만 on Christmas day는 크리스마스 당일이란 특정한 날을 가리킨다는 차이가 있습니다.) 또, '아침에'는 영어로 in the morning이지만, '월요일 아침에'처럼 요일과 합쳐질 때는 on Monday morning이라고 말합니다. 그런데요, '이번 주 월요일(에)', '다음 주 월요일 (에)', '지난 주 월요일(에)'와 같이 this, next, last가 붙어서 this Monday, next Monday, last Monday라고 하게 되면 '~에'에 해당하는 on을 붙이지 않습니다.

 ▶ 040-41

전치사 감 잡기 쉬운 문장으로 전치사 감을 잡자!

수요일에 보자!
보자 See you / 수요일에 on Wednesday

See you on Wednesday!

제니 생일은 토요일이야.
제니의 생일은 Jenny's birthday / 있다 is /
토요일에 on Saturday

Jenny's birthday is on Saturday.

그 회의는 11월 3일에 있어.
그 회의는 The meeting / 있다 is /
11월 3일에 on November third

The meeting is on November third.

난 우리 기념일에 아내를 발리에 데려갔어.
나는 I / 데려갔다 took / 내 아내를 my wife /
발리로 to Bali / 우리 기념일에 on our anniversary

I took my wife to Bali on our anniversary.

너 일요일 저녁에 어디에 있었어?
어디에 Where / 너는 있었니? were you /
일요일 저녁에 on Sunday evening

Where were you on Sunday evening?
미드: The Broken wood Mysteries

주말에 너 귀찮게 해서 미안해.
미안해 Sorry / 귀찮게 해서 to bother / 너를 you /
주말에 on the weekend

Sorry to bother you on the weekend.
영화: Little Man

토요일 밤에 하는 마술쇼 표가 있어.

A **I have tickets to a magic show on Saturday night.** Would you like to go?

B Yeah, I'd love to. What time does the show start?

A It starts at 7. Let's meet at the subway station at 6.

B Okay. I'll see you then.

A: 나 토요일 밤에 하는 마술쇼 표가 있어. 가고 싶어? B: 응, 가고 싶어. 몇 시에 시작하는데?
A: 7시에 시작해. 6시에 지하철역에서 만나자. B: 그래. 그때 보자.

문장 조립하기 다음 우리말을 영어로 써 보자.

1. 너 주말에 바빠?

....

- be busy 바쁘다 / the weekend 주말
- be동사의 의문문은 be동사를 주어 앞으로 이동시켜야 합니다. weekend는 '주말에'의 의미일 때 on과 함께 쓰입니다.

2. 전 금요일에는 근무 안 해요.

....

- work 일하다 / Friday 금요일
- 매번 금요일마다 근무하지 않는다는 뜻이므로 이때는 금요일을 Fridays처럼 복수형으로 써야 합니다.

3. 쿠폰은 주중에만 사용 가능합니다.

....

- use 사용하다 / the coupon 쿠폰 / weekdays only 주중에만
- '~할 수 있다'의 가능, 능력은 조동사 can으로 표현합니다.

4. 남자친구가 내 생일에 그거 나한테 사 줬어.

....

- My boyfriend 내 남자친구 / buy 사주다 / for me 나한테 / my birthday 내 생일
- buy의 과거형은 bought입니다.

5. 7월 15일에 저녁 식사 예약하고 싶어요.

....

- make a reservation for dinner 저녁 식사 예약하다 / July 15th 7월 15일
- '~하고 싶다'고 말할 때 want to보다 더 정중한 느낌의 표현은 [would like to+동사원형]입니다.

1.　A　I have two tickets to the concert.
　　　Are you busy on the weekend?

　　B　Yeah, I work in a restaurant *on
　　　weekends.

　　　나 콘서트 표 두 장 있거든. 너 주말에 바빠?

　　　응, 나 주말에 식당에서 일해.

> '주말에'란 표현은 한 번의 특정한 주말이든 아니면 규칙적으로 반복되는 여러 번의 주말이든 상관없이 미국에서는 on
> the weekend, 영국에서는 주로 at the weekend라고 말합니다. 즉, 둘 다 사용가능하지요. 하지만, 좀 더 규칙적으로
> 반복되는 주말이라는 걸 강조하고 싶다면 the를 생략하고 weekend를 복수형으로 해서 on weekends 라고 말하면 됩
> 니다.
> **e.g** I usually play soccer on weekends. (난 주말마다 대개 축구를 해.)

2.　A　I heard you work on weekends as
　　　well. When do you *take a day off?

　　B　**I don't work on Fridays.**

　　　듣기로 너 주말에도 일한다며. 너 언제 쉬는
　　　거야?

　　　나 금요일엔 일 안 해.

> [take+시간 표현+off]는 '~를 쉬다', '~의 휴가를 얻다'란 뜻입니다. 예를 들어 take a day off는 '하루를 쉬다', take
> three days off는 '3일을 쉬다'란 뜻이죠.

3.　A　I have a discount coupon. Can I
　　　use it?

　　B　I'm sorry, but **you can use the
　　　coupon *on weekdays only.**

　　　저 할인 쿠폰이 있는데요. 써도 되나요?

　　　죄송한데, 쿠폰은 주중에만 사용 가능합니다.

> '주중에' 표현은 on a weekday라고 표현해도 상관없습니다. 본 문장에서 '단지', '다만'이란 뜻의 부사 표현 only의 위치
> 는 on weekdays 앞에 와도 상관없습니다.
> **e.g** I work only on weekdays. (전 주중에만 일해요.)

4. A I like your sweater. It *looks warm and comfy.

네 스웨터 마음에 든다. 따뜻하고 편해 보여.

B Thanks. **My boyfriend bought it for me on my birthday.**

고마워. 남자친구가 내 생일에 그거 나 사줬어.

> 연결동사 look은 '~한 상태로 보이다'의 뜻으로 뒤에 형용사가 위치해야 합니다. 예를 들어, 우리말 '아름답게 보이다'는 '아름답게'란 말 때문에 beautifully가 올 것 같지만, 영어에서 연결동사 뒤에는 반드시 형용사가 와야 하므로, look beautiful이라고 말해야 옳은 문장이 됩니다.
> **e.g.** look warmly (x) → look warm (o)

5. A Jumbo Restaurant. May I help you?

점보 식당입니다. 무엇을 도와드릴까요?

B Yes. I'd like to make a reservation for dinner on July 15th.

네, 7월 15일에 저녁 식사 예약을 하고 싶어요.

> [would like to+동사원형]은 무언가를 하고 싶다고 정중히 말할 때 사용할 수 있는 표현입니다. 원하는 정도를 좀 더 높이고 싶다면 like 대신에 love를 써서 [would love to+동사원형]을 써도 되지요. 더 편하게 말할 때는 간단히 [want to+동사원형] 틀을 사용하면 됩니다.
> **e.g.** I want to go there. (나 거기 가고 싶어.)

A Christian is a man who feels repentance on Sunday for what he did on Saturday and is going to do on Monday.

기독교인은 토요일에 한 일과 월요일에 할 일에 대해 일요일에 회개하는 사람이다.

....

Christian 기독교도 repentance 회개, 참회

우리 공항으로 가는 길이야.
We are on the way to the airport.

on: (교통수단과 길, 도로의 이동 상황) ~를 타고, ~로, ~ 중에

전치사 on은 '길'을 뜻하는 way, road 등과 함께 쓰여 **이동 중인 상태**를 나타낼 수 있습니다. 또 버스, 기차, 비행기, 배 등의 교통수단과 쓰이면 거기에 위치한 상태, 교통수단을 타고 이동하는 걸 묘사할 수도 있습니다. 예를 들어, '나 여기 버스 타고 왔어.'란 표현은 I came here (나 여기 왔어)란 뼈대 문장에 '버스 타고'에 해당하는 on the bus를 붙여서 I came here on the bus.라고 말하면 되지요.

▶ 043-44

전치사 감 잡기 쉬운 문장으로 전치사 감을 잡자!

우리 공항으로 가는 길이야.
우리는 We / 있다 are / 가는 길에 on the way / 공항으로 to the airport

We are on the way to the airport.

나 기차 탔어. [= 나 기차 안이야.]
나는 I / 있다 am / 기차에 on the train

I am on the train.

그는 자전거를 타고 나를 따라왔어.
그는 He / 따라왔다 followed / 나를 me / 그의 자전거를 타고 on his bike

He followed me on his bike.

너 여기 버스 타고 왔어?
너는 왔니? Did you come / 여기에 here / 버스 타고 on the bus

Did you come here on the bus?

너 비행기에서 누구라도 만났니?
너는 만났니? Did you meet / 누구든 anyone / 비행기에서 on the plane

Did you meet anyone on the plane?
영화: Taken

우리 두 시간 째 계속 이동 중이야.
우리는 We / 계속 ~인 상태이다 have been / 이동 중인 on the road / 두 시간 째 for a couple of hours

We have been on the road for a couple of hours.
미드: New Girl

버스에 가방을 두고 내렸네.

A Hello, this is the lost and found. How can I help you?
B Hi, **I left my bag on the bus.** Could you help me?
A Do you remember the bus number?
B Yes, I took the bus number 105, and I got off at the Gold Beach around 2.

A: 여보세요, 분실물 센터입니다. 무엇을 도와드릴까요? B: 안녕하세요, 제가 버스에 가방을 두고 내렸어요. 좀 도와주시겠어요?
A: 몇 번 버스였는지 기억하세요? B: 네, 105번 버스를 탔고, 2시 경에 골드 비치에서 내렸어요.

문장 조립하기 다음 우리말을 영어로 써 보자.

1. 물병을 가지고 비행기에 탑승하실 수 없습니다.

....

- get on ~에 타다 / with ~를 가지고 / a bottle of water 물병
- '물병'은 영어로 a bottle of water 또는 a bottled water라고 합니다.

2. 너 걸어서는 거기에 못 가.

....

- get 도착하다 / there 거기에 / on foot 걸어서
- '걸어서'란 표현은 전치사 on을 활용해 on foot이라고 말합니다.

3. 나 배에서 점심 먹었어.

....

- have lunch 점심 먹다 / the ship 배
- 아침, 점심, 저녁을 먹는다고 말할 때는 보통 동사 have를 사용합니다. **e.g.** I had breakfast. (나 아침 먹었어.)

4. 내가 집에 가는 길에 그거 살게.

....

- buy 사다 / the way home 집에 가는 길
- '~할 것이다'라고 의지를 나타낼 때는 조동사 will을 활용합니다.

5. 나 회사 가는 길에 그를 만났어.

....

- met 만났다 / the way to work 회사 가는 길
- home은 '집에, 집으로'의 의미라서 the way home이라고 to 없이 쓰지만, work는 '회사'의 뜻만 있기에 '회사로 가는 길'은 to를 써서 the way to work로 표현합니다.

1. A Sir, you can't *get on the plane with a bottle of water.

   B Oh, I'm sorry. I didn't know. I'll leave it here.

   고객님, 물병을 가지고 비행기에 탑승하실 수 없습니다.

   아, 죄송해요. 몰랐어요. 여기다 두고 갈게요.

   교통수단과 함께 쓰이는 전치사 on은 동사 get과 결합해 get on으로 쓰여 '~에 탑승하다'란 동사 덩어리를 만듭니다. get on의 반대 표현은 get off로 '(~에서) 내리다'란 뜻이지요.
   📗 I got off the bus. (나 버스에서 내렸어.)

2. A Is the city library far from here?

   B Yes, it's *quite far. You can't get there on foot.

   시립 도서관 여기에서 머니?

   응, 꽤 멀어. 너 걸어서는 거기 못 가.

   quite은 '꽤, 상당히'란 뜻으로 형용사를 수식해 그 의미를 강조해 줍니다.
   📗 He is quite handsome. (그는 꽤 잘 생겼어.) The test was quite difficult. (그 시험은 꽤 어려웠어.)

3. A You must be hungry. Let's get you something *to eat.

   B No, I'm okay. I had lunch on the ship.

   너 배고프겠다. 먹을 것 좀 가져다줄게.

   아냐, 나 괜찮아. 나 배에서 점심 먹었어.

   to부정사는 명사 또는 something과 같은 정해지지 않은 대명사 뒤에 위치해서 형용사처럼 명사를 수식할 수 있습니다. 이때, to부정사의 해석은 '~할'이 되지요.
   📗 food to eat (먹을 음식) clothes to wear (입을 옷) a person to date (데이트 할 사람)

4. A Honey, *we're out of milk.
   B Don't worry. **I'll buy it on the way home.**

   자기야, 우리 우유 다 떨어졌어.
   걱정하지 마. 내가 집에 가는 길에 그거 살게.

   be out of는 '~가 다 떨어지다'의 뜻입니다. of 뒤에 다 떨어진 대상을 언급하면 되지요.
   e.g I am out of money. (나 돈 다 떨어졌어.) The car is out of gas. (그 차 기름이 다 떨어졌어.)

5. A Do you remember Mike? This morning, **I met him on the way to work.**
   B Mike? You mean the tall one? Oh, I *used to have a crush on him.

   너 마이크 기억나? 오늘 아침에, 나 회사 가는 길에 그 사람 만났어.

   마이크? 그 키 큰 애 말하는 거야? 아, 나 걔 짝사랑했었는데.

   이제 더 이상 하지 않는 과거에 반복적으로 했던 습관이나 상태를 [used to+동사원형]으로 표현합니다. 우리말로 '~하곤 했었다'란 뜻이죠. 예를 들어, 지금은 금연했지만, 과거엔 담배를 많이 피웠다면 I used to smoke. (난 담배 피우곤 했었어.)라고 말하면 되지요.

   Death is supreme festival on the road to freedom.
   죽음은 자유를 향하는 길에 열리는 최고의 축제다.

   ....
   supreme 최고의, 가장 중요한 festival 축제 to ~를 향한

내 휴대폰으로 전화해.
Call me on my cell phone.

on: (방송, 통신, 연주 등의 수단) ~로, ~에

전치사 on은 인터넷, 라디오, 전화와 같은 방송이나 통신 수단을 나타낼 때 쓰입니다. 예를 들어, 상대방에게 '내 휴대전화로 전화해.'란 말은 명령문 틀인 Call me (내게 전화해) 뒤에 '내 휴대전화로'란 부가 설명을 전치사 on을 활용해 on my cell phone이라고 붙여서 Call me on my cell phone.이라고 하면 됩니다. 교통과 통신 수단을 전달할 때 on 이외에 by도 사용 가능한데요. by는 뒤에 정관사 the가 붙지 않는다는 특징이 있습니다. 예를 들어, '기차를 타고'는 on the train과 by train 둘 다 가능합니다. 뉘앙스상 차이점은 on은 이동하고 있다, 방송이 나오고 있다 라는 생동감 있는 움직임의 이미지를 강하게 전달해 주는 반면, by는 그냥 수단의 이미지만 전달해 준다는 차이가 있습니다.
e.g. I went there by train. = I went there on the train. (나 거기에 기차 타고 갔어.)

▶ Max쌤의 강의 **046-47**

전치사 감 잡기 쉬운 문장으로 전치사 감을 잡자!

내 휴대폰으로 전화해.
전화해 Call / 내게 me /
내 휴대폰으로 on my cell phone

Call me on my cell phone.

7번 채널에서 뭐 방송해?
무엇이 What / 있니? is / 7번 채널에 on Channel 7

What is on Channel 7?

존과 나는 전화로 얘기했어.
존과 나는 John and I / 이야기했다 spoke /
전화로 on the phone

John and I spoke on the phone.

나 트위터에 1000명 넘는 팔로워가 있어.
나는 I / 가지고 있다 have / 1000명 넘는 팔로워를
over a thousand followers / 트위터에 on Twitter

I have over a thousand followers on Twitter.

페이스 북에 날 친구 추가해 줘.
친구 추가해 줘 Friend / 나를 me /
페이스 북에 on Facebook

Friend me on Facebook.

나 라디오로 뉴스 듣고 있었어.
나는 I / 듣고 있었다 was listening /
뉴스를 to the news / 라디오로 on the radio

I was listening to the news on the radio.

인스타그램 하니?

A Tom, **are you on Instagram?**

B Yeah, of course. I don't post a lot, though.

A Doesn't matter. What's your Instagram ID? I'd like to follow you.

A It's s-a-r-a-m-i-n. Did you find it?

A: 톰, 너 인스타그램 해? B: 응, 당연히 하지. 게시글을 많이 올리진 않지만 말이야.
A: 상관없어. 인스타그램 ID 뭐야? 내가 팔로우할게. B: s-a-r-a-m-i-n이야. 찾았어?

문장 조립하기 다음 우리말을 영어로 써 보자.

1. 지금 텔레비전에서 뭐해?

....

- What 무엇이 / be 있다 / now 지금
- '지금 텔레비전에서 뭐해?'는 '지금 TV에 뭐가 있어?'로 바꿔서 영문을 만들어 보세요.

2. 그 운전자는 운전하면서 전화 중이었어.

....

- The driver 그 운전자 / be ~이다 / on the phone (전화) 통화 중인 / while ~하면서
- '전화 중이었다'는 '전화라는 통신 수단에 있었다'로 생각해 문장을 만들어 보세요.

3. 나 그거 라디오에서 들었어.

....

- hear 듣다 / on the radio 라디오에서
- 불규칙 동사 hear의 과거형은 heard 입니다.

4. 나 인터넷으로 싼 비행 편을 찾으려고 노력 중이야.

....

- try 노력하다 / find 찾다 / a cheap flight 싼 비행 편 / on the Internet 인터넷으로
- '~하기 위해 노력하다'는 to부정사를 활용해 [try to+동사원형] 구문으로 말합니다.

5. 인터넷상의 사람들을 믿을 수가 없어.

....

- You 일반 사람을 지칭 / trust 믿다
- 누구에게나 적용될 수 있는 사실을 말할 때 주어로 You를 쓸 수 있습니다. 이때는 '너, 당신'의 의미가 아닙니다.

1. **A** **What's on TV now?**
   B Well, *there's a baseball game on Channel 7, and there's a movie on Channel 11.

   지금 텔레비전에서 뭐해?
   음, 7번 채널에선 야구 경기가 있고, 11번 채널에선 영화 보여주네.

> [There is+단수 명사] 혹은 [There are+복수 명사]는 '~가 있다'란 존재 여부를 전달합니다. 여기선 be동사 am, are, is의 해석이 '~이다'가 아니라 '(~에) 있다'가 되지요. There are five people in my family. (우리 가족은 5명이에요.), There is a book on the desk. (책상에 책이 한 권 있네.)처럼 일상생활에서, 그리고 본 대화문에서처럼 TV에서 무엇이 방송되고 있는지를 말할 때도 유용하게 사용할 수 있습니다.

2. **A** We were almost hit by a car. **The driver was on the phone while driving.**
   B *What an idiot! I hate careless drivers.

   우리 거의 차에 치일 뻔했어. 운전자가 운전하면서 전화 중이었더라고.

   진짜 멍청한 놈이네! 부주의한 운전자들 극혐이야.

> [What+(a/an)+(형용사)+명사!]는 감탄문 구문으로 '정말 ~구나'란 뉘앙스를 전합니다. 예를 들어, '정말 멋진 경치구나'는 본 구문에 맞추어 What a great view!라고 말하면 되지요. 보통 형용사의 뜻이 great (멋진)이든 terrible (끔찍한)이든 대화 중 뉘앙스로 충분히 유추가 가능한 상황에서는 형용사를 생략하고 말하기도 합니다.
> **e.g.** What an idiot! (진짜 멍청한 놈이네!) What a view! (경치 끝내주네!)

3. **A** It's going to be foggy tomorrow morning. **I heard it on the radio.**
   B Really? Then I *won't drive tomorrow. I'll take a taxi.

   내일 아침에 안개가 낄 거라네. 내가 라디오에서 그거 들었어.
   진짜? 그러면 내일 운전 안 해야겠다. 택시 타고 갈래.

> 조동사 will은 '~일 것이다'란 뜻으로 단순한 미래 사실을 말할 때도 쓰이고, 또 사전에 계획된 내용이 아닌 말하는 시점에서의 화자의 결심을 전할 때도 씁니다. 패스트푸드점에서 메뉴판을 보다가 음식을 정할 때처럼요.
> **e.g.** I will have a cheeseburger. (전 치즈버거로 주세요.)

4. **A** **I'm trying to find a cheap flight on the Internet.**

   B Well, but you should be careful. There's a saying, "You get *what you pay for".

   나 인터넷으로 싼 비행 편을 찾으려고 노력 중이야.

   음, 하지만 조심해. 그런 속담도 있잖아, '싼 게 비지떡이다'라고.

   what은 '무엇'이란 뜻 외에 '~라는 것'의 뜻도 있습니다. 즉, [what+주어+동사] 구문은 '주어가 동사하는 것'이란 뜻이죠. You get what you pay for는 직역하면 '너는 (You) 얻는다 (get) 네가 돈을 지불하는 것을 (what you pay for)'로 즉, 결국 돈을 낸 만큼의 것을 받게 된다는 의미입니다. 돈을 적게 주고 사면 그만큼 어딘가 안 좋겠죠? 그래서 '싼 게 비지떡이다'란 속담과 연결되는 것입니다.

5. **A** **You can't trust people on the Internet.**

   B But *didn't you meet your girlfriend on the Internet?

   인터넷상의 사람들을 믿을 수가 없지.

   그렇지만 너 네 여자친구는 인터넷으로 만나지 않았냐?

   상대방에게 '너 ~하지 않았어?'라고 물을 때 [Didn't you ~?]로 질문할 수 있습니다. 이렇게 부정의문문 형태로 하면 단순히 Did you ~? (너 ~했어?)라고 물을 때와는 다르게 질문자가 좀 더 확신을 갖고 어떤 내용을 확인하고자 하는 것이죠.

   ### People who project themselves as journalists on television don't know the first thing about journalism. - Gary Ackerman -

   텔레비전에서 스스로를 저널리스트라고 밝히는 사람들은 저널리즘에 대해서 쥐뿔도 아는 것이 없다.

   ....
   project 투사하다, 이해시키다, 상상하다 as ~로서

난 남미에 관한 책을 샀어.
I bought a book on South America.

on: (주제) ~에 대한, ~에 관한

on은 '~에 대한, ~에 관한'의 뜻으로 어떤 주제를 **설명**할 때 쓰입니다. 예를 들어, '그는 우리가 배운 것에 대해 테스트했어.'란 말은 문장의 기본 틀인 He tested us (그가 우리를 테스트했어) 뒤에 전치사 on을 활용한 on what we had learned (우리가 배운 것에 대해)를 부가 설명으로 붙여서 He tested us on what we had learned.라고 하면 되지요. 보통 '~에 관하여'의 뜻으로 사용되는 다른 전치사로 about이 있는데요, 좀 더 구체적인 내용을 다룰 때 전치사 on을 주로 씁니다.

▶ 049-50

전치사 감 잡기 쉬운 문장으로 전치사 감을 잡자!

난 남미에 관한 책을 샀어.
나는 I / 샀다 bought / 책 한 권을 a book /
남미에 관한 on South America

I bought a book on South America.

너 승진한 거 축하해.
축하합니다 Congratulations /
당신의 승진에 대해 on your promotion

Congratulations on your promotion.

그는 사회적 책임에 관해 회의에서 연설했어.
그는 He / 연설했다 spoke / 회의에서 at the conference
/ 사회적 책임에 관해 on the social responsibility

He spoke at the conference on social responsibility.

제니는 중국 음식 관련 권위자야.
제니는 Jenny / ~이다 is / 권위자 an authority /
중국 음식에 관한 on Chinese food

Jenny is an authority on Chinese food.

넌 자유에 관한 꽤 괜찮은 수필을 쓸 수 있을 거야.
넌 You / 쓸 수 있을 것이다 should be able to write /
꽤 괜찮은 수필을 quite an essay /
자유에 관한 on freedom

You should be able to write quite an essay on freedom.
미드: Veronica Mars

난 전염병 관련 발표를 할 예정이야.
나는 I / 발표할 예정이다 am going to give a
presentation / 전염병에 관한 on infectious diseases

I'm going to give a presentation on infectious disease.
미드: Chuck

꽃꽂이 관련한 책을 살까 생각 중이야.

A Mike, **I'm thinking of buying a book on flower arrangements.**

Can you recommend a good one?

B Of course. Actually I have one in my bag.

I think this is the best book for beginners like you.

A Wow, it's really thick. How much is this? It must be very expensive.

B Don't worry. I'll lend it to you.

A: 마이크, 나 꽃꽂이 관련 책을 한 권 살까 생각 중이야. 좋은 거 하나 추천해 줄래?
B: 물론이지. 사실, 내 가방에 한 권 있어. 내 생각엔 이게 너 같은 초보자에겐 최고의 책일 것 같은데.
A: 와우, 정말 두꺼운데. 이거 얼마야? 엄청 비싸겠는데. B: 걱정하지마. 내가 빌려 줄게.

문장 조립하기 다음 우리말을 영어로 써 보자.

1. 전 중국 역사에 대한 책들을 찾고 있어요.

....

- look for ~를 찾다 / 중국 역사 Chinese history
- 무언가를 찾고 있다고 말할 때는 [be동사 현재형+동사-ing]의 현재진행 시제를 써야 합니다.

2. 톰은 그 분야에 관해선 권위자야.

....

- an authority 권위자 / the field 그 분야
- 직업, 신분, 정체가 '~이다'라고 말할 때는 be동사를 활용합니다.

3. 그 내용에 대해 더 많은 정보를 원하시면 이 번호로 전화 주세요.

....

- for ~를 위해 / that matter 그 내용, 문제 / call me 내게 전화하다 / at this number 이 번호로
- 여기서 [더 많은 정보를 원하시면]은 간단히 [더 많은 정보를 위해서]로 생각 후 영작하면 됩니다.

4. 너 시험 통과한 것 축하해.

....

- Congratulations 축하합니다 / pass 통과하다 / your exam 네 시험
- 상대방에게 '축하해'라고 말할 때는 항상 -s를 붙인 Congratulations라고 말합니다.

5. 나 강의 내용에 관해 필기하고 싶어.

....

- take notes 필기하다 / the lecture 강의 (내용)
- '~하길 원하다'는 [want to+동사원형]으로 말할 수 있습니다.

1. A Hi, **I'm looking for books on Chinese history.**
   B History books are on the fourth floor. Take the elevator *down the hall.

   안녕하세요. 전 중국 역사에 대한 책들을 찾고 있어요.
   역사책들은 4층에 있어요. 홀 아래쪽에 있는 엘리베이터를 타세요.

   > down은 전치사로 '~ 아래로'란 뜻입니다. 예를 들어, '나 계단 아래로 떨어졌어.'는 문장의 기본 뼈대인 I fell (나 떨어졌어) 뒤에 down을 활용한 down the stairs (계단 아래로)를 붙여서 I fell down the stairs.라고 말하면 되지요.

2. A **Tom is an authority on the field.**
   B *So I've heard.

   톰이 그 분야에 관해서는 권위자야.
   나도 정말 그렇게 들었어.

   > 앞서 언급된 내용을 받아서 '정말 그렇게 ~하다'란 의미로 맞장구를 칠 때 [So+주어+동사] 구문을 사용할 수 있습니다. 여기서 So I've heard는 현재완료시제를 써서 '나도 그렇게 들은 적이 있다고' 맞장구를 치는 표현인 거죠.

3. A **For more information on that matter, please call me *at this number.**
   B Okay, I will.

   그 문제에 대해 더 많은 정보를 원하시면, 이 번호로 전화 주세요.
   네, 그럴게요.

   > 전치사 at은 전화번호를 가리킬 때도 사용할 수 있습니다. 예를 들어, "333번으로 제게 연락 주시면 돼요."란 말은 기본 틀인 You can reach [call] me (제게 연락 주시면 돼요) 뒤에 전치사 at을 활용해 at 333 (333번으로)를 붙여서 You can reach [call] me at 333.라고 하면 되지요.

4. A **Congratulations on passing your exam.**

    너 시험 통과한 거 축하해.

    B Thanks. *I'm on a cloud.

    고마워. 기분이 날아갈 것 같아.

'나 기분이 날아갈 것 같다'는 표현을 영어로는 '구름 위에 있다'라고 해서 I'm on a cloud.라고 합니다. 우리도 '구름 위에 떠 있는 기분이야.'라는 말 쓰잖아요. 그것 생각하면 쉽게 외워질 거예요. 이것 말고도 비슷한 표현으로 I'm cloud nine. 혹은 I'm walking on air. / I'm on top of the world.도 기억해 두세요.

5. A **I want to take notes on the lecture,** but my handwriting is too slow and sloppy.

    난 강의 내용을 필기하고 싶어. 그런데 내 필체가 너무 느리고 지저분해.

    B *That's why you need to get a laptop.

    그게 네가 노트북을 사야 하는 이유지.

'그게 ~인 이유다'라고 말할 때 즐겨 쓰이는 구문이 바로 That's why ~입니다. 여기서 that은 앞 사람이 한 말을 받고 있지요. why는 의문사로 '왜'라는 뜻이 아닙니다. why 뒤에 완전한 문장이 위치하여 '~하는 이유'란 뜻을 만들 수 있습니다.
e.g. why you like me (네가 날 좋아하는 이유) why he left (그가 떠났던 이유)

Whenever I walk into a bookstore and find a book on one of my hobbies... I say to myself, "What a pity I can't buy that book, for I already have a copy at home."

내가 서점에 가서 내 취미 중 하나에 관한 책을 발견할 때마다, 난 "이미 집에 한 권 있어서 저 책을 못 사니 안타깝다"라고 혼잣말을 한다.

....

whenever ~할 때마다 say to oneself 혼잣말을 하다 for 왜냐하면

나 다이어트 중이야.
I am on a diet.

on: (상태, 진행 관련) ~ 중인, ~를 하고 있는

전치사 on은 뒤에 다양한 명사와 결합하여 뭔가를 하는 중이라는 진행 상태의 의미를 전달해 줍니다. 예를 들어, 명사 a diet는 '식이요법'이란 뜻인데, 전치사 on과 결합하여 on a diet라고 하면 식이요법을 진행 중이라는 의미를 전달하지요. 즉, I am on a diet는 식이요법을 진행하며 다이어트 중이다란 의미가 되는 것입니다. 이 외에도, medication (약물), sale (할인), business (사업), vacation (휴가) 등의 다양한 명사와 결합하여 진행 상태임을 표현할 수 있으니 모두 익혀 두셔야 합니다.

 ▶ 052-53

전치사 감 잡기 쉬운 문장으로 전치사 감을 잡자!

나 다이어트 중이야.
나는 I / ~이다 am / 다이어트 중인 on a diet

I am on a diet.

우리 할아버지는 약물 치료 중이셔.
우리 할아버지는 My grandfather / ~이다 is /
약물 치료 중인 on medication

My grandfather is on medication.

이거 세일(할인) 중인가요?
이거 ~인가요? Is this / 할인 중인 on sale

Is this on sale?

그들은 살인 사건을 맡고 있어.
그들은 They / ~이다 are /
살인 사건을 맡고 있는 on a murder case

They are on a murder case.

나는 경찰로부터 도피 중이야.
나는 I / 이다 am / 도핑 중인 on the run /
경찰로부터 from the cops

I'm on the run from the cops.
미드: Wanted

우리 이거 조용히 처리하기로 되어 있잖아.
우리는 We / ~하기로 되어 있다 are supposed to /
하다 do / 이것을 this / 조용한 상태로 on the quiet

We are supposed to do this on the quiet.
미드: Falling Skies

우리 집에 불이 났어요!

A This is 911. What's your emergency?

B **My house is on fire!** Everything is burning so quickly.

A Okay. I need you to calm down. What's your address?

B It's 17 King Street. Please hurry. I'm stuck in my room, so I can't get out.

A: 911입니다. 무슨 위급 상황이시죠? B: 저희 집에 불이 났어요! 모든 게 너무 빠르게 타고 있다고요.
A: 알겠습니다. 침착하셔야 해요. 주소가 어떻게 되시죠?
B: 킹 스트리트 17번지요. 서둘러 주세요. 저 방에 갇혀서 나갈 수가 없어요.

문장 조립하기 다음 우리말을 영어로 써 보자.

1. 이 셔츠 오늘 할인 중이에요.

....

- This shirt 이 셔츠 / on sale 할인 중인 / today 오늘
- for sale은 '할인 중인'이 아니라 '판매 중인'이란 뜻이니 유의하세요.

2. 우리 52페이지야. (= 우리 현재 52페이지 하고 있어.)

....

- We 우리는 / page 52 52 페이지
- '우리가 52페이지를 하고 있는 중이 다'로 전치사 on을 활용해 상태, 진행 의 의미로 문장을 만들어 보세요.

3. 난 네가 휴가 중이라고 생각했었어.

....

- think 생각하다 / on leave 휴가 중인
- '~라고 생각해'라고 의견을 밝힐 때 는 I think로 문장을 시작합니다. 과 거시제면 I thought를 써야겠죠?

4. 조합이 파업한지 얼마나 됐지?

....

- How long 얼마나 오래 / the union 조합 / on strike 파업 중인
- 과거의 특정 시점부터 현재까지 어 떤 행동, 상황이 계속될 때는 [have/ has+p.p.]의 현재완료시제를 씁니다.

5. 모두가 휴가 중인 것 같아.

....

- I guess 난 추측해 / everyone 모두 가 / on vacation 휴가 중인
- 문장 앞에, I guess / I think 등을 붙 여서 자신의 생각임을 전달할 수 있 습니다.

1. **A** **This shirt is on sale today.** It's 30 percent off.

   B Oh, *how lucky I am! I'll take it.

   이 셔츠는 오늘 할인 중이에요. 30퍼센트 할인해 드려요.

   오, 저 진짜 운 좋네요! 저 그걸로 할게요.

> [How+형용사/부사+(주어)+(동사)!]는 감탄문 구조로 '정말 ~구나!'라는 뉘앙스를 전달합니다. 예를 들어, I am very lucky. (난 매우 운이 좋아.)를 감탄문 구조로 말하면 How lucky I am!이 되는 거죠. 대화자 간에 충분히 사전적 이해가 된 경우라면 보통 [주어+동사]는 생략 후 간단히 [How+형용사/부사!] 로만 말합니다.
> **e.g** A: Look at this flower. (이 꽃 좀 봐.)
> B: Oh, how beautiful! (오, 완전 예쁘다!)

2. **A** I'm sorry, Professor. I spaced out. *Where are we now?

   B **We are on page 52.**

   죄송합니다. 교수님. 제가 멍 때렸어요. 저희 지금 어디하고 있죠?

   우리 52페이지 하고 있어.

> Where are we?는 직역하면 '우리 어디야?'입니다. 보통은 위치, 장소를 물을 때 쓰는 의문문 표현이죠. 하지만, 본문에서처럼 진도를 어디까지 나간 건지 모를 때, 혹은 상대방과 대화가 어디까지 진행된 건지 등을 깜박했을 때 '우리 지금 어디까지 공부했지?, 우리 지금 어디까지 얘기했지?' 등의 의미로 사용 가능하지요.

3. **A** Jake, what are you doing here? **I thought you were on leave.**

   B I was, but I'm not anymore. *I'm back to work.

   제이크, 너 여기서 뭐 하고 있는 거야? 난 너 휴가 중이라고 생각했는데.

   그랬지. 근데 지금은 아냐. 다시 일하러 돌아왔지.

> be back to ~는 '~로 돌아가다'란 뜻입니다. work, school, the office 같은 장소 명사 외에 normal (정상 상태), square one (원점 상태) 등의 명사와 같이 쓰이기도 합니다.
> **e.g** We're back to square one. (우리 원점으로 돌아왔어.)

4. **A** How long *has the union been on strike?

조합이 파업한지 얼마나 됐지?

B It has been almost a month. Look. Everyone is getting worn out.

거의 한 달 되었지. 봐. 모두 지쳐 가고 있어.

현재완료시제 [have/has+과거분사]의 의문문은 have/has를 주어 앞으로 이동시켜서 말해야 합니다. 즉, [Have/Has+주어+과거분사 ~?]가 현재완료시제 의문문 형태입니다. 만약 what, who, how long 등의 의문사가 온다면 문장의 맨 앞에 위치합니다.

5. **A** This copier is still not working. Did you call the service center?

이 복사기가 아직도 작동을 안 하네. 서비스 센터에 전화했어?

B Yeah, but *no one's answering. I guess everyone is on vacation.

응. 근데 아무도 전화를 안 받아. 모두 휴가 중인 것 같아.

[no+단수 명사]는 '하나도 ~ 없는(않는, 아닌)'의 의미를 만듭니다. 이 덩어리가 문장의 주어 자리에 쓰이면 전체 문장을 부정문으로 해석해 주어야 하죠.
e.g. No girl can wear it. (그것을 입을 수 있는 소녀는 한 명도 없어.)

I've been on a diet for 2 weeks, and all I've lost is fourteen days.

난 2주 동안 다이어트를 했는데, 내가 뺀(잃은) 거라곤 14일 뿐이다.

....

all+주어+동사(주어가 동사한 거라곤) **e.g.** All I ate was pizza. (내가 먹은 거라곤 피자뿐이었다.) lose 잃다

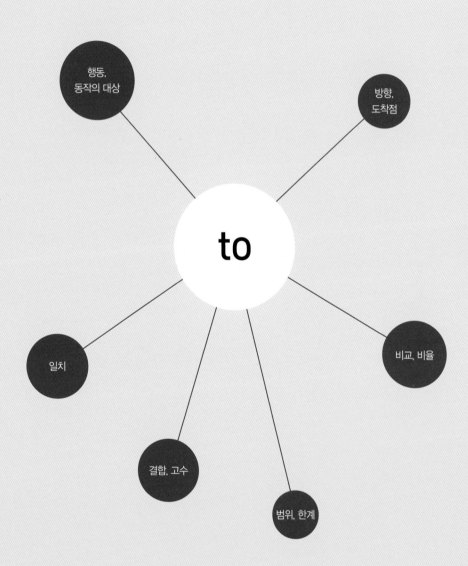

04

to를 한눈에!

전치사 to는 to America (미국으로), to the museum (박물관으로), to the north (북쪽으로)처럼 우리말 '~로, ~ 쪽으로'의 의미입니다. 움직임의 방향 혹은 움직이는 방향의 도착점을 말할 때 쓰이죠. 이런 이동의 이미지에서 give (주다), send (보내다), teach (가르치다) 등의 동사들과 함께 쓰이면 to my wife (내 아내에게), to Tom (톰에게)처럼 동작, 행동의 대상이 누구인지를 가리키기도 합니다. 또, to는 prefer A to B (B보다 A를 선호한다), senior to (~보다 선배인) 등에서 볼 수 있듯이 '~보다'의 의미로 우리말 '~보다, ~에 비해'의 비교의 뉘앙스로 사용될 수도 있습니다.

이 to는 단순히 이동하는 이미지의 방향성을 뛰어넘어 stick to (~에 달라붙다), be used to (~가 익숙하다), devote oneself to (~에 스스로를 헌신하다)처럼 무언가에 붙어서 그 상태를 지속한다는 결합, 고수의 의미로도 확장되어 사용될 수 있습니다. 마지막으로 전치사 to는 to 10 (10까지), to departure (출발까지), from A to B (A에서 B까지)처럼 범위나 정도를 설정하여 우리말 '~까지'란 의미로 사용되면, 이때는 전치사 until (~까지)를 대신해 쓰일 수 있습니다.

이렇게 다양한 to의 쓰임, 이제부터 본격적으로 이야기해 볼까요?

오른쪽으로 도세요.
Turn to the right.

to: (방향, 도착점) ~ 쪽으로, ~로, (부가, 소속) ~에 딸린

전치사 to는 '~ 쪽으로, ~로'의 뜻으로 방향성을 나타내거나 도착 지점을 언급할 때 쓰입니다. [to+동사원형]처럼 to 뒤에 동사가 위치하는 to 부정사의 to와 절대 혼동하지 마세요.

e.g. I'm going to the park. (난 공원에 가는 중이야.) I'm going to finish this. (나 이거 끝낼 예정이야.)

또 이런 방향성과 도착점의 이미지를 활용해 the key to the door (방문 열쇠), a Chinese ambassador to Korea (주한 중국대사)처럼 '~에 딸린'이란 부가, 소속의 의미로까지 확장돼 쓰일 수 있습니다.

 ▶ 055-56

전치사 감 잡기 쉬운 문장으로 전치사 감을 잡자!

오른쪽으로 도세요.
도세요 Turn / 오른쪽으로 to the right

Turn to the right.

나 다음 주에 파리로 여행 가.
나는 I / 여행 간다 am travelling / 파리로 to Paris / 다음 주에 next week

I am traveling to Paris next week.

난 그에게 공원으로 가는 길을 물었어.
나는 I / 물었다 asked / 그에게 him / 길을 the way / 공원 쪽으로 to the park

I asked him the way to the park.

이 문제의 해결책은 무엇일까?
무엇이 What / 일 것인가? will be / 해결책 solution / 이 문제(에 딸린) to this problem

What will be the solution to this problem?

난 소리를 듣고 창문 쪽으로 걸어갔어요.
나는 I / 들었다 heard / 소리를 a noise / 그리고 and / 걸어갔다 walked / 창문으로 to the window

I heard a noise and walked to the window.
미드: CSI

우린 지금 널 병원에 데려가야 해.
우리는 We / 데려가야 한다 have to take / 너를 you / 병원으로 to the hospital / 지금 now

We have to take you to the hospital now.
미드: Law and Order

한 블록 쭉 직진하시다가 왼쪽으로 도세요.

A Excuse me. How can I get to the Bond station?
B Well, **go straight one block and turn to the left.**
A Go straight one block and turn to the left?
B Exactly. Then, walk straight a little more. It'll be on your right next to the post office.

A: 실례합니다. 본드 역까지 어떻게 가나요? B: 음, 한 블록 쭉 직진하시다 왼쪽으로 도세요.
A: 한 블록 쭉 가다가 왼쪽으로 돌란 말씀이죠?
B: 네, 맞아요. 그리고 나서 좀 더 직진해서 걸으세요. 우체국 옆 오른쪽에 있을 거예요.

문장 조립하기 다음 우리말을 영어로 써 보자.

1. 난 내 친구들과 같이 시드니에 갔어.

....

- went ← go 가다 / Sydney 시드니 / with my friends 내 친구들과
- '~와 같이, ~와 함께'는 전치사 with 로 표현합니다.

2. 우리 톰의 장례식에 가는 중이었어.

....

- on the way 가는 중인 / Tom's funeral 톰의 장례식에
- be on the way는 '가는 중에 있다, 가는 길에 있다'라는 이동의 의미를 갖습니다.

3. 창고(에 딸린) 열쇠가 어디 있지?

....

- Where 어디 / the key 열쇠 / the warehouse 창고
- 창고에 딸린 열쇠이므로 전치사 to가 쓰입니다. 그리고 창고를 여는 특정한 열쇠이기 때문에 a key가 아니라 the key라고 쓰죠.

4. 우리 자연주의자 전시회에 먼저 가는 게 어때?

....

- How about ~ ~하는 게 어때 / go 가다 / the Naturalist exhibit 자연주의자 전시회 / first 먼저
- '~하는 게 어때?'라고 제안할 때 [How about+동사-ing?] 구문을 사용할 수 있습니다.

5. 너 그냥 일찍 자.

....

- You should 너 ~해야 한다 / just 그냥 / go to bed 잠자리에 들다 / early 일찍
- should는 반드시 해야 하는 게 아니라 그렇게 하면 좋겠다는 권유, 충고의 의미입니다.

1. **A** Jane, did you spend your vacation in Tokyo?

   B No, **I went to Sydney with my friends.** It was a long trip but *worth the trouble.

   제인, 너 도쿄에서 휴가 보냈어?

   아니, 나 친구들하고 시드니에 갔었어. 긴 여행이었지만 고생할 만한 가치가 있었어.

> worth는 '~할 가치가 있는'이란 뜻으로 [worth+명사/동명사]가 한 의미 덩어리를 만듭니다.
> **ex** worth the wait (기다릴 만한 가치가 있는) worth reading (읽을 만한 가치가 있는)

2. **A** Where were you guys *when the accident happened?

   B **We were on the way to Tom's funeral.**

   너희들 그 사고 일어났을 때 어디에 있었어?

   우리 톰의 장례식에 가는 중이었어.

> 접속사 when은 [when+주어+동사] 한 덩어리로 '~할 때'란 의미를 갖습니다. 시간, 시점과 관련해 추가 정보를 덧붙여 주는 것이죠. 예를 들어, I was taking a shower (난 샤워하고 있었어)란 문장에 시점 추가 정보로 when he called (그가 전화했을 때)를 문장의 앞뒤에 붙일 수 있습니다.
> **e.g.** When he called, I was taking a shower. = I was taking a shower when he called. (그가 전화했을 때 나 샤워 중이었어.)

3. **A** Jack, it's me, Tony. **Where is the key to the warehouse?**

   B Oh, no. It's in my pocket. I *forgot to leave it at the desk.

   잭, 나야 토니. 창고(에 딸린) 열쇠 어디 있지?

   헉, 이런. 내 주머니에 있네. 책상에 두고 오는 걸 깜박했어.

> [forget to+동사원형]은 '~를 해야 하는 걸 깜박하다'는 뜻입니다. 해야 할 일을 잊어 버렸을 때 쓰는 구조죠. 그런데 [forget+동사-ing] 형태로 쓰일 때도 있습니다. 이때는 '(과거에) ~했던 걸 잊어버리다'란 뜻입니다. 예를 들어, I forgot leaving it at the desk.는 '책상 위에 그거 놔뒀던 걸 잊고 있었어.'란 뜻이 됩니다.

4. **A** This art museum is huge. *How about going to the Naturalist exhibit first?

   B Good idea. I guess it's on the second floor.

이 미술 박물관 엄청 크다. 자연주의자 전시회에 먼저 가는 게 어때?

좋은 생각이야. 아마 2층에 있을 거야.

> 상대방에게 같이 무언가를 하자고 제안할 때, [How about+동사-ing?] 구문 외에 [Why don't we+동사원형 ~?] 구문도 사용할 수 있습니다.
> **e.g.** Why don't we go home? (우리 집에 가는 게 어때?)

5. **A** I'm still hungry. *Should I eat something?

   B It's too late. You don't want to get fat, right? **You should just go to bed early.**

나 아직도 배가 고파. 뭐 좀 먹어야 할까?

시간이 너무 늦었어. 너 살찌고 싶지 않잖아, 그렇지? 너 그냥 일찍 자러 가.

> 조동사 should는 have to나 must 같이 반드시 해야 하는 의무가 아닌 하면 좋다는 충고, 권유, 추천의 뉘앙스가 강하게 풍깁니다. should 같은 조동사가 들어간 의문문은 주어 앞에 조동사가 와야 한다는 거 꼭 기억하세요.Should I ~? 는 '나 ~해야 할까?'라고 조언이나 충고를 구하는 의문문입니다.

All good things must come to an end.

모든 좋은 일들은 틀림없이 끝을 향해 온다. (= 좋은 일도 다 끝이 있기 마련이다.)

....
must ~해야 한다, 틀림없이 ~하다 end 끝, 최후

그거 우리에게 줘.
Give it to us.

to: (행동, 동작의 대상) ~에게, ~에

전치사 to는 동작, 행동의 대상을 언급할 때 쓰입니다. 보통 '~에게'로 해석되지요. 예를 들어, Give it to me.에서 give (주다)란 행동을 받는 대상은 바로 '내게'를 뜻하는 to me가 되는 거죠. Listen to her. (그녀의 말을 들어.)의 경우, 듣는 행동의 대상이 바로 그녀 (her)입니다. to her의 우리말 해석은 '그녀의 말을'이지만 정확히는 '그녀가 하는 말에'란 뜻으로 이해하면 됩니다.

▶ 058-59

전치사 감 잡기 쉬운 문장으로 전치사 감을 잡자!

그거 우리에게 줘.
줘 Give / 그것을 it / 우리에게 to us

Give it to us.

난 그에게 이메일을 보냈어.
나는 I / 보냈다 sent / 이메일을 an email /
그에게 to him

I sent an email to him.

넌 우리에게 모든 것이야.
넌 You / ~이다 are / 모든 것 everything /
우리에게 to us

You are everything to us.

나에게는, 그건 말이 안 돼.
나에게 To me / 그것은 it /
말이 안 된다 doesn't make sense

To me, it doesn't make sense.

그는 그 일자리에 대해 네게 정말로 고마워해.
그는 He / ~이다 is / 고마워하는 grateful /
너에게 to you / 그 일자리 때문에 for the job

He is very grateful to you for the job.
미드: Jane the Virgin

그녀는 혼잣말을 했다. "강해져라"라고.
그녀는 She / 말했다 said / 그녀 자신에게 to herself /
"강해져라" "Be strong"

She said to herself, "Be strong".
미드: The office

난 사람들 관심 끄는 거 안 좋아해.

A Jim, get on the stage. Let's sing a song together.
B No, I'll pass. **I don't like drawing attention to myself.**
A Since when? I thought you were an attention seeker.
B What the hell are you talking about? Just leave me alone.

A: 짐, 무대 위로 올라와. 같이 노래 부르자. B: 아니, 난 됐어. 난 사람들 관심 끄는 거 안 좋아해.
A: 언제부터 그랬어? 난 네가 관심종자라고 생각했는데. B: 뭔 소리를 하는 거야? 나 좀 그냥 내버려 둬.

문장 조립하기 다음 우리말을 영어로 써 보자.

1. 너 내가 그 파일 네게 이메일로 보내 주면 좋겠니?

....

- want 원하다 / email 이메일로 보내다
- [want+목적어+to 동사원형]은 '목적어가 ~하기를 바라다'란 뜻입니다. **e.g.** I want you to leave. (난 네가 떠나 주면 좋겠어.)

2. 난 가십거리에 신경 쓰지 않아.

....

- pay attention 신경 쓰다 / gossip 가십거리, 잡담
- pay attention to는 '~에 신경을 쓰다, 관심을 두다'의 의미입니다.

3. 나 제니한테 단 둘이 말하고 싶어.

....

- would like to ~하고 싶다 / speak 이야기하다 / alone 혼자서
- alone은 '혼자서'의 의미예요. 다른 사람 없이 말이죠. 혼자서 다른 사람과 말한다는 건, '단 둘이 말한다'는 의미입니다.

4. 마크에게 무슨 일이 일어난 거야?

....

- What 무엇이 / happened 일어났다
- 의문사가 주어 역할을 하는 직접의문문은 [의문사+동사 ~?] 어순입니다.

5. 내가 그 고양이 주사 맞히러 동물병원에 데리고 갈게.

....

- take 데려가다 / a vet 동물병원 / for some shots 주사 맞히러
- '~할 것이다'가 순간의 결심, 의지인 경우 조동사 will을 사용합니다.

1. A *There's been a lot of dark talk about you, Susan.

    B I don't care. **I don't pay attention to gossip.**

수잔, 너에 대해서 안 좋은 얘기들이 많이 있어.

관심 없어. 난 가십거리에 신경 쓰지 않아.

> [There is ~/ There are ~]는 '~가 있다'의 존재 여부를 말할 때 쓰는 구문입니다. 동사를 현재완료시제인 has been/ have been으로 말한다는 건 과거 어느 시점부터 지금까지 계속 있어 왔다는 걸 전달하는 거죠.
> **e.g.** There has been rumors about you. (너에 대한 소문들이 있어 왔어.)

2. A Chuck, I'm sorry, **but I'd like to speak to Jenny alone.**

    B Okay. *I'll be waiting outside.

척, 미안한데, 난 제니한테 단 둘이 얘기하고 싶어.

그래. 난 밖에서 기다리고 있을게.

> 미래진행시제 [will+be+동사-ing]는 '~하고 있는 중일 것이다'란 뜻입니다. 미래 시점에 행해지고 있을 동작이나 상황을 설명할 수 있지요.

3. A **Do you want me to email the file to you?**

    B Yes, please. The file is *on my laptop computer.

너 내가 그 파일 네게 보내 주면 좋겠니?

응, 좀 부탁해. 파일은 내 노트북 컴퓨터에 있어.

> 인터넷, 전화, TV 등의 통신 수단을 나타내면서 '~에'의 뜻일 때 전치사 on이 쓰입니다. 기본적으로 접촉의 의미를 나타내는 전치사 on을 통해 파일이 컴퓨터라는 통신 수단에 접촉되어 있음을 on my laptop computer라고 표현하는 것이죠.

4. A Look. **What happened to Mark?**
   B Oh, no. He's walking *on crutches.
      I hope it's not serious.

봐 봐. 마크에게 무슨 일이 일어난 거야?
아, 저런. 목발로 걷고 있네. 심각한 게 아니면
좋겠다.

전치사 on은 수단을 나타낼 때도 쓰입니다. 예를 들어서 '걸어서 가다'는 go on foot이라고 하고요, '가솔린으로 달리다'
는 run on gas라고 하지요. 마찬가지로 '목발 짚고 걷다'는 walk on crutches라고 하면 됩니다.

5. A **I will take the cat to a vet for**
      some shots.
   B No, you don't *have to. I know
      you're very busy. Just leave it to
      me.

내가 주사 맞히러 그 고양이 동물병원에 데리고
갈게.
아냐, 너 그럴 필요 없어. 너 엄청 바쁜 거 알아.
그냥 내게 맡겨 둬.

'~해야 한다'고 강한 의무를 말할 때 [have to+동사원형]으로 말할 수 있습니다. You have to go home now. (너 이
제 집에 가야 해.)처럼 말이죠. 하지만, have to의 부정형 don't have to는 '~해서는 안 된다'가 아니라 '~할 필요가 없
다'는 뜻입니다. 만약 '~해서는 안 된다'고 말하고 싶다면 [must not+동사원형] 혹은 [should not+동사원형]으로 말하
면 되지요.
e.g. You don't have to give it to me. (너 그거 나한테 줄 필요 없어.)
        You must not give it to me. (너 그거 나한테 주면 안 돼.)

Everything comes to those who wait.
모든 것은 기다리는 자들에게 온다.

....
everything 모든 것 (단수 취급) those ~하는 사람들

난 수학보다 영어가 더 좋아요.
I prefer English to math.

to: (비교, 비율) ~보다, ~에 비해, ~ 대 ~

전치사 to는 두 대상을 비교하면서 '~보다, ~에 비해'라고 말할 때 쓰이기도 합니다. 대표적인 것이 바로 prefer A to B 구문으로 'B보다 A를 더 좋아하다, B보다 A를 더 선호하다'의 뜻이지요. 또, 스포츠 경기에서 몇 대 몇이라고 점수를 말할 때, 그리고 환율 등에서 얼마 대 얼마라고 말할 때 모두 전치사 to를 사용합니다.

e.g. The score was two <u>to one</u>. (스코어는 1에 비해 2였어. = 스코어는 2대 1이었어.)

▶ Max쌤의 강의 061-62

전치사 감 잡기 쉬운 문장으로 전치사 감을 잡자!

난 수학보다 영어가 더 좋아요.
나는 I / 더 좋다 prefer / 영어가 English / 수학보다 to math

I prefer English to math.

그 국가의 음악은 한국음악에 비해 열등해.
그 국가의 음악은 The country's music / ~이다 is / 열등한 inferior / 한국음악에 비해 to Korean music

The country's music is inferior to Korean music.

그는 나보다 3년 후배야.
그는 He / ~이다 / 3년 후배인 three years junior / 나보다 to me

He is three years junior to me.

환율은 1달러 대 100엔이야.
환율은 The exchange rate / ~이다 is / 1달러 one dollar / 대 100엔 to 100 yen

The exchange rate is one dollar to 100 yen.

내 관찰력은 어떤 것에도 뒤지지 않아.
내 관찰력은 My observational skills / ~이다 are / 그 무엇에 비해서도 두 번째가 아닌 second to none

My observational skills are second to none.
미드: Elementary

그들의 무기 시스템은 우리 것보다 열등해.
그들의 무기 시스템은 Their weapon systems / ~이다 are / 열등한 inferior / 우리 것에 비해 to ours

Their weapon systems are inferior to ours.
영화: Star Trek

3대 6은 4대 8과 같다.

A How do you read this in English?

B Oh, that's easy. **Three is to six what four is to eight.**

A Ah, I get it. It's like "Reading is to the mind what food is to the body".

B That's right. It's the same sentence structure.

A: 이거 영어로 어떻게 읽어? B: 아, 그거 쉽지. 3대 6은 4대 8과 같다.
A: 아, 알았다. 그러니까 "독서와 정신의 관계는 음식과 신체의 관계와 같다" 이런 거잖아. B: 맞아. 같은 문장 구조인 거지.

문장 조립하기 다음 우리말을 영어로 써 보자.

1. 전 차보다 커피가 좋아요.

....

- prefer 선호하다 / tea 차
- 동사 prefer는 prefer A to B의 형태로 'B보다 A를 선호하다'란 뜻으로 쓰입니다.

2. 이건 네가 내게 한 것에 비하면 아무것도 아냐.

....

- nothing 아무것도 아닌 / what you have done 네가 한 것 / to me 나에게
- what은 [what+주어+동사] 한 덩어리로 '주어가 동사한 것'의 뜻입니다. **e.g.** what you ate (네가 먹은 것)

3. 넌 많은 면에서 나보다 훨씬 우월해.

....

- superior 우월한 / in many ways 많은 면에서
- 형용사의 정도를 강조해 주는 부사로 so를 써 보세요. **e.g.** You're good. (너 잘한다.) You're so good. (너 너무 잘한다).

4. 그가 나보다 2년 선배야.

....

- two years 2년 / senior 선배인
- senior를 사용해 '~보다 선배인'이란 말을 할 때 '~보다'는 than을 쓰지 않고 to를 사용합니다. senior 앞에 [숫자+year(s)]로 '00년 선배인'을 표현할 수 있습니다.

5. 우리가 3대 2로 이겼어.

....

- won ← win 이기다 / by ~만큼
- '3대 2'는 to를 써서 표현합니다. **e.g.** two to one (2대 1 = 1골에 비해서 두 골)

1. **A** Would you like *some tea?   차 좀 드시겠어요?
   B Actually, **I prefer coffee to tea.**   사실, 전 차보다 커피가 좋아요.

> 원래는 '얼마간의'란 뜻으로 any를 써서 'Do you need any money? (너 돈 좀 필요하니?)'처럼 의문문에서는 any가 쓰여야 합니다. 하지만 상대방한테서 '그렇다'란 긍정의 답을 기대하거나 혹은 무언가를 권유하는 뉘앙스일 때는 any 대신에 의문문에서 some을 씁니다.
> e.g. Don't you need some money? (너 돈 좀 필요하지 않니? – 필요하다라는 대답을 기대하고 하는 질문)

2. **A** Don't you think you should *apologize to me?   너 나한테 사과해야 한다고 생각하지 않아?
   B Hey, **this is nothing to what you have done to me.**   야, 이건 네가 나한테 한 짓에 비하면 아무 것도 아니거든.

> 동사 apologize는 '사과하다'란 뜻으로 사과를 해야 하는 대상은 전치사 to로, 사과를 해야 하는 내용은 전치사 for로 표현합니다.
> e.g. You should apologize to him for coming late. (너 늦게 온 것에 대해서 그에게 사과해야 해.)

3. **A** **You're so superior to me in many ways.**   넌 나보다 많은 면에서 훨씬 우월해.
   B *Stop flattering me.   아부 좀 그만 떨어라.

> 동사 stop은 [stop+동사-ing] 구문으로 쓰면 '(현재) ~하는 것을 그만두다(중단하다)'란 뜻입니다. flatter가 '띄어주다, 아첨하다, 아부하다'의 의미니까 칭찬을 늘어놓는 사람에게 Stop flattering me.라고 말할 수 있겠죠?

4. **A** I thought you and John were friends.

난 너랑 존이 친구라고 생각했어.

B Technically, we're not friends. Because <u>he is two years senior to me.</u>

엄밀히 말하면, 우린 친구는 아니야. 왜냐면 그가 나보다 2년 선배거든.

-or로 끝나는 라틴어 계열 형용사들은 '～보다'라는 비교급에서 than 대신 전치사 to를 씁니다.
e.g. superior to (～보다 우월한) inferior to (～보다 열등한) senior to (～보다 선배인) junior to (～보다 후배인)

---

5. **A** I missed the game. Who won?

나 그 경기 놓쳤어. 누가 이겼어?

B <u>We won *by three to two.</u>

우리가 3대 2로 이겼어.

전치사 by는 여러 가지 뜻 중에 비율과 정도를 말할 때 '～만큼, ～의 차로'란 의미로 쓰입니다. 예를 들어, '그녀는 나보다 2센티 더 커.'에서 '2센티'는 정확하게 표현하면 '2센티만큼, 2센티 차로'란 뜻이기에 She is taller than me by 2 centimeters.라고 말할 수 있지요. 물론 She is two centimeters taller than me.라고도 할 수 있습니다.

Women prefer poverty with love to luxury without it.

여성들은 사랑이 있는 가난을 사랑이 없는 호화로움보다 더 좋아한다.

....

poverty 가난 luxury 사치, 호화로움

난 "Beat it"에 맞춰서 춤 췄어.
I danced to "Beat it."

to: (일치) ~에 따라, ~에 맞추어, (대립) ~를 맞대고

전치사 to는 '~에 따라', '~에 맞추어'란 의미로 무언가에 일치하거나 따르는 상황을 설명할 때 쓰입니다. 음악에 맞춰 춤을 추고, 악기 연주에 맞춰 노래를 부르는 것들이 모두 전치사 to와 함께 표현되지요. 반대로 신체 부위가 서로 맞대고 있는 대립의 뉘앙스로도 전치사 to가 쓰입니다. face to face (얼굴과 얼굴을 맞대고), back to back (등과 등을 맞대고) 의 예에서처럼 말이죠.

 ▶ 064-65

전치사 감 잡기 쉬운 문장으로 전치사 감을 잡자!

난 "Beat it"에 맞춰서 춤 췄어.
나는 I / 춤췄다 danced / "Beat it"에 맞춰서 to "Beat it"

I danced to "Beat it."

피아노 연주에 맞춰서 노래 부르자.
노래 부르자 Let's sing /
피아노 연주에 맞춰서 to the piano

Let's sing to the piano.

이 양복은 주문에 맞춰 만들어지죠.
이 양복은 This suit / 만들어지다 is made /
주문에 맞춰 to order

This suit is made to order.

그 방송은 너무 사실적이야.
그 방송은 The show / ~이다 is / 사실인 true /
실생활에 맞춰 to life

The show is so true to life.

난 두 발의 총소리에 깨어났어.
나는 I / 깼다 woke up / 소리에 맞춰 to the sound /
두 발의 총의 of two gunshots

I woke up to the sound of two gunshots.
미드: Close to home

두 여성이 등을 맞대고 서 있어요.
두 여성이 Two women / 서 있어요 are standing /
등과 등을 맞대고 back to back

Two women are standing back to back.
미드: CSI

그것은 굉장히 사실적이야.

A   Look at this painting. **It's so true to life.**
B   Wow, it's amazing. It doesn't look like a painting at all.
A   That's what I'm talking about. It looks like a picture taken with a camera.
B   I really love this painting. I'll buy a postcard of this.

A: 이 그림 좀 봐 봐. 너무 사실적이야. B: 와우, 엄청나네. 전혀 그림 같지가 않아.
A: 내 말이. 카메라로 찍은 사진 같아 보여. B: 나 이 그림 너무 마음에 든다. 이 그림 우편엽서를 사야겠어.

문장 조립하기 다음 우리말을 영어로 써 보자.

1. 여기 음식은 내 취향에 안 맞아.

....

- The food here 여기 음식 / my taste 내 취향
- '내 취향을 따르는, 내 취향을 맞추는'은 to my taste입니다. 부정문이니까 not을 써야죠.

2. 우리 신혼여행 중에 이 노래에 맞춰서 춤췄잖아.

....

- dance 춤추다 / on our honeymoon 신혼여행 때
- '~에 맞추어 춤추다, 노래하다' 등은 모두 전치사 to를 사용합니다.

3. 그 말이 내 휘파람 소리에 맞춰서 왔어.

....

- The horse 그 말 / my whistle 내 휘파람 소리

4. 나 너랑 얼굴 맞대고 얘기하고 싶어.

....

- talk to ~와 얘기하다 / face to face 얼굴을 맞대고
- '~하고 싶다'는 정중히 말할 때 would like to를 쓰면 됩니다. 뒤에는 동사원형이 오고요.

5. 너 곧 네 취향에 맞는 일자리를 찾을 수 있을 거야.

....

- soon 곧 / find 찾다 / a job 일자리 / your liking 네 취향
- taste, liking은 '취향, 기호'란 의미로 사용될 수 있습니다.

1. A *How do you like this restaurant?
   B The service is pretty good, but the food here is not to my taste.

   이 식당 어때?
   서비스는 꽤 괜찮은데, <u>여기 음식이 내 취향은 아니야.</u>

> 단순히 좋아하냐 싫어하냐에 대한 질문이 아니라 묻는 대상에 대해 상대방의 구체적인 생각이나 느낌을 듣고 싶을 때 How do you like ~? 질문 패턴을 사용할 수 있습니다. 우리말로 '~는 어때?'란 뜻이죠. '너 얼마나 ~ 좋아해?'로 해석하지 않도록 주의하세요.
> **e.g.** How do you like your new job? (너 새 직장은 어때?)

2. A **We danced to this song *on our honeymoon.**
   B Did we? I can't remember that far back.

   <u>우리 신혼여행 때 이 노래에 맞춰 춤췄어.</u>
   우리가 그랬어? 그렇게 먼 과거까지는 내가 기억을 못해.

> 전치사 on은 뒤에 오는 다양한 명사와 결합하여 뭔가를 하는 중이라는 진행 상태를 전달합니다. 예를 들어, '휴가 중'은 on vacation, '할인 중'은 on sale, 그리고 '신혼여행 중인'은 on one's honeymoon이라고 말하면 되지요.

3. A Wow, **the horse came to my whistle.**
   B He's very smart, *isn't he? He's very well trained.

   와, <u>그 말이 내 휘파람 소리에 맞춰서 왔어.</u>
   굉장히 똑똑하다, 그렇지? 훈련이 아주 잘 되어 있네.

> '그렇지?', '그렇지 않아?' 같은 부가의문문은 앞의 문장이 긍정이면 부정으로, 앞의 문장이 부정이면 긍정으로 말하면 됩니다. 부가의문문의 순서는 [동사+대명사 주어]로 동사는 앞 문장의 동사가 일반동사면 시제와 수에 맞추어 do, does, did를, be동사/조동사면 be동사/조동사를 그대로 씁니다. 주어는 대명사로 바꿔 말하는 것, 잊지 마세요.
> **e.g.** Tom likes chocolate, <u>doesn't he</u>? (톰은 초콜릿을 좋아해, 그렇지 않아?)
> Joan can't sing, <u>can she</u>? (조앤은 노래를 못 해, 그렇지?)

4.　A　Jim, **I'd like to talk to you face to face.**

　　B　*Can't it wait? I'm so busy right now. I'll call you later, okay?

　　짐, 나 너랑 얼굴 맞대고 얘기하고 싶어.

　　나중에 하면 안 될까? 내가 지금 너무 바빠서. 내가 나중에 전화할게, 알았지?

> 재촉하는 상대방에게 '나중에 하면 안 될까?', '급한 거야?' 등의 뉘앙스로 말할 때 쓸 수 있는 표현이 바로 Can't it wait?입니다. 여기서 it은 상대방이 요청하는 일, 상황을 가리키죠. 직역하면 '그 일 기다릴 순 없을까?'로 의역하면 '나중에 하면 안 될까?'가 됩니다.

5.　A　Don't give up. **You will soon find a job to your liking.**

　　B　I hope *so. Wish me luck.

　　포기하지 마. 너 곧 네 취향에 맞는 일자리를 찾을 수 있을 거야.

　　나도 그러길 바라지. 행운을 빌어 줘.

> so는 '그래서', '너무'란 뜻 외에, 앞의 어구를 받아 '그렇게, 그처럼'의 뜻으로도 쓰입니다. 이 경우, 주로 '생각하다, 바라다, 추측하다' 류의 동사 think (생각하다), hope (바라다), guess (추측하다), believe (믿다), expect (기대하다) 뒤에 so가 위치합니다.
> **e.g.** I think so. (나도 그렇게 생각해.) I believe so. (나도 그렇게 믿어.)

Though talking face to face, their hearts are a thousand miles apart.

비록 얼굴을 맞대고 말하고는 있지만, 마음은 엄청 멀리 떨어져 있다.

....
though 비록 ~일지라도 heart 심장, 마음 apart 떨어져 있는

귀를 땅에 갖다 대봐.
Put your ear to the ground.

to: (결합, 고수) ~에 / (헌신, 익숙함) ~에

전치사 to는 '~에'란 뜻으로 단순히 방향을 넘어서 무언가에 결합, 집착하는 뉘앙스를 전달합니다. 어딘가에 스티커를 붙인다든지, 불에 기름을 붓는다든지, 또는 무언가를 하는 것에 익숙해져 그것이 나란 사람과 결합이 되는 것과 같은 결합, 접착의 상태를 전할 때 to가 쓰입니다. 이것 외에도 원칙을 고수하고, 무언가를 하는 것에 익숙해지고, 무언가에 헌신하는 등에 대해서도 전치사 to가 사용될 수 있습니다.

 ▶ 067-68

전치사 감 잡기 쉬운 문장으로 전치사 감을 잡자!

귀를 땅에 갖다 대봐.
놓아라 Put / 네 귀를 your ear / 땅에 to the ground

Put your ear to the ground.

너 이 스티커, 박스에 부착해야 해.
너는 You / 부착해야 한다 should attach /
이 스티커를 this sticker / 박스에 to the box

You should attach this sticker to the box.

불난 집에 부채질하지 마.
더하지 마라 Don't add / 연료를 fuel / 불에다 to the fire

Don't add fuel to the fire.

우리는 항상 원칙에 충실해.
우리는 We / 항상 always / 충실하다 stick /
원칙에 to principles

We always stick to principles.

난 매일 체력 훈련하는 거에 익숙해.
나는 I / 익숙하다 am used /
체력 훈련하는 것에 to doing PT / 매일 every day

I'm used to doing PT every day.
미드: House

나는 가르치는 것에 내 자신을 헌신했어.
나는 I / 헌신했다 devoted / 내 자신을 myself /
가르치는 것에 to teaching

I devoted myself to teaching.

난 연설하는 데 익숙하지가 않아.

A **I'm not used to making a speech.**

B Come on, John. Say something for us.

A All right. I'm really happy that you guys are married.
Let's drink a toast to your bright future.

B Thank you. Everyone! Bottoms up!

A: 난 연설하는 데 익숙하지가 않아. B: 어서, 존. 우릴 위해 한 마디 해 줘.
A: 알겠어. 나 니들이 결혼해서 정말 기뻐. 너희들의 밝은 미래를 위하여 건배! B: 고마워. 모두들! 원샷이다!

문장 조립하기 다음 우리말을 영어로 써 보자.

1. 이 로션을 네 피부에 매일 발라.

....

- apply 바르다 / this lotion 이 로션 / your skin 네 피부 / every day 매일
- '~해라'는 명령문은 동사원형으로 문장을 시작합니다.

2. 우린 예산에 충실해야 할 필요가 있어.

....

- need 필요하다 / stick 충실하다, 고수하다 / our budget 우리 예산
- [need+to 동사원형]은 '~할 필요가 있다'는 뜻으로 쓰입니다.

3. 작은 장난감 곰이 옆 지퍼에 달려 있어요.

....

- A small toy bear 작은 장난감 곰 / be attached 부착돼 있다 / the side zipper 옆 지퍼
- '달려 있다, 부착되어 있다'는 [be동사+과거분사]인 수동태 형태를 취해야 합니다.

4. 너 도박에 중독됐니?

....

- be addicted 중독되다 / gambling 도박
- be동사의 의문문은 주어 앞으로 be동사를 이동시켜 만듭니다.

5. 난 매운 음식 먹는 것에 익숙하지 않아.

....

- be used to (동)명사 ~에 익숙하다 / eat 먹다 / spicy 매운
- 이 표현에서 to는 전치사로 to부정사의 to가 아닙니다. 따라서 뒤에 동사원형이 올 수 없습니다.

1. **A** I'm suffering from *hives every single day.

   B Well, **apply this lotion to your skin.**

   나 매일 두드러기로 고생하고 있어.

   음, 이 로션을 네 피부에 발라 봐.

자주 겪게 되는 피부 질환 이름

hives (두드러기)   rash (발진)
blister (물집)   pimple/acne (여드름)

---

2. **A** *How about this one? It looks nice.

   B No, it's too expensive. **We need to stick to our budget.**

   이건 어때? 좋아 보이는데.

   아니, 너무 비싸. 우린 예산에 충실할 필요가 있어.

상대방에게 'A는 어때?'라고 제안, 의견을 물어볼 때 How about ～? 패턴을 사용할 수 있습니다. 참고로 이 패턴을 활용한 감탄문 표현도 있는데요, 무언가를 듣거나 보고 놀라움, 흥분 등을 나타낼 때 How about that!이라고 말할 수 있습니다. 우리말로 '멋지다', '잘했어'란 뜻입니다.

---

3. **A** I lost my backpack. It's pink, and **a small toy bear is attached to the side zipper.**

   B Got it. Now please tell me *what's inside the backpack.

   저 가방 잃어 버렸어요. 핑크색이고요, 작은 장난감 곰이 옆 지퍼에 달려 있어요.

   알겠습니다. 자, 이제 가방 안에 뭐가 들어 있는지 말해 주세요.

의문사가 문장 맨 앞에 나와서 직접 물어보는 것을 직접의문문이라고 합니다. 그런데 의문사가 문장 맨 앞이 아니라 문장 중간에 들어오는 경우가 있는데, 이때를 간접의문문이라고 하죠. 위의 문장에서처럼 what's inside the backpack 문장이 동사 tell (～에게 ...을 말하다)의 목적어 자리에 놓여 있습니다. 이렇게 간접의문문 자리에 오게 될 때 의문문의 어순은 [의문사+(주어)+동사 ～]가 된다는 걸 명심하세요. 의문사 자체가 주어일 때는 바로 뒤에 동사가 옵니다.

4. **A** **Are you addicted to gambling?**

   B No, don't *get me wrong. I just play a little blackjack here and there.

너 도박에 중독됐어?

아니, 나 오해하지 마. 그냥 여기저기서 블랙잭만 조금 할 뿐이야.

---

get은 동사로 '이해하다'의 뜻이 있습니다. 상대방에게 이해했냐고 확인할 때 Do you get it? 또는 Got it?이라고 묻고 이해했으면 Yes, I got it.이라고 말하죠. 그래서 Don't get me wrong.은 나를 틀리게 잘못 이해하지 말라 즉, 오해하지 말라는 뜻으로 쓰이는 표현입니다.

---

5. **A** ***I'm not used to eating spicy food.**

   B Me, neither. In fact, spiciness is not a flavor. It's actually a pain.

난 매운 음식 먹는 것에 익숙하지 않아.

나도 그래. 사실 매운 건 맛이 아니야. 실제로는 고통이지.

---

used를 활용한 세 가지 표현이 있는데 그 차이를 꼭 기억해 주세요.
(1) be used to+(동)명사: ~하는 것에 익숙하다
   e.g. I'm used to eating spicy food. (나는 매운 음식 먹는 것에 익숙해.)
(2) used to+동사원형: (과거에) ~하곤 했었다
   e.g. I used to eat spicy food. (난 매운 음식을 먹곤 했었다.)
(3) be used to+동사원형: ~하기 위해 사용되다
   e.g. The spice is used to make spicy food. (그 양념은 매운 음식을 만들기 위해 쓰인다.)

Don't let flies stick to your heels.

파리들이 네 뒤꿈치에 들러붙게 하지 마라. (= 꾸물대지 마라.)

....

let ~하게 하다 fly 파리 stick to ~를 고수하다, ~에 달라붙다

100까지 숫자를 세.
Count to 100.

to: (범위, 한계) ~까지

전치사 to는 정도나 범위를 설정해 '~까지'라고 말할 때 쓰이기도 합니다. 추상적인 대상뿐만 아니라 물리적 대상의 도달 범위도 전치사 to로 표현되죠. 예를 들어, Her hair falls to her shoulders. (그녀의 머리카락은 어깨까지 내려와.)처럼 말이죠. 시작점을 언급할 때는 전치사 from을 활용해 [from A to B]가 한 덩어리로 즐겨 쓰입니다. 또 이 to는 시간과 때의 한계를 언급할 때도 쓸 수 있습니다. 이 경우에는, 전치사 until [= till]이 to 대신 쓰일 수도 있습니다.

e.g. I work from Monday <u>to</u> Friday. = I work from Monday <u>until</u> Friday. (난 월요일부터 금요일까지 일해.)

 ▶ 070-71

전치사 감 잡기 쉬운 문장으로 전치사 감을 잡자!

100까지 (숫자를) 세.
(숫자를) 세어라 Count / 100까지 to 100

Count to 100.

도서관은 월요일부터 목요일까지 문을 닫겠습니다.
도서관은 The library / 문을 닫을 것이다 will be closed / 월요일부터 목요일까지 from Monday to Thursday

The library will be closed from Monday to Thursday.

난 9시부터 6시까지 일해.
난 I / 일한다 work / 9시부터 from 9 / 6시까지 to 6

I work from 9 to 6.

출발까지 아직 30분 있어.
아직 30분이 있다 There is still half an hour / 출발까지 to departure

There is still half an hour to departure.

내일까지 회의 미루세요.
미뤄라 Push / 회의를 the meeting / 내일까지 to tomorrow

Push the meeting to tomorrow.
미드: Medium

난 말 그대로 눈물 흘릴 만큼(까지) 감동 받았어.
난 I / 말 그대로 감동 받았다 am literally moved / 눈물까지 이르도록 to tears

I am literally moved to tears.
미드: Forever Dreaming

1시(까지) 15분 전이야

A Jack, do you have the time?

B Yeah, sure. **It's a quarter to one.**

A Good. We've still got enough time. **Let's enjoy the party to the full.**

B Yeah, that's what I'm talking about. Let's go get some more booze.

A: 잭, 지금 몇 시니? B: 응, 1시(까지) 15분 전이네.
A: 됐네. 아직 시간 충분하다. 파티 실컷 즐기자.
B: 그래, 그게 내가 하려던 말이야. 가서 술 좀 더 가져오자.

문장 조립하기 다음 우리말을 영어로 써 보자.

1. 그 영화는 처음부터 끝까지 좋았어.

....

- The movie 그 영화 / 좋은 great / beginning 처음 / end 끝
- '~부터 ~까지'는 [from A to B]를 사용합니다.

2. 그들은 배고파서 죽어 가고 있어.

....

- starve 굶주리다, 배고프다 / death 죽음
- 죽음이란 한계까지 굶주리고 있다는 의미로 영작해 보면 풀릴 겁니다. 죽어 가고 있는 것이니 현재진행형 시제로 표현합니다.

3. 어느 정도까지는, 그 말도 일리가 있어.

....

- some degree 어느 정도 / make sense 일리가 있다
- 문장의 주어인 '그 말'은 간단히 지시대명사 that으로 대신해 보세요.

4. 그것은 완벽하게 요리되었어.

....

- cook 요리하다 / 완벽 perfection
- 완벽이란 범위에 이르기까지 요리가 되었다는 의미입니다. 요리가 된 거니까 수동태인 [be동사+과거분사]로 표현합니다.

5. 내가 아는 한, 그곳은 무료야.

....

- the best of my knowledge 내 지식의 최고 상태 / it 그곳 / free 무료인
- '내가 아는 한'을 원어민들은 '내 지식의 최고 상태까지'로 이해합니다. 그래서 여기서도 전치사 to가 쓰입니다.

1. **A** I think **the movie was great from beginning to end.**

   B Yeah, I think it was good, too. *Except for a few scenes.

   내 생각에 그 영화는 처음부터 끝까지 좋았어.

   응, 나도 좋았다고 생각해. 몇몇 장면들만 빼고.

   > except for는 '~를 제외하고'란 뜻입니다. 뒤에 제외의 대상으로 명사(구)가 위치할 때는 except for에서 for를 생략한 채 except만 써도 괜찮습니다. 단, except가 that절 이하의 〈주어+동사〉 문장을 받을 때가 있는데, 이때는 except만 씁니다. except for를 쓰면 안 됩니다.
   > **e.g.** They look alike, except (that) Tony is a bit fatter. (걔네들은 똑 닮았어. 토니가 좀 더 뚱뚱한 거 빼고는.)

2. **A** Look at these children in the picture. **They're starving to death.**

   B Oh, it's *heart-breaking. I think we should do something to help them.

   사진 속 이 아이들 좀 봐 봐. 얘네들이 굶어 죽어 가고 있어.

   아, 가슴이 찢어진다. 이 아이들을 돕기 위해 뭔가를 해야 할 것 같아.

   > 영어에는 형용사 역할을 하는 [명사+동사-ing] 형태가 몇 개 있습니다. 잘 쓰이는 표현들을 기억해 두세요.
   > **e.g.** heart-breaking 가슴이 찢어지는 eye-opening 놀라운, 눈이 휘둥그레지는
   > breath-taking 숨이 멎을 만큼 멋진 mind-blowing 상상을 초월하는

3. **A** In this way, the current system is negatively affecting us.

   B *To some degree, that makes sense.

   이런 식으로, 현재의 시스템이 우리에게 부정적으로 영향을 끼치고 있어.
   어느 정도까지는, 그 말도 일리가 있네.

   > '어느 정도까지는'이라고 범위를 설정하는 표현으로 to some degree 외에 to some extent, to a certain degree도 같이 기억해 두세요.

4. A You must be very hungry. *Help yourself.

   너 엄청 배고프겠다. 많이 먹어.

   B Thank you. Wow, this is good. **It's cooked to perfection.**

   고마워. 와우, 이거 맛있다. (그게) 완벽하게 요리되었는걸.

> Help yourself.는 '네 자신을 도와라.'가 아니에요. 상대방에게 음식을 권하면서 '(부담 갖지 말고 편하게) 먹어.'라고 말하거나 어떤 일을 할 때 '좋을 대로 해.'라고 말할 때 이 표현을 쓸 수 있습니다. 첫 번째 경우에 구체적으로 어떤 음식을 편하게 많이 먹으라고 말할 때는 뒤에 전치사 to를 활용해서 Help yourself to some pizza. (피자 좀 먹어.)라고 말할 수 있지요.

5. A Which museum do you want to visit?

   너 어느 박물관 가 보고 싶어?

   B How about the one on the King Street? ***To the best of my knowledge, it's free.**

   킹 스트리트에 있는 건 어때? 내가 아는 한, 그곳이 공짜야.

> 상대방에게 '내가 아는 한'이라고 자신의 지식 범위를 설정할 때 쓸 수 있는 표현으로 as far as I know도 같이 기억해 두세요. to the best of my knowledge는 간단히 줄여서 to my knowledge라고 해도 됩니다.

When you get to the end of your rope, tie a knot in it and hang on.

네 줄의 끝까지 도달했을 때, 줄에 매듭을 묶고서 버텨라. (= 한계 상황에 처하더라도 끝까지 포기하지 말고 버텨라.)

....

get 도착하다, 이르다 rope 줄 tie 묶다 knot 매듭 hang on 버티다, 붙잡고 늘어지다

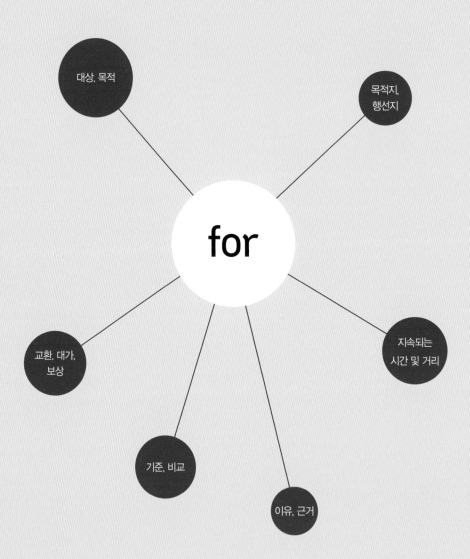

05

for를 한눈에!

전치사 for는 for you (너를 위해), for my country (내 조국을 위해), for beginners (초심자들을 위해)처럼 우리말 '~를 위해'란 뜻으로 행동과 동작의 대상이나 목적이 무엇인지를 설명할 때 쓰입니다. 여기서 의미가 확장되어 leave for (~를 향해 떠나다) 표현에서 볼 수 있듯이 구체적인 목적지, 행선지를 밝힐 때도 역시 for가 사용되지요. 또, 전치사 for는 시간과 거리의 의미로도 활용이 가능한데, for 3 hours (3시간 동안), for 100 kilometers (100 킬로미터 동안), for a long time (오랜 시간 동안)처럼 지속되는 시간 및 거리를 나타낼 때도 쓰일 수 있습니다. 이와는 완전 다른 의미로 speak for (~ 대신에 말을 하다), trade A for B (A를 B로 교환하다), substitute A for B (B를 A로 대체하다) 같은 표현처럼 우리말 '~에 대해, ~ 대신에, ~로'의 의미로 '교환 또는 대가'라는 등가 법칙을 담은 뜻을 전하기도 합니다. look young for your age (네 나이에 비해 어려 보인다), early for dinner (저녁 먹기에 이른)처럼 특정 어휘 표현들과 함께 쓰여 우리말 '~치고는, ~하기에'란 뜻으로 비교의 의미를 전하기도 하지요.

마지막으로, for는 be dying for (~ 때문에 죽어 가고 있다 = ~하고 싶어 죽겠다), shout for (~ 때문에 소리를 치다), be known for (~ 때문에 유명하다)처럼 역시 특정 어휘 표현들과 함께 쓰여 '~ 때문에, ~로'란 이유를 전할 때 쓰이며, 이때는 for 대신 이유를 전할 때 쓰는 because of를 사용해도 괜찮습니다.

너무 많다고요? 하나하나씩 해나가 보자고요.

이거 널 위해 준비한 거야. (= 이거 네 거야.)
This is for you.

for: (대상, 목적) ~를 위한, ~를 위해, ~를 얻기 위해

전치사 for는 '~를 위한, ~를 위해'란 뜻으로 영향을 받는 대상, 어떤 행동의 목적 대상을 언급할 때 쓰입니다. 연인 간에 말하는 식상한 대사 "난 널 위해 죽을 수 있어." 역시 for를 활용해 I can die for you.라고 말하면 되지요. 또, for는 information (정보), advice (충고, 조언), explanation (해명) 등의 명사와 함께 쓰여, '~를 얻기 위해, ~을 얻으려고'의 의미로 활용될 수 있습니다. 예를 들어, '그녀가 해명을 얻고자 날 쳐다봤다.'는 for를 활용해 She looked at me for an explanation.이라고 하면 되지요.

 ▶ 073-74

전치사 감 잡기 쉬운 문장으로 전치사 감을 잡자!

이거 널 위해 준비한 거야. (= 이거 네 거야.)
이것은 This / ~이다 is / 널 위한 for you

This is for you.

그녀는 애플에서 일하고 있어요.
그녀는 She / 일하고 있다 is working / 애플을 위해 for Apple

She is working for Apple.

더 많은 정보를 얻으시려면, 이 번호로 전화 주세요.
더 많은 정보를 위해 For more information / 전화하세요 Please call / 이 번호로 this number

For more information, please call this number.

우리는 크리스마스 지내러 집에 갔어.
우리는 We / 갔다 went / 집에 home / 크리스마스를 위해 for Christmas

We went home for Christmas.

오늘 저녁 시간으로 예약하고 싶습니다.
나는 I / ~하고 싶다 'd like to / 예약하다 make a reservation / 오늘 저녁 시간을 위해 for this evening

I'd like to make a reservation for this evening.
미드: Desperate Housewives

이건 초급자용 중국어 수업이에요.
이건 This / ~이다 is / 중국어 수업 a Chinese class / 초급자들을 위한 for beginners

This is a Chinese class for beginners.
영화: Joey

무엇을 도와드릴까요?

A Hi, **what can I do for you?**

B Hi, I need to send this package to New York by express mail, please.

A Okay. Let's see how much it weighs. It's not over 500 grams, so that's 10 dollars.

B Here's my credit card. I hope it gets delivered by Monday.

A: 안녕하세요. 무엇을 도와드릴까요? B: 안녕하세요. 이 소포를 뉴욕에 속달로 보내야 해서요.
A: 알겠습니다. 무게가 얼마나 나가는지 볼게요. 500그램이 안 넘어서, 10달러입니다.
B: 여기 신용카드요. 월요일까지 배송되면 좋겠네요.

문장 조립하기 다음 우리말을 영어로 써 보자.

1. 나 월마트에서 저녁 식사로 튀긴 닭 샀어.

....

- buy 사다 / fried chicken 튀긴 닭 / dinner 저녁 식사 / at Walmart 월마트에서
- '저녁 식사를 위해 튀긴 닭을 샀다'는 의미로 영작하면 됩니다. buy의 과거형은 bought입니다.

2. 산책하러 가자.

....

- Let's ~하자 / go 가다 / a walk 산책
- '산책을 위해 가자'는 의미로 영작하세요.

3. 너 브라운 여사님 위해서 일했었잖아.

....

- work 일하다 / Ms. Brown 브라운 여사
- '~하곤 했다'고 지금은 안 하는 과거에 지속되던 행동, 습관, 상황을 말할 때 [used to+동사원형]을 씁니다.

4. 넌 조언을 구할 때 주로 누구에게 얘기를 해?

....

- Who 누구 / usually 주로 / talk to ~와 이야기하다 / advice 조언
- '조언을 구할 때'를 '조언을 얻기 위해서'란 의미로 영작하면 됩니다.

5. 우리는 임대로 나온 그 집에 관심이 있어요.

....

- be interested in ~에 관심이 있다 / the house 그 집 / rent 임대
- '임대로 나온 그 집'을 '임대를 위해 나온 그 집'의 의미로 영작해 주세요.

1.　A　**I bought fried chicken for dinner at Walmart.**

　　B　Oh, that's a whole chicken. I think it's *going to be too much for you.

나 저녁 식사로 월마트에서 튀긴 닭 샀어.

오, 치킨 통으로 한 마리네. 너한테 너무 많을 것 같은데.

> [be동사+going to]는 조동사 will과 마찬가지로 미래에 대한 단순 추측을 말할 때 쓰입니다. will과의 결정적인 의미 차이는 말하는 사람이 사전에 계획한 일을 말할 때 쓰인다는 거예요. 여기서는 치킨 양이 너무 많을 수 있다는 단순 추측을 담고 있지요. [be동사+going to]는 축약해서 간단히 [be동사+gonna] 라고 말하기도 합니다.
> **e.g.** It's gonna be too much for you.

2.　A　The weather is great. **Let's go for a walk.**

　　B　Okay. *Let me go get my jacket.

날씨 완전 좋다. 산책하러 가자.

그래. 가서 내 재킷 가져올게.

> 동사 let은 [let + 목적어 + 동사원형]의 순으로 쓰이며, '목적어가 ~하게 허락하다'란 뜻입니다. 목적어 자리에 me를 넣고 명령문 형태로 쓰면 상대방에게 무언가를 내가 하겠다고 정중히 요청하는 의미가 됩니다.
> **e.g.** Let me drink this. (내가 이거 마실게.) Let me help you. (내가 너 도와줄게.)

3.　A　**You used to work for Ms. Brown.** Is she always like this?

　　B　Not always. But it's true that she's not easy *to work with.

너 브라운 여사님 위해서 일했었잖아. 그분 항상 이런 식이셔?

항상 이런 건 아니고. 하지만 일하기 쉬운 분이 아니란 건 사실이야.

> to work with을 여러분은 어떻게 해석하셨나요? 우리나라 사람들이 to부정사만 보면 반사적으로 '~하기 위해'라고 이해하는데요, to부정사는 그런 뜻 외에 '~하기에'의 뜻도 있습니다. 그때는 주로 앞에 easy (쉬운), difficult (어려운), dangerous (위험한)처럼 정도를 나타내는 형용사가 옵니다.
> **e.g.** easy to solve (풀기에 쉬운) difficult to understand (이해하기에 어려운)

4. **A** **Who do you usually talk to for advice?**

베 조언을 구할 때 주로 누구한테 얘기해?

B I usually call my mom. She's *the only one I can trust.

난 보통 엄마한테 전화해. 내가 믿을 수 있는 유일한 사람이거든.

> [the only one + 주어 + 동사] 덩어리는 '주어가 동사하는 단 하나(한 사람)'을 뜻합니다. 상대방에게 특별한 느낌을 갖게 하고 싶을 때 잘 활용할 수 있습니다.
> **e.g.** the only one I drink (내가 마시는 유일한 하나) the only one I love (내가 사랑하는 유일한 한 사람)
> the only one I study (내가 공부하는 유일한 하나)

5. **A** Hi, we saw your advertisement, and **we're interested in the house for rent.**

안녕하세요. 귀하가 올린 광고를 봤는데, 저희가 임대로 나온 그 집에 관심이 있어요.

B Please have a seat. It's a great house. Ask me *anything you want to know.

어서 앉으세요. 아주 좋은 집이죠. 알고 싶으신 건 뭐든 물어보세요.

> 영어 문장을 보다 보면 [명사 + 주어 + 동사] 덩어리가 심심찮게 보일 겁니다. 다 그런 건 아니지만 거의 90%는 [주어 + 동사]가 앞의 명사를 수식하여 '주어가 동사하는 명사'란 의미 덩어리를 만듭니다.
> **e.g.** the book I like (내가 좋아하는 책) something I ate (내가 먹었던 무언가)
> anything you want to know (당신이 알고 싶어 하는 어떤 것)

Do not pray for easy lives. Pray to be a stronger man.

쉬운 삶을 위해서 기도하지 마라. 더 강한 사람이 되기 위해 기도하라.

....
pray 기도하다   stronger 더 강한

이제, 나 우체국으로 가 봐야 해.
Now, I should leave for the post office.

for: (목적지, 행선지) ~로, ~를 향해, ~에 입장하기 위한

전치사 for는 leave for (~를 향해 떠나다)에서 볼 수 있듯이, 구체적인 목적지와 행선지가 어디인지 밝힐 때 쓰일 수 있습니다. 이때는 우리말 '~로, ~를 향해'란 의미로 해석될 수 있지요. 주로 이동의 동사나 형용사와 함께 쓰여서 목적지를 밝히는데, 대표적인 표현으로 leave for 외에 bound for (~ 행인), head for (~로 향하다) 등이 있습니다. 방향을 나타내는 전치사 to와는 관용적으로 함께 쓰이는 동사의 짝이 다르므로 구분해서 정리해 주셔야 합니다.

e.g. go to (~로 가다) point to (~를 향해 손가락질 하다) at trip to (~를 향해 여행 중인)

 ▶ 076-77

전치사 감 잡기 쉬운 문장으로 전치사 감을 잡자!

이제, 나 우체국으로 가 봐야 해.
이제 Now / 나는 I / 떠나야 한다 should leave /
우체국으로 for the post office

Now, I should leave for the post office.

너 시카고로 언제 떠나?
언제 When / 너는 떠날 거니? will you leave /
시카고로 for Chicago

When will you leave for Chicago?

시애틀 행 702 비행 편에 탑승하신 걸 환영합니다.
환영합니다 Welcome / 702 비행 편에 오신 걸
to Flight 702 / 시애틀 행 bound for Seattle

Welcome to Flight 702 bound for Seattle.

너 그 경기 표들 구했어?
너는 구했니? Did you get / 표들을 tickets /
그 경기에 입장하기 위한 for the game

Did you get the tickets for the game?

사람들은 더 나은 방향으로 바뀔 수 있어.
사람들은 People / 바뀔 수 있다 can change /
더 나은 방향으로 for the better

People can change for the better.
미드: CSI

도시로 향하고 있는 해일이 있어.
~가 있다 There is / 해일 a tsunami /
도시로 향하고 있는 heading for the city

There is a tsunami heading for the city.
미드: The Flash

▶ Max쌤의 강의 026

서울 행 기차가 얼마나 자주 있나요?

A Excuse me. **How often does the train leave for Seoul?**

B It leaves every forty minutes.

A When does the next train leave?

B It leaves at 2:20, so you need to wait for 5 more minutes.

A: 실례합니다. 서울 행 기차가 얼마나 자주 있어요? B: 40분마다 한 대씩 다닙니다.
A: 다음 기차는 언제 출발해요? B: 2시 20분에 출발하니까, 5분 더 기다리시면 돼요.

문장 조립하기 다음 우리말을 영어로 써 보자.

1. 그녀는 몇 분 전에 출근하셨어요.

....

- leave 떠나다 / work 일, 회사 / a few minutes ago 몇 분 전에
- '출근하다'는 '회사로 떠나다'란 의미로 생각해 문장을 만들어 주세요. leave의 과거형은 left입니다.

2. 이게 런던 행 열차인가요?

....

- the train 열차
- be동사가 쓰인 문장의 의문문은 be동사를 주어 앞으로 뺍니다.
  e.g. Is this the box? (이게 그 상자야?)

3. 여러 상황들이 더 좋은 방향으로 바뀔 수 있어.

....

- Things 여러 상황들은 / change 바꾸다 / the better 더 좋은 것
- '~할 수 있다'는 가능성, 능력의 조동사 can으로 표현하세요.

4. 당신도 부산으로 가고 있나요?

....

- head for ~로 가다, ~로 향하다 / as well 또한
- 진행형시제는 [be동사+동사-ing]로 표현합니다.

5. 서울 행 다음 버스는 언제 출발해요?

....

- When 언제 / the next bus 다음 버스 / start 출발하다
- when 대신에 what time으로 물어도 동일한 의미가 전달됩니다.

1. **A** Hi, Tom. Is your mother home?

   B No. She *left for work a few minutes ago.

   안녕, 톰. 어머니 집에 계시니?

   아뇨. 엄마(그녀는) 몇 분 전에 출근하셨어요.

> '출근하다'는 leave for work, go to work 등으로 표현할 수 있고, '퇴근하다'는 leave the office, leave work, get off work, leave for the day 등으로 표현할 수 있습니다.
> **e.g.** She left for the day. (그녀는 퇴근했어요.)

2. **A** Is this the train for London?

   B Yes, it is. Hop on. It *leaves in five minutes.

   이게 런던 행 열차예요?

   맞습니다. 타세요. 5분 뒤에 출발합니다.

> 일정표, 시간표 상 고정된 미래는 현재시제가 미래시제를 대신할 수 있습니다. 보통, leave (떠나다), start (시작하다), depart (출발하다), arrive (도착하다) 등의 동사가 쓰이지요. 미래시제에서 전치사 [in+시간]은 '~ 후에'란 뜻으로 쓰일 수 있습니다.
> **e.g.** The plane departs in an hour. (그 비행기는 1시간 뒤에 떠나요.)

3. **A** You were right. Things can change for the better.

   B That's right. You should never *be afraid of change.

   네 말이 맞았어. 여러 상황들이 더 좋은 방향으로 바뀔 수도 있어.

   그래, 맞아. 절대로 변화를 두려워해서는 안 돼.

> be afraid of (~를 두려워하다)처럼 전치사 of와 함께 쓰이는 형용사 표현들이 있습니다. 다음을 같이 기억해 두세요.
> **e.g.** be capable of (~를 할 수 있다) be sure of (~를 확신하다) be proud of (~를 자랑스러워하다)
>   be jealous of (~를 질투하다)

4. A Hi, I'm Tom. **Are you heading for Busan as well?**

　B No, I'm heading for Daegu. I'm Jenny, *by the way.

안녕하세요. 전 톰이에요. <u>당신도 부산으로 가고 있는 거예요?</u>

아뇨, 전 대구로 가고 있어요. 아, 전 제니라고 해요.

> by the way는 '그런데, 그나저나'에 해당하는 말로 보통 문장의 앞이나 끝에 붙어서 화제를 전환할 때 즐겨 쓰입니다.
> **e.g.** It's sunny today. Did you have lunch, by the way? (날씨가 좋네요. 그나저나 점심은 드셨어요?)

5. A Excuse me, **when does the next bus leave for Seoul?**

　B *Just a second. Let me check the bus time table.

저기요, <u>서울 행 다음 버스 언제 떠나요?</u>

잠시만요. 버스 시간표 좀 확인해 볼 게요.

> just를 활용해 상대방에게 잠깐만 기다려 달라고 말할 때 Just a minute., Just a second., Just a moment. 등의 표현을 사용할 수 있습니다.

To change and to change for the better are two different things.

그냥 바뀌는 것과 더 나은 방향으로 바뀌는 것은 다른 것이다.

....
for the better 더 나은 방향으로　different 다른

난 5년 동안 캐나다에서 살고 있어.
I have lived in Canada for five years.

for: (지속되는 시간 및 거리) ~ 동안

전치사 **for**는 어떤 사건이나 행동이 지속되는 시간을 나타낼 때 쓰이며 '**~ 동안**'이라고 해석합니다. 보통, a/an을 포함해 one, two, three 등의 숫자 표현과 second, minute, hour, day, week처럼 시간 표현들이 함께 사용되죠. 예를 들어, '일 주일 동안'은 for a week, '3년 동안'은 for three years처럼 말이죠. 이 외에도 거리가 얼마나 되는지를 말할 때도 전치사 for를 사용할 수 있습니다. For many kilometers, there was nothing outside at all. (수 킬로미터 동안, 밖에 전혀 아무것도 없었어.)처럼요. 참고로, 전치사 during도 '~ 동안'이란 의미가 있는데요, 보통 during은 during Christmas (크리스마스 동안), during the vacation (방학 동안)처럼 기간을 나타내는 명사 표현과 함께 쓰이지요. 하지만 for는 for five years (5년 동안)처럼 수사와 관련한 표현과 쓰인다는 차이점을 꼭 알아두세요.

▶ 079-80

전치사 감 잡기 쉬운 문장으로 전치사 감을 잡자!

난 5년 동안 캐나다에서 살고 있어.
나는 I / 살고 있다 have lived / 캐나다에서 in Canada /
5년 동안 for 5 years

I have lived in Canada for five years.

그 회의는 한 시간 동안 지속됐어.
그 회의는 The meeting / 지속됐다 lasted /
한 시간 동안 for an hour

The meeting lasted for an hour.

오늘은 여기까지입니다. (= 오늘은 이게 다입니다.)
그것이 That / ~이다 is / 전부인 all / 오늘 동안 for today

That is all for today.

그 길은 10마일이나 돼.
그 길은 The road / 계속된다 runs /
10마일 동안 for 10 miles

The road runs for 10 miles.

잠깐만 좀 조용히 해 줄래?
너 좀 멈춰 줄래? Could you just stop /
말하는 것 talking / 잠깐 동안 for a second

Could you just stop talking for a second?
미드: Friends

우린 오랫동안 친구로 지내 왔어.
우리는 We / 친구로 지내 왔다 have been friends /
오랫동안 for a long time

We have been friends for a long time.
미드: The 70's Show

내 파트너랑 내가 하루에 적어도 4시간 동안 함께 연습했어.

A Congratulations, Tom. I heard you won the first prize in the dancing competition.

B Thank you. I guess I was just lucky.

A Oh, you don't need to be so modest. How many hours did you practice for the contest?

B **My partner and I practiced together for at least four hours a day.**

A: 축하해, 톰. 네가 춤 경연 대회에서 1등했다는 것 들었어. B: 고마워. 그냥 운이 좋았던 것 같아.
A: 아, 너무 겸손하지 않아도 돼. 대회 나가려고 몇 시간이나 연습했던 거야?
B: 내 파트너랑 내가 하루에 적어도 4시간 동안 함께 연습했어.

문장 조립하기 다음 우리말을 영어로 써 보자.

1. **나 일주일 동안 외출 금지야.**

....

- ground ~을 외출 금지 시키다 / a week 일주일
- 외출 금지는 외출 금지를 당했다는 것이며, 수동태이므로 [be동사+과거분사] 형태로 표현합니다.

2. **전 3년 동안 편의점에서 일했어요.**

....

- worked 일했다 / at a convenience store 편의점에서
- 콕 찍어 말하고 싶은 지점, 위치는 전치사 at으로 표현합니다.

3. **그녀는 수년 동안 술을 끊어 왔어.**

....

- be on the wagon 금주하다 / many years 수년
- 과거부터 지금까지 계속되는 행동, 상황은 현재완료시제 [have/has+과거분사]로 나타냅니다. be동사의 과거분사는 been입니다.

4. **허리가 지난 2주 동안 계속 아프네.**

....

- My back 내 허리 / ache 아프다 / the last two weeks 지난 2주
- 과거부터 지금까지 계속되는 행동, 상황의 진행을 강조할 때는 [have/has+been+동사-ing]로 나타내요.

5. **그는 수년 동안 기타를 쳐 왔어.**

....

- play the guitar 기타를 치다 / years 여러 해
- 이 문장 역시 [have/has+been+동사-ing]로 나타냅니다.

1. A *What kind of work experience do you have?

   B **I worked at a convenience store for three years.**

   무슨 종류의 직장 경험이 있으신가요?

   전 3년 동안 편의점에서 일했습니다.

   > '무슨 종류의 ~?'라고 질문할 때, what kind of를 이용해 말할 수 있습니다. 예를 들어, '무슨 종류의 음악을 좋아해?'라고 묻고 싶다면 What kind of music do you like?라고 말하면 되지요. 대답의 종류가 한 가지 이상이길 기대한다면 복수 형태를 써서 What kinds of music do you like?라고 묻습니다.

2. A Mike and I are going to a movie tonight. Do you want to *come along?

   B I can't. **I'm grounded for a week.**

   마이크랑 나 오늘 밤에 영화 보러 갈 거야. 너도 같이 갈래?

   난 못 가. 나 일주일 동안 외출 금지야.

   > come along은 '동행하다, 같이 같다'란 뜻입니다. 비슷한 의미로 tag along을 사용할 수도 있지요. 대신 tag along은 마치 꼬리표 (tag)처럼 초대나 요청 없이 같이 끼어 간다는 의미가 강합니다. 속된 말로 '꼽사리 끼어서 가다'라는 뉘앙스가 전달될 수 있지요.
   > **e.g** Can I tag along? (내가 꼽사리 끼어서 가도 돼?)

3. A Your girlfriend is a *heavy drinker, isn't she?

   B Well, she used to be, but not anymore. **She's been on the wagon for many years.**

   네 여자친구 술고래잖아, 그렇지 않아?

   음, 그랬었는데 더 이상은 아냐. 그녀는 수년 동안 술을 끊어 왔어.

   > 술과 관련해서 술을 많이 마시는 사람은 a heavy drinker라고 하고요, 적당한 마시는 사람은 a moderate drinker, 적당히 분위기 맞추면서 적게 마시는 사람을 a social drinker, 술을 잘 못 마시는 사람은 a light drinker라고 합니다. 함께 기억해 두세요.

4. A What's wrong, Tom? You don't look so *well.

톰, 무슨 일 있어? 안색이 아주 안 좋아 보여.

B **My back has been aching for the last two weeks.**

허리가 지난 2주 동안 계속 아프네.

여기서 well은 부사로 '잘'이 아니라, 형용사로 '건강한'의 뜻입니다. 참고로, look well이 건강과 관련해서만 쓰인다면, look good은 건강과 관련한 뜻 외에, 상대의 외모와 관련해서도 쓰입니다.

5. A Is there *anyone here who can play the guitar?

여기 누구 기타 칠 수 있는 사람 있어?

B Yes, Charlie. **He has been playing the guitar for years.**

응, 찰리가 쳐. 걔가 수년 동안 기타를 쳐 왔어.

[사람 명사 + who + 동사 ~] 구문은 '~하는(했던) 사람'이란 뜻의 의미 덩어리를 만듭니다.
e.g. the man who likes you (널 좋아하는 그 사람) the woman who ate the cheese (그 치즈 먹었던 여자)

When you feel like giving up, remember why you held on for so long in the first place.

네가 포기하고 싶어질 때, 애초에 왜 그렇게 오랫동안 버티어 왔는지를 기억해 보라.

....
feel like ~하고 싶다 give up 포기하다 hold on 버티다, 견디다 in the first place 애초에

제가 그를 대신해서 말씀드릴게요.
Let me speak for him.

for: (교환, 대가, 보상) ~에 대해, ~ 대신에, ~로

'~ 대신에', '~에 대한 대가로', '~에 대해'란 뜻으로 쓰일 수 있는 **전치사 for** 뒤에는 등가 법칙에 따라 목적어로 교환의 대상 혹은 대가나 보상의 대상이 위치할 수 있습니다. 예를 들어, 상대방에게 감사를 표현할 때 보통 Thank you (Thanks)라고 합니다. 그리고 뒤에 무엇에 대한 보상으로 내가 감사를 표현하는지 전치사 for를 활용해서 나타낼 수 있지요.

e.g. Thank you for your kindness. (친절함에 감사드려요. = 당신의 친절함에 대한 보상으로 고맙단 말씀을 드립니다.)

▶ 082-83

전치사 감 잡기 쉬운 문장으로 전치사 감을 잡자!

제가 그를 대신해서 말씀드릴게요.
제가 ~하게 해주세요 Let me / 말하다 speak /
그를 대신해 for him

Let me speak for him.

'존잘'을 영어로 뭐라고 해?
무엇이 What / 그 단어인가? is the word /
'존잘'을 대신하는 for '존잘' / 영어로 in English

What is the word for "존잘" in English?

그거 두 개에 10달러야.
그것은 It / ~이다 is / 10달러 10 dollars /
두 개에 for two

It is 10 dollars for two.
(= It's two for 10 dollars.)

도와주셔서 감사해요.
감사해요 Thank you / 당신의 도움에 대해 for your help

Thank you for your help.

너 이 일에 대해서 벌금 물게 될 거야.
너는 You / ~하게 될 것이다 are going to /
벌금을 물다 get fined / 이 일에 대해서 for this

You're going to get fined for this.
미드: The last man standing

돈은 물건과 서비스로 교환될 수 있어.
돈은 Money / 교환될 수 있다 can be exchanged /
물건과 서비스로 for goods and services

Money can be exchanged for goods and services.
미드: The Simpsons

우리 둘이 해서 40달러라는 거네.

A Did you choose a safari tour for our trip?
B Yeah, I found a good one, and it's twenty dollars a person.
A So **that means forty dollars for two of us**, right?
B That's right. Actually, this is the cheapest one. You know, our budget is tight.

A: 우리 여행 때 갈 사파리 투어 골랐어? B: 응, 괜찮은 거 하나 찾아 놨어. 1인당 20달러야.
A: 그러면 우리 둘이 해서 40달러네. 그렇지? B: 맞아. 사실 이게 가장 싼 투어야. 알다시피, 우리 예산이 빠듯하잖아.

문장 조립하기 다음 우리말을 영어로 써 보자.

1. 내가 그거 20달러에 가져도 될까?

....

- have 가지다 / 20 dollars 20달러
- 20달러에 대한 대가로 그것을 가져 가는 것이므로 for가 쓰입니다.

2. 과외 하면 (당신은) 20달러 정도 받으실 거예요.

....

- be paid 지불 받다 / around ～ 정도 / tutoring 과외
- '과외 하면'을 '과외에 대한 대가로'로 해석해서 영작하세요.

3. 나 내 차를 자전거로 교환했어.

....

- trade 교환하다 / my car 내 차 / a bike 자전거
- trade A for B는 'A를 B와 교환하다'로 외워 두면 편합니다.

4. 우리 버터 대신에 마가린으로 대체할 수 있어.

....

- substitute 대체하다 / margarine 마 가린 / butter 버터
- substitute A for B는 'B를 A로 대체 하다'라고 외워 두세요.

5. 어떻게 내가 그것에 대해 보상할 수 있을까?

....

- How 어떻게 / make up 보상하다 / it 그것을
- '그것에 대해'를 '그것에 대한 대가로'로 해석해서 영작하세요.

1. A **Can I have it for 20 dollars?**
   B 20 dollars? *Are you kidding me? No way.

   내가 그거 20달러에 가져도 될까?

   20달러? 나랑 장난하냐? 절대 안 돼.

   "장난하냐?, 나랑 장난쳐?" 같이 상대방 말이 너무 어이가 없을 때 즐겨 쓰이는 표현으로 Are you kidding me?, Are you kidding?, You've got to be kidding me., Are you joking me?, Are you joking? 등이 있습니다. joke, kid 단어 자체가 '농담하다, 장난치다'의 의미가 있답니다.

2. A **You *would be paid around 20 dollars for tutoring.**
   B Um, that's not bad. Now tell me how I can attract students.

   과외하면 20달러 정도 받으실 거예요.

   음, 나쁘지 않네요. 자, 이제 학생들을 모을 수 있는 방법을 말씀해 주세요.

   조동사 will과 would는 둘 다 우리말로 '〜일/할 것이다'의 뜻입니다. will이 좀 더 확고하게 그럴 것이란 의미를 전한다면, would는 will보다 좀 더 조심스럽게 가능성을 낮춰서 그럴 것이란 의미를 전달해 줍니다.

3. A **I traded my car for a bike**, and I made 300 extra dollars.
   B Good! Now you can save more *since you no longer need to spend money on gas.

   나 내 차랑 자전거랑 교환했어. 그리고 추가로 300달러도 벌었다.

   잘했어! 기름 값에 더 이상 돈 쓸 필요가 없으니까 이제 돈도 더 많이 모을 수 있겠네.

   since는 접속사로 '〜이므로, 〜이니까'란 뜻을 갖습니다. 이유에 대한 설명을 할 때 쓰이며 because와 동일한 역할을 합니다. 그 외에 since는 '〜 이후로'란 뜻으로도 쓰입니다.
   e.g. It has been a year since I last saw you. (너를 마지막으로 본 이후로 1년이 됐네.)

4. **A** Oh, no. We don't have any butter.

   B *Don't worry. **We can substitute margarine for butter.**

   아, 이런. 우리 버터가 하나도 없네.

   걱정하지 마. 우리 버터 대신에 마가린으로 대체할 수 있어.

   상대방에게 '걱정하지 마.'라고 말할 때 즐겨 쓰는 표현으로 Don't worry. 외에 No problem., No worries.도 같이 기억해 두세요.

   e.g. No worries. I can handle it. (걱정하지 마. 내가 처리할 수 있어.)

5. **A** I'm really sorry I didn't do it. **How can I make up for it?**

   B Well, *buy me lunch tomorrow.

   내가 그거 안 해서 정말로 미안해. 어떻게 내가 그것에 대해 보상할 수 있을까?

   음, 내일 나한테 점심 사.

   동사 buy는 뒤에 목적어로 구입하는 물품이 바로 와도 되고, 또는 buy A B의 형태로 'A에게 B를 사 주다'처럼 목적어가 두 개 위치할 수 있습니다.

   e.g. I will buy you something. (내가 너한테 뭔가를 사 줄게.)

An eye for an eye, and a tooth for a tooth.

눈에는 눈, 이에는 이

··············
tooth 이(복수형은 teeth)

4월 치고는 다소 더워.
It is rather hot for April.

for: (기준, 비교) ~치고는, ~에 비해, ~하기에는

전치사 for는 '~치고는', '~에 비해', '~하기에는'의 뜻으로 어떤 의견을 밝히는 경우, 그 의견의 기준점을 제시할 때 쓰일 수 있습니다. 예를 들어, 날씨를 말할 때 It is rather hot. (다소 덥다.)고 말한 후에 그 기준점으로 4월을 제시할 때 전치사 for를 활용해 for April (4월 치고는)을 붙여 주면 되지요. 그리고 '~하기에는'의 뜻과 어울리게 too (너무), enough (충분히) 등의 부사와 함께 쓰이기도 합니다.
e.g. It's too early for lunch. (점심 먹기에는 너무 일러.)

 ▶ 085-86

전치사 감 잡기 쉬운 문장으로 전치사 감을 잡자!

4월 치고는 다소 더워.
날씨가 ~이다 It is / 다소 더운 rather hot /
4월 치고는 for April

It is rather hot for April.

너 나이에 비해서 어려 보여.
너는 You / ~해 보이다 look / 어린 young /
네 나이에 비해서 for your age

You look young for your age.

저녁 먹기에는 너무 이르지 않니?
~지 않니? Isn't it / 너무 이른 too early /
저녁 먹기에는 for dinner

Isn't it too early for dinner?

5명이 먹기에 충분한 음식이 없어.
~가 없다 There isn't / 충분한 음식이 enough food /
5명이 먹기에 for five people

There isn't enough food for five people.

의사들이 그가 나이에 비해서 몸무게가 적다고 하네요.
의사들은 Doctors / 말한다 say / 그가 he / 몸무게가
적다 is underweight / 그의 나이에 비해 for his age

Doctors say he's underweight for his age.
미드: Law & Order

그거 초심자치고는 나쁘지 않네.
그것은 That / 나쁘지 않다 is not bad /
초심자치고는 for a beginner

That is not bad for a beginner.
미드: X-Files

너 네 나이에 비해서 키 엄청 큰 거야.

A　Aunt Mary, I think I'm too short.

B　How tall are you?

A　I'm only 170.

B　You're only 13 years old. **You're very tall for your age.**

A: 메리 이모, 나 키가 너무 작은 것 같아요. B: 너 키가 몇이지?
A: 170밖에 안 돼요. B: 너 13살 밖에 안 됐잖아. 너 네 나이에 비해서 키 엄청 큰 거야.

문장 조립하기 다음 우리말을 영어로 써 보자.

1. 이런 거 하기에는 내가 너무 늙었어.

....

- too old 너무 늙은 / this 이것, 이런 것
- too는 '너무'란 뜻으로 형용사의 의미를 부정적으로 강조해 줍니다.

2. 그녀는 나이에 비해 굉장히 성숙해.

....

- very mature 매우 성숙한 / her age 그녀의 나이
- very는 '매우, 굉장히'로 형용사의 의미를 긍정적으로 강조해 줍니다.

3. 그녀의 귀는 머리에 비해서 너무 커.

....

- Her ears 그녀의 귀는 / too big 너무 큰 / her head 그녀의 머리
- head는 얼굴 전체를 감싸는 튼튼한 골격의 '머리'고요, brain은 문제 해결을 위해 머리를 쓰다 할 때의 '머리'입니다.

4. 메리는 몸 크기에 비해서 비범한 근력이 있어.

....

- exceptional strength 비범한 근력 / her size 그녀의 몸 크기
- '근력이 있다'는 것은 '근력을 가지고 있다'는 것이므로 동사 have/has를 사용합니다.

5. 이거 원룸치고는 너무 비싼 건가?

....

- this 이것은 / too expensive 너무 비싼 / a studio 원룸
- 부엌과 거실 등이 하나의 공간에 함께 하는 우리나라 원룸의 영어 표현은 a studio (apartment)입니다.

1. **A** I'm *out of breath. **I'm too old for this.**

   B What are you talking about? You're doing great. Come on. One more game?

   나 숨 차. 나 이런 거 하기에는 너무 늙었어.

   무슨 소리세요? 잘하고 계시는데요. 자, 어서요. 한 게임 더 하실 거죠?

   > 전치사구 out of는 '(특정 상태에서) ~ 벗어난', '~가 없는'의 뜻으로 쓰입니다. 예를 들어, out of breath는 숨이 없는 이니까 '숨이 차 헐떡이는', out of date는 현 시대에서 벗어난 이니까 '시대에 뒤떨어진', out of work는 직장에서 벗어난 이니까 '실직한'의 뜻이죠.

2. **A** How old is she?

   B She's only 17. **She is very mature for her age,** *isn't she?

   쟤 몇 살이야?

   17살밖에 안 됐어. 그녀는 나이에 비해서 굉장히 성숙해, 안 그래?

   > [동사 + 대명사 주어?]의 부가의문문은 앞의 문장이 긍정문일 경우 부정의 형태를 취합니다. 앞의 문장이 be동사 긍정문일 경우, be동사의 부정형을 붙여 주지요.
   > **e.g.** They are smart, aren't they? (걔들은 똑똑해, 그렇지 않아?)

3. **A** *What does Josh's new girlfriend look like? Is she pretty?

   B No, not at all. She looks weird. Particularly, **her ears are too big for her head.**

   조쉬의 새 여자친구는 어떻게 생겼어? 예뻐?

   아니, 전혀. 이상하게 생겼어. 특히, 그녀의 귀가 머리에 비해서 너무 커.

   > What ~ like는 How (어떻게, 어떤)와 같은 뜻입니다. 그래서 What does Josh's new girlfriend look like?는 조쉬의 새 여자친구는 어떻게 보여? (= 생겼어?)의 뜻이 되는 거죠. 외모나 외형을 말할 때, [look+형용사]인 '~하게 보이다'와 [look like + 명사]의 '~처럼 보이다' 두 가지 형태로 쓸 수 있습니다.
   > **e.g.** He looks handsome. (그는 잘생겼어.)
   > He looks like Tom Cruise. (그는 톰 크루즈처럼 보여. = 톰 크루즈 닮았어.)

4. **A** **Mary has exceptional strength for her size.**

   B Yeah, *tell me about it. She will definitely make a great weight-lifter.

메리는 몸 크기에 비해서 비범한 근력이 있어.

응, 내 말이 그 말이야. 쟤는 분명히 훌륭한 역도 선수가 될 거야.

상대방의 말, 의견에 동감을 표현할 때 Tell me about it. 이 외에 사용할 수 있는 회화 표현들로 I agree with you., I agree with your point.가 있습니다. 좀 더 강하게 동감을 표현하고자 할 때는 I totally agree., I couldn't agree with you more. 등이 있죠.

5. **A** I got a studio in New York for 300 dollars a week. **Is this too expensive for a studio?**

   B Does that include *utilities? If so, that's actually a very good price.

나 주당 300달러에 뉴욕에 있는 원룸을 구했어. 이거 원룸치고 너무 비싼 건가?

그거 공과금 포함된 거야? 그런 거라면, 사실 그거 굉장히 좋은 가격이야.

수도, 전기, 가스 등의 공과금을 모두 가리켜 utilities라고 합니다. '모든 공과금이 월세에 포함되어 있어.'는 영어로 All utilities are included in the rent.라고 하면 되지요.

3 o'clock is always too late or too early for anything you want to do.

3시는 당신이 하고 싶은 무엇을 하기에는 항상 너무 늦거나 너무 이른 시간이다.

....
anything (긍정문) 무엇이든, 어떤 것이든

그는 기쁨에 겨워 소리쳤어.
He shouted for joy.

for: (이유, 근거) ~ 때문에, ~로

전치사 for는 이유, 근거를 언급할 때 '~ 때문에', '~로'란 **의미로 사용**됩니다. 예를 들어, "나 주스 한 잔 마시고 싶어 죽겠어."란 말에서 죽을 것 같은 정도로 간절한 기분이 드는 이유가 '주스 한 잔'이므로 전치사 for를 활용해, I'm dying for a glass of juice.라고 표현할 수 있습니다. 또 상대방에게 I'm sorry (미안해)라고 사과할 때 사과를 하는 이유, 근거를 전치사 for를 활용해, I'm sorry for being late. (저 늦어서 죄송합니다.)처럼 말할 수 있지요.

 ▶ 088-89

전치사 감 잡기 쉬운 문장으로 전치사 감을 잡자!

그는 기쁨에 겨워 소리쳤어.
그는 He / 소리쳤다 shouted / 기쁨으로 for joy

He shouted for joy.

난 여러 이유로 그거 안 할 거야.
나는 I / 하지 않을 것이다 will not do / 그것을 it /
많은 이유로 for many reasons

I will not do it for many reasons.

그녀는 나한테 내 생일 선물로 지갑을 줬어.
그녀는 She / 줬다 gave / 내게 me / 지갑을 a wallet /
내 생일 때문에 for my birthday

She gave me a wallet for my birthday.

내가 어제 했던 말 때문에 미안해.
미안해 I'm sorry / 내가 말했던 것 때문에
for what I said / 어제 yesterday

I'm sorry for what I said yesterday.

난 유머로 알려져 있진 않아. (= 난 농담 안 해.)
나는 I / 알려져 있지 않다 am not known /
내 유머로 for my humor

I am not known for my humor.
미드: Prison Break

그는 잔혹함으로 악명 높았어.
그는 He / 악명이 높았다 was notorious /
그의 잔혹함으로 for his brutality

He was notorious for his brutality.
미드: Blood Feuds

여긴 생선 요리로 잘 알려져 있어.

A Wow, this place is nice. Thanks for bringing me here.

B You're welcome. Actually, this is my favorite hangout.
It's well known for its fish dishes.

A I love fish. Please talk me through the menu.

B No problem. I'll talk you through appetizers first.

A: 와, 여기 좋다. 여기 데려와 줘서 고마워. B: 별 말을 다하네. 사실 여기가 내 단골집이야. 생선 요리로 잘 알려져 있지.
A: 나 생선 완전 좋아해. 메뉴 설명 좀 해 주라. B: 그래. 먼저 식전 요리부터 설명해 줄게.

문장 조립하기 다음 우리말을 영어로 써 보자.

1. 런던은 그곳의 공원들로 유명해.

....

- famous 유명한 / its parks 그곳의 공원들
- 유명한 이유의 근거로 its parks가 언급되기에 전치사 for가 쓰입니다.

2. 그녀는 그 역할로 상을 탔어.

....

- win (상 등을) 타다, 받다 / an award 상 / that role 역할
- '상을 타다, 수상하다'는 동사 win을 사용합니다. win의 과거형은 won입니다.

3. 난 네가 안타까워. (= 너 때문에 안타까움을 느껴.)

....

- feel sorry 안타까움을 느끼다
- feel sorry for와 헷갈리지 말아야 할 것이 be sorry for로 이것은 '~ 때문에 미안하다'란 뜻입니다.

4. 저 뭐 때문에 벌 받는 거죠?

....

- What 무엇 / be being punished 벌 받고 있다
- 전치사 for는 의문사 what과 묶여서 '무엇 때문에'가 됩니다. **e.g.** What are you here for? (너 뭐 때문에 여기 있어?)

5. 나 초콜릿 먹고 싶어 죽겠어.

....

- die 죽다 / chocolate 초콜릿
- '초콜릿 먹고 싶어 죽다'를 '초콜릿 때문에 죽고 있다'로 해석 후 영작해 보세요.

회화로 연결하기

앞서 배운 문장을 대화문에서 확인해 보세요.

▶ 090

1. A **London is famous for its parks.**　　런던은 그곳의 공원들로 유명해.
   B Yeah, that's right. Hyde Park is　　　응, 맞아. 하이드 파크가 그 중 가장 아름답지.
   *the most beautiful of them all.

> famous, smart, pretty 등의 형용사들은 모두 '가장 ~한'이란 뜻의 최상급을 가질 수 있습니다. 1음절 혹은 대다수의 2음절 형용사의 최상급은 단어 끝에 -est를 붙이지만, 몇몇 2음절, 그리고 beautiful 같은 3음절 이상의 단어 최상급은 앞에 most를 붙여 주어야 합니다.
> **e.g.** smart (똑똑한) – smartest (가장 똑똑한)　dangerous (위험한) – most dangerous (가장 위험한)

2. A I really enjoyed the movie. I　　　그 영화 정말 잘봤어. 난 특히 알리시아가 연기
   especially loved the character　　한 그 캐릭터가 아주 마음에 들었어.
   *played by Alicia.
   B Me, too. Actually, she won an　　나도 그랬는데. 사실, 그녀가 그 역할로 상 받았
   award for that role.　　　　　　잖아.

> [명사 + 과거분사 ~] 덩어리에서는 과거분사 이하의 내용이 앞에 있는 명사를 수식해 줍니다. 이때 해석은 '~된/~ 당한 명사'이지요. 그런데 왜 명사 뒤에 놓이는 걸까요? 우리말은 아무리 긴 수식어도 명사 앞에 오지만 영어의 경우, 한 단어 이상으로 길어질 때는 특히, 현재분사나 과거분사일 때는 무조건 뒤에 놓습니다. 앞에 놓으면 너무 무거워 보인다나 어쩐다나요^^
> **e.g.** the book written in English (영어로 쓰인 책)　the horse killed by a gun (총살된 말)
> 　　the movie filmed in Korea (한국에서 찍은 영화)

3. A You don't have friends. You don't　넌 친구가 없고. 넌 누구도 믿지 못하잖아. 난
   trust anyone. I feel sorry for you.　네가 안타까워.
   B You *don't know a thing about　　나에 대해 하나도 모르면서. 그냥 날 내버려 둬.
   me. Just leave me alone.

> not know a thing은 말 그대로 하나도 알지 못한다 즉, 쥐뿔도 모른다는 뜻입니다. 반대로 '어느 정도는 알고 있다'는 표현은 know a thing or two라고 합니다.
> **e.g.** I know a thing or two about music. (난 음악에 대해서는 어느 정도 알고 있어.)

4. **A** What am I *being punished for?
   B You really don't know? I won't let you go until you figure it out.

   저 뭐 때문에 벌 받고 있는 거죠?
   너 정말 모르니? 네가 이유를 알아낼 때까지 나 너 안 보내줄 거야.

   수동태는 [be동사 + 과거분사]의 형태를 취합니다. 그리고 수동태의 진행형은 [be동사＋being＋과거분사]의 형태를 취하고 '~되고 있는 중이다'로 해석합니다. 수동태 진행형의 의문문은 be동사만 주어 앞으로 보내면 되죠.
   e.g. I'm being punished for your mistake. (나 네 실수 때문에 벌 받고 있는 거야.)

5. **A** Oh, I'm *dying for chocolate.
   B You really have a sweet tooth.

   아, 나 초콜릿 먹고 싶어 죽겠어.
   너 진짜 단 거 좋아하는구나.

   무언가를 간절히 원한다고 말할 때 원어민들이 즐겨 사용하는 패턴으로 [I'm dying for+대상], [I'd kill for+대상] 같은 표현들을 외워 두세요.
   e.g. I'd kill for some coffee. (나 커피 마시고 싶어 죽겠어.)

There are many who dare not kill themselves for fear of what the neighbors will say.

이웃이 뭐라 말할지 두려워서 감히 스스로를 죽이지 못하는 많은 사람들이 있다.

....
dare 감히 ~ 하다 fear 두려움 neighbor 이웃 (사람)

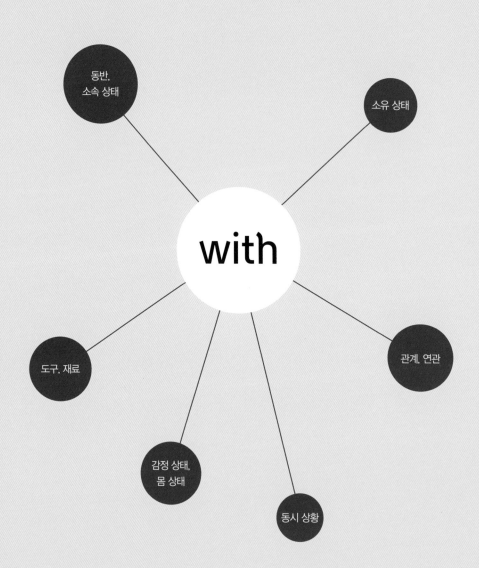

06

with를 한눈에!

전치사 with는 with you (너와 함께), with customers (고객들과 같이)처럼 우리말의 '~와 함께, ~와 같이'란 뜻으로 동반, 수반의 의미를 전달할 때 쓰입니다. 여기서 의미가 확장되어 with curly hair (곱슬머리를 한), with a swimming pool (수영장이 딸린)처럼 구체적으로 소유하고 있는 신체적 특징이나 물품 등을 표현할 때도 with를 쓰지요. 또 with는 agree with (~에 대해 동의하다), be concerned with (~에 대해 관심을 갖다), be finished with (~에 대해 볼일 다 보다)처럼 특정 어휘 표현과 함께 쓰여, 우리말 '~에 대해, ~와 관련해'란 뜻으로 관련 되어 있는 내용이 무엇인지를 전할 때 쓰이기도 합니다. 그리고 앞서 얘기한 수반, 소유의 의미에서 확장되어 fill A with B (A를 B로 채우다), cut A with B (A를 B로 자르다)처럼 특정 행동, 동작을 함에 있어서 사용되는 도구나 재료가 무엇인지를 설명할 때도 with가 관용적으로 짝이 되어 사용될 수 있습니다. 게다가 happy with (~ 때문에 행복한, 만족하는), tremble with (~ 때문에 떨다), disappointed with (~ 때문에 실망한)처럼 with가 가진 수반, 소유의 의미를 확장시켜 구체적으로 무엇 때문에 즉, 내가 무엇을 얻게 되어 어떤 특정한 감정이나 상태를 갖게 되었는지를 설명하기도 합니다. 마지막으로는, 문법적으로 전치사 with는 [with+명사 표현+형용사(과거분사)] 구문으로 우리말의 '~한 채로, ~할 때'란 의미의 상황을 표현할 때 쓰이기도 합니다. with the bag open (그 가방이 열린 채로)처럼 말이죠.

어때요, 좀 정리가 되었나요? 자, 이제 본격적으로 with를 탐구하러 떠나 볼까요?

나 너랑 얘기할 수 있을까?
Can I talk with you?

with: (동반, 수반) ~와 함께, ~와 같이

전치사 with는 동반, 수반의 의미로 '~와 함께, ~와 같이, ~랑'의 뜻을 갖습니다. 여기서 의미가 확장되어 with 뒤에 회사 이름이 언급되면 그 회사와 함께 하고 있다는 것으로 즉, 그 회사에 근무한다는 소속의 의미가 전달되기도 합니다. 또, 함께 한다는 것에서 전체의 일부로 포함되어 있다는 뜻으로까지 확장되어 '~를 포함하여'란 뜻으로도 사용되지요. 예를 들어, 숙어 표현 중에 go/come with는 '~가 포함되어 딸려 나오다'의 뜻으로 쓰입니다.

e.g. A house comes with the job. (집이 그 직장에 포함되어 딸려 나와.)

▶ 091-92

전치사 감 잡기 쉬운 문장으로 전치사 감을 잡자!

나 너랑 얘기할 수 있을까?
나 얘기할 수 있을까? Can I talk / 너랑 with you

Can I talk with you?

저희와 같이 저녁 드시겠어요?
~하시겠어요? Would you like to /
저녁을 먹다 have dinner / 저희랑 같이 with us

Would you like to have dinner with us?

그는 지금 마이크로소프트에서 일해요.
그는 He / 있다 is /
마이크로소프트사와 같이 with Microsoft / 지금 now

He is with Microsoft now.

전 2개 국어를 하는데, 한국어 포함 세 개죠.
나는 I / 말할 수 있다 can speak / 2개 국어를 two
languages / 한국어까지 해서 세 개 three with Korean

I can speak two languages, three with Korean.

그는 32살이고, 여전히 부모님과 살아.
그는 He / ~이다 is / 32살 32 / 그리고 and /
여전히 산다 still lives / 그의 부모님과 with his parents

He is 32, and still lives with his parents.
미드: The office

벽에서, 우리는 아기와 함께 있는 여자의 사진을 본다.
벽에서 On the wall / 우리는 we / 본다 see /
여자의 사진을 a picture of a woman /
아기와 함께 있는 with a baby

On the wall, we see a picture of a woman with a baby.
미드: Buffy the Vampire

너 우산 가져가야 할 것 같은데.

A Honey, I'm leaving. I will be home by 10.

B Wait. **I think you should take an umbrella with you.**

A But it's sunny, and there aren't any clouds. I don't think it will rain.

B But the weather forecast said that it will rain this evening.

A: 여보, 나 나가요. 10시까지는 들어올게. B: 잠깐만. 당신 우산 가져가야 할 것 같은데.
A: 그렇지만 날씨도 좋고, 구름도 없는데. 비 올 것 같진 않아. B: 하지만 일기예보에서 오늘 저녁에 비 온다고 했단 말이야.

문장 조립하기 다음 우리말을 영어로 써 보자.

1. 나와 함께 가요.

....

- come (상대방과 같은 방향으로) 가다
- 명령하는 문장이라 동사부터 말합니다. 말하는 사람이 움직이는 방향으로 '가자'고 할 때는 go가 아니라 come을 씁니다.

2. 난 원룸에서 여자친구랑 살아.

....

- live 살다 / my girlfriend 내 여자친구 / in a studio apartment 원룸에서
- 거실, 부엌 등이 합쳐져 있고 따로 방이 없는 원룸을 영어로 a studio (apartment)라고 합니다.

3. 저 지금 고객 분과 같이 있어요.

....

- be 있다 / a client 고객 / right now 지금
- 가게나 상점의 손님, 고객은 customer, 그 외에 좀 더 전문적인 서비스를 받는 고객은 client라고 합니다.

4. 그건 세금까지 해서 30달러 되겠습니다.

....

- That 그건 / tax 세금
- '~일 것이다, ~가 되겠다'란 뜻은 조동사 will을 사용합니다.

5. 전 5년 동안 보험회사에서 근무해 왔어요.

....

- have been 계속 있어 왔다 / an insurance company 보험회사
- [be with+회사명/업종 종류]는 그 회사의 일원으로 근무하고 있다는 걸 의미합니다.

1. A Jack, do you *want me to wait outside?

   B No, **come with me.**

   잭, 난 밖에서 기다릴까?

   아냐, 나랑 같이 가자.

> [want+목적어+to 동사원형]은 '목적어가 ∼하기를 원하다'란 의미 덩어리를 만듭니다. 예를 들어, '난 네가 노래하기를 원해.'는 I want you to sing.이라고 하면 되지요.

2. A Do you still live with your parents?

   B No, I *moved out. Now **I live with my girlfriend in a studio apartment.**

   너 아직도 부모님하고 같이 살아?

   아니, 나 이사 나왔어. 지금은 나 원룸에서 여자 친구랑 같이 살아.

> move in은 이사를 해서 들어온다는 뜻이고 move out은 이사를 해서 나간다는 뜻입니다. move on은 전진하다는 뜻과 함께 과거를 잊고 새롭게 나아가다란 뜻으로 쓰입니다.
> **e.g.** Forget about her. You should move on. (그녀는 잊어버려. 이젠 과거는 잊고 새롭게 나아가야지.)

3. A Mary, *can I see you in my office?

   B Is this urgent? **I'm with a client right now.**

   메리, 내 사무실에서 볼 수 있을까?

   급한 거예요? 저 지금 고객 분과 같이 있어요.

> 내가 무언가를 해도 되는지 상대방에게 물어볼 때 Can I ∼? 패턴을 사용할 수 있습니다. 좀 더 공손히 말할 때는 can 대신 could 또는 may를 써서 말하면 됩니다.
> **e.g.** Could I see you in my office? May I see you in my office?

4. A Hi, I'd like to send this package to Australia *by airmail.

   B Okay. It weighs 2 kilograms, so **that will be 30 dollars with tax.**

안녕하세요. 이 소포 항공우편으로 호주에 보내고 싶습니다.

알겠습니다. 무게가 2킬로가 나가서, 그건 세금 포함해 30달러 되겠습니다.

전치사 by는 수단을 얘기할 때 '~로'란 뜻으로 [by+교통수단]과 [by+통신수단]의 형태로 사용될 수 있습니다. by bus는 '버스로', by phone은 '전화로'란 뜻이 되죠.

5. A **I have been with an insurance company for five years.** John, *what do you do for a living?

   B Oh, I'm with a publishing company. I've been there for a long time.

전 5년 동안 보험회사에서 근무해 왔어요. 존, 당신은 무슨 일 해요?

아, 전 출판사에 근무합니다. 거기서 오래 근무해 왔죠.

상대방에게 직업이 무엇인지 물을 때, 직접적으로 What is your job?이라고 묻는 건 다소 어색합니다. '무슨 일 하세요?'란 뜻으로는 What do you do?나 What do you do for a living?이 훨씬 더 자연스러운 표현이지요.

There is no rest for a family with many children.

아이가 많은 가족에게는 휴식이란 없다.

··············
rest 휴식

내 여동생은 곱슬머리를 한 애야.
My sister is the one with curly hair.

with: (소유) ~를 가진, ~를 포함한

전치사 with는 머리카락 유형, 머리 색깔, 눈 색깔, 턱수염처럼 어떤 신체적 특징을 지녔다고 할 때 '~를 가진'의 뜻으로 쓰입니다. 예를 들어, '난 가슴에 털 있는 남자 좋아해.'란 말은 기본 문장 틀인 I like a man (난 남자를 좋아해) 뒤에 추가 정보인 '가슴에 털 있는'을 붙이면 되는데, 전치사 with를 활용해 I like a man with a hairy chest.라고 말하면 됩니다. 또, '수영장이 있는 집'이나 '카메라 기능이 있는 휴대폰'처럼 외모 외에 어떤 시설이나 기능을 가지고 있다고 말할 때도 전치사 with를 쓸 수 있습니다.

▶ 094-95

전치사 감 잡기 쉬운 문장으로 전치사 감을 잡자!

내 여동생은 곱슬머리를 한 애야.
내 여동생은 My sister / ~이다 is / 그 사람 the one / 곱슬머리를 가진 with curly hair

My sister is the one with curly hair.

전 기본 기능이 있는 뭔가를 찾고 있어요.
난 I / 찾고 있다 am looking for / 뭔가를 something / 기본 기능을 가진 with basic features

I'm looking for something with basic features.

난 가슴에 털 있는 남자 섹시하다고 봐.
난 I / 여긴다 find / 남자를 men / 털이 복슬거리는 가슴을 가진 with a hairy chest / 섹시하다고 sexy

I find men with a hairy chest sexy.

난 수영장이 딸린 집이 있어.
나는 I / 가지고 있다 have / 집을 a house / 수영장을 가진 with a swimming pool

I have a house with a swimming pool.

총을 가진 그 남자는 어디에 있었죠?
어디에 Where / 있었나요? was / 그 남자는 the man / 총을 가진 with the gun

Where was the man with the gun?
미드: Law and Order

너 예비 침실이 딸린 집을 샀잖아.
너는 You / 샀다 bought / 집을 a house / 예비 침실을 가진 with a spare room

You bought a house with a spare room.
미드: Marly and Me

네 고양이가 갈색 털이 있는 그 앤가?

A I lost my cat this morning. I just can't seem to find him.
B **Is your cat the one with brown fur?**
A No, **he has black fur with white stripes on his back.**
B Got it. Don't worry too much. We'll look around the neighborhood for you.

A: 나 오늘 아침에 우리 고양이 잃어버렸어. 찾을 수 있을 것 같지가 않아. B: 네 고양이가 갈색 털이 있는 그 앤가?
A: 아니, 등에 하얀 줄무늬가 있는 검은 색 털이 있어. B: 알겠어. 너무 걱정하지 마. 우리가 동네를 돌며 살펴볼게.

문장 조립하기 다음 우리말을 영어로 써 보자.

1. 난 다정한 눈을 가진 남자가 좋아.

....

- like 좋아하다 / a man 남자 / kind eyes 다정한 눈
- 신체적 특징을 소유하고 있다는 말이므로 전치사 with가 쓰입니다.

2. 난 턱수염이 있는 남자랑 키스해 본 적 한 번도 없어.

....

- kiss ～와 키스하다 / a guy 남자 / a beard 턱수염
- '～해 본 적이 없다'는 경험을 말하는 것이므로 현재완료시제 [have/has not+과거분사]가 쓰입니다.

3. 저 물방울무늬 있는 커튼을 찾고 있어요.

....

- look for 찾다 / curtains 커튼 / polka dots 물방울 무늬
- 현재 찾고 있는 진행형시제이므로 [be동사 현재형+동사-ing]로 표현합니다.

4. 그건 위에 빨간 줄무늬가 두 개 있는 갈색 지갑이에요.

....

- It 그것은 / a brown wallet 갈색 지갑 / two red stripes 빨간 줄무늬 두 개 / on it 그것 위에

5. 너 잭의 집 앞에 있는 전구 달린 크리스마스 트리 봤어?

....

- see 보다 / the Christmas tree 크리스마스 트리 / the lights 전구 / in front of ～ 앞에
- 사람 이름 같은 고유명사의 소유격은 명사 뒤에 's를 붙입니다. **e.g.** Tom's car (톰의 자동차)

1. **A** What's your ideal type of a man?

   B Well, **I like a man with kind eyes.** And of course, *the more handsome, the better.

   네 이상형의 남자는 뭐야?

   음, 난 다정한 눈을 가진 남자가 좋아. 그리고 당연히, 잘생길수록 더 좋지.

   > [the 비교급, the 비교급] 구문은 '~할수록 더 ~하다'란 뜻을 전합니다. 예를 들어, '많을수록 더 좋다' 즉, '다다익선'은 영어로 The more, the better.라고 합니다.

2. **A** Can I kiss you?

   B Well, **I have never kissed a guy with a beard.** But yeah, *why not?

   키스해도 돼?

   음, 난 턱수염 있는 남자랑 키스해 본 적 한 번도 없어. 하지만, 그래, 해보지 뭐.

   > Why not?은 직역하면 '왜 안 되겠어?'란 뜻으로 상대방의 질문, 제안, 요청에 쿨하게 승낙할 때 즐겨 사용할 수 있는 표현입니다.
   > **e.g.** A: Do you want some more wine? (와인 좀 더 마실래?) B: Yeah, why not? (그래 좋아.)

3. **A** **I'm looking for curtains with polka dots.**

   B How about these? They have the lace on the bottom, *as well as the polka dots.

   물방울무늬가 있는 커튼을 찾고 있어요.

   이것들은 어떠세요? 물방울무늬뿐만 아니라, 아래쪽에 레이스도 달려 있어요.

   > [A as well as B]는 'B뿐만 아니라 A도'라는 뜻의 표현으로 B도 있지만, A도 있다는 걸 강조해 주지요. 비슷한 의미인 not only A but also B는 A도 있을 뿐 아니라 B까지도 있다는 걸 강조할 때 주로 사용됩니다.

4. **A** Can you describe *what your purse looks like?

   B **It's a brown wallet with two red stripes on it.** It's Gucci.

지갑이 어떻게 생겼는지 설명해 주시겠어요?

그건 위에 빨간 줄무늬가 두 개 있는 갈색 지갑이에요. 브랜드는 구찌고요.

what A look(s) like는 'A가 어떻게 생겼는지'란 뜻의 표현입니다. what he looks like (그가 어떻게 생겼는지), what they look like (그들이 어떻게 생겼는지)처럼 말이죠. 직접의문문으로 What does he look like? (그는 어떻게 생겼어?), What does it look like? (그것은 어떻게 생겼어?)라고 물을 수 있습니다.

5. **A** **Did you see the Christmas tree with the lights in front of Jack's house?**

   B Yeah, it was incredible. He said he will keep the lights *on until the end of December.

너 잭의 집 앞에 있는 전구 달린 크리스마스 트리 봤어?

응, 끝내주더라. 잭이 그러는데 12월 말까지 전구를 켜 놓을 거라고 하더라고.

on과 off는 전기, 전력과 관련해서 각각 '켜져 있는', 그리고 '꺼져 있는'의 뜻입니다. 즉, keep A on은 직역하면 A를 켜놓은 상태로 유지하다 즉, 'A를 계속해서 켜 놓다'란 뜻이 됩니다. 그 외에 on과 off가 쓰인 대표적인 표현으로 turn on (~를 켜다)와 turn off (~를 끄다)가 있으니 꼭 외워 두세요.
e.g. Turn on the lights. (불을 켜.)

People with courage and character always seem sinister to the rest.
용기와 인격을 가진 사람들은 남들에게 항상 악의적으로 보인다.

....
courage 용기 character 인격 sinister 악한   the rest 나머지 사람들

난 그녀가 한 말에 동감이야.
I agree with her.

with: (관계) ～와 관련해, ～에 (대해), ～와

전치사 with는 무언가와의 관계를 나타내 우리말 '～와 관련해', '～와', '～에 (대해)'와 같은 의미로 해석됩니다. 예를 들어, '난 네 말에 동의해.'는 네가 한 말에 대해서 동의를 한다는 것이므로 전치사 with를 활용해 I agree with you.라고 말하죠. 마찬가지로, 보통 상대방에게 '너 대체 왜 그래?', '너 대체 무슨 일이야?'라고 물을 때 What's wrong with you? 또는 What's the matter with you?라고 말합니다. 여기서도 with는 상대방인 '너와 관련해서' 뭐가 잘못된 건지를 묻고 있는 거지요.

▶ 091-98

전치사 감 잡기 쉬운 문장으로 전치사 감을 잡자!

난 그녀가 한 말에 동감이야.
난 I / 동의한다 agree / 그녀가 한 말에 대해 with her

I agree with her.

너 뭐가 문제니?
무엇이 What / 문제이니? is the matter /
너와 관련해 with you

What is the matter with you?

난 그것과 관련해 아무런 관계가 없어.
나는 I / 아무것도 가지고 있지 않다 have nothing /
할 to do / 그것과 관련해 with it

I have nothing to do with it.

출장 관련해 어떻게 되어 가고 있어?
어떻게 How / 되어 가고 있어? is it going /
네 출장과 관련해 with your business trip

How's it going with your business trip?

난 과거와 관련해서는 관심 없어.
나는 I / 관심이 없다 am not concerned /
과거와 관련해서 with the past

I am not concerned with the past.
미드: Penny Dreadful

나 너와 볼일 다 끝나지 않았어.
나는 I / 볼일이 다 끝나지 않았다 am not finished /
너와 관련해서 with you

I am not finished with you.
미드: odd mom out

너 식사 다 끝낸 거야?

A **Are you done with your meal?**

B Yeah, I'm full now.

A But you haven't even eaten half of it.

B Well, it's not as good as I expected. I should have ordered something else.

A: 너 식사 다 끝낸 거야? B: 응, 나 이제 배불러.
A: 근데 너 그거 반도 안 먹었잖아. B: 그게, 기대한 만큼은 아니네. 다른 걸 주문했어야 했는데 말이지.

문장 조립하기 다음 우리말을 영어로 써 보자.

1. 제 남편에 뭔가 문제가 있어요.

   ....

   - something wrong 뭔가 잘못된 것 / my husband 제 남편
   - '~가 있다'라고 존재 여부를 말할 때 There is ~ / There are ~ 구문을 활용합니다. 남편과 관련된 문제니까 with를 쓰죠.

2. 이 사고는 그의 나이와 전적으로 관련이 있어.

   ....

   - This accident 이 사고 / everything to do 해야 할 모든 것 / his age 그의 나이
   - have everything to do with는 '~와 전적으로 관련이 있다'입니다.

3. 너 아직도 제니와 연락하고 지내니?

   ....

   - still 아직도 / be in touch 계속 연락하고 지내다
   - be동사 의문문은 주어 앞으로 be동사를 이동시킵니다. 제니와의 관계에 관한 것이므로 with를 씁니다.

4. 너 스케이트보드 탈 때 조심해야 해.

   ....

   - have to ~해야 한다 / be careful 조심하다 / the skateboard 스케이트보드
   - '스케이트보드 탈 때 조심해'를 '스케이트보드와 관련해 조심해'로 바꿔 생각한 후 영작하세요.

5. 너 저 남자와 친해?

   ....

   - friendly 친한 / that guy 저 남자
   - 저 남자와의 관계가 친하냐는 뜻이므로 전치사 with가 쓰입니다.

1. **A** Hello? **There's *something wrong with my husband.** He's not breathing.

   여보세요? 제 남편에게 뭔가 문제가 있어요. 숨을 안 쉬어요.

   B Please tell me your address. We'll send an ambulance right away.

   주소 말씀해 주세요. 바로 앰뷸런스 보내 드릴게요.

> something, anything, nothing 같이 -thing으로 끝나는 단어들은 형용사가 뒤에 위치해서 해당 단어들을 수식해 줍니다.
> **e.g.** something delicious (맛있는 무언가) anything fun (재미있는 어떤 것) nothing important (중요한 아무것도 ~(없는))

2. **A** The driver is *in his late 80s.

   운전자가 80대 후반이야.

   B No kidding. **This accident has everything to do with his age.**

   말도 안 돼. 이 사고는 그의 나이와 전적으로 관련이 있구나.

> 10대, 20대, 30대 등으로 사람의 나이 대를 말할 때 쓸 수 있는 표현이 바로 [in one's 숫자s]입니다. 여기에 추가적으로 '~대 후반'이라고 말하고 싶다면 late을 붙여서 [in one's late 숫자s]라고 표현하면 되고, 만약 '~대 초반'이라고 말하고 싶다면 early를 붙여서 [in one's early 숫자s]라고 말하면 되지요.

3. **A** **Are you still in touch with Jenny?**

   너 아직도 제니랑 연락하고 지내니?

   B Yes, of course. We talk on the phone *several times a week.

   응, 당연하지. 우리 일주일에 몇 번씩 통화해.

> [숫자+times a+ 시간 관련 명사]는 '~당 ...번'의 의미를 전합니다. 예를 들어, '일주일에 두 번'은 two times a week, '한 달에 다섯 번'은 five times a month라고 하면 되지요. two times 대신에 twice를 써도 됩니다. 참고로 한 번은 once입니다.
> **e.g.** twice a year (1년에 두 번)

4. A I fell off my skateboard and scraped my knees.

　B Oh, that *must have hurt. **You have to be careful with the skateboard.**

　　나 스케이트보드에서 떨어져서 무릎이 까졌어.

　　아, 그거 아팠겠다. 너 스케이트보드 탈 때 조심해야 해.

[must have+과거분사]는 '~했었음이 틀림없다'는 뜻으로 과거에 발생한 일에 대한 강한 추측을 나타냅니다. hurt는 '아프다'란 뜻의 동사로 That must have hurt.는 상대방 말을 듣고 '그거 틀림없이 아팠겠다'라고 강한 추측을 전달하고 있지요.

5. A **Are you friendly with that guy?**

　B No, we're not. We *hardly talk to each other.

　　너 저 남자랑 친해?

　　아니. 우리 서로 거의 얘기도 안 해.

횟수, 빈도를 나타내는 부사들 중에서, hardly, seldom, rarely, barely, scarcely 등은 모두 '거의 ~ 않는'이란 부정의 뜻을 전합니다. 전혀 하지 않는 건 아니지만 그 횟수가 극도로 적을 때 쓰이는 표현이지요.
eg We seldom go to the movies. (우리는 영화 보러 거의 안 가.)

To be happy, we must not be too concerned with others.

행복해지기 위해서, 우리는 다른 사람에 관해 너무 신경을 쓰면 안 된다.

....
be concerned with ~에 관심을 두다, 신경을 쓰다

물로 그 물병 채워.
Fill the bottle with water.

with: (도구, 재료) ~를 가지고, ~로

전치사 with는 '~를 가지고', '~로'의 뜻으로 어떤 행동을 하기 위한 도구나 재료를 언급할 때 사용됩니다. 예를 들어, "병을 물로 채워."란 말은 병을 채우는 도구, 재료가 water (물)이므로 전치사 with와 함께 쓰여 Fill the bottle with water. (물로 병을 채워.)라고 하면 되지요. 그 외에 with는 재료에 대한 언급이 필요한 be covered with (~로 덮이다), be filled with (~로 채워지다), be made with (~로 만들어지다) 같은 수동태 표현과 같이 쓰이기도 합니다.

▶ 100-101

전치사 감 잡기 쉬운 문장으로 전치사 감을 잡자!

물로 그 물병 채워.
채워라 Fill / 그 물병을 the bottle / 물로 with water

Fill the bottle with water.

네 샌드위치 칼로 잘라.
잘라라 Cut / 네 샌드위치를 your sandwich /
칼로 with a knife

Cut your sandwich with a knife.

그 음식에 소금을 뿌려.
뿌려라 Sprinkle / 그 음식을 the dish /
소금으로 with salt

Sprinkle the dish with salt.

그 웹사이트는 최신 뉴스로 채워져 있어.
그 웹사이트는 The website / 채워져 있다 is filled /
최신 뉴스로 with the latest news

The website is filled with the latest news.

이제 천천히 왼손으로 문을 열어.
이제 Now / 천천히 열어라 slowly open /
그 문을 the door / 네 왼손으로 with your left hand

Now slowly open the door with your left hand.
미드: Lost

그것은 덩굴에서 바로 딴 신선한 과일로 만들어.
그것은 It / 만들어진다 is made / 신선한 과일로 with
fresh fruits / 덩굴에서 바로 딴 right off the vine

It is made with fresh fruits right off the vine.
미드: Lost

너 날 돌로 쳤어.

A **You struck me with a stone.**

B So what? Did it hurt?

A You're a dead meat.

B Yeah, bring it on.

A: 너 날 돌로 쳤어. B: 그래서 뭐? 아팠냐? A: 너 죽었어. B: 그래, 덤벼 봐.

문장 조립하기 다음 우리말을 영어로 써 보자.

1. 내 생각에 너 저 나사를 렌치로 조여야 할 것 같아.

....

- I think 내 생각에 / tighten 조이다 / that nut 저 나사 / a wrench 렌치
- '〜해야 한다'고 충고, 권고할 때는 조동사 should를 사용합니다.

2. 그는 오른쪽 팔을 총에 맞았어.

....

- be shot 맞다, 쏘이다 / in the right arm 오른쪽 팔에 / a gun 총
- 총이라는 수단으로 맞은 것이기 때문에 '총에'는 전치사 with를 써서 표현합니다.

3. 돈으로 모든 걸 살 수는 없어.

....

- buy 사다 / everything 모든 것 / money 돈
- 주어가 일반적인 사람을 가리킬 때 You를 사용할 수 있습니다.

4. 그건 머리카락과 끈적거리는 오물로 가득 차 있었어.

....

- be filled 가득 차다 / goop 끈적이는 오물
- 하수구를 꽉 채운 재료가 오물과 머리카락이므로 전치사 with를 사용합니다.

5. 그것은 유기농 원료들로 만들어졌어요.

....

- be made 만들어지다 / organic ingredients 유기농 원료들
- 특정 재료로 현재 만들어져 있는 상태이므로 현재시제로 표현합니다.

1. **A** Water is dripping from the pipe under the sink.

   싱크대 아래 파이프에서 물이 떨어지고 있어.

   B Let me *take a look. Well, **I think you should tighten that nut with a wrench.**

   내가 한번 볼게. 내 생각에 너 저 나사를 렌치로 조여야 할 것 같아.

> 영어에는 take a look (보다, 살펴보다)처럼 [take a+명사] 형태의 동사 표현들이 많습니다. 일상에서 많이 쓰이는 다음 표현들을 같이 기억해 두세요.
> **e.g.** take a shower (샤워하다) take a nap (낮잠을 자다) take a class (수업을 듣다) take a picture (사진을 찍다) take a trip (여행하다) take an exam (시험을 보다)

2. **A** What happened to Mike?

   마이크에게 무슨 일이 생긴 거야?

   B **He was shot *in the right arm with a gun.**

   그가 오른쪽 팔을 총에 맞았어.

> 신체의 특정 부위를 언급하면서 '~에'라고 말할 때는 [in the + 신체 부위 명사] 형태를 사용합니다. 예를 들어, "나는 그의 얼굴에 주먹을 날렸어."는 I punched him (난 그에게 주먹을 날렸어) 뒤에 구체적인 신체 부위를 전치사 in을 써서 in the face라고 붙여 말하면 되지요. 그럼, I punched him in the face.처럼 표현할 수 있습니다.

3. **A** *Money talks. You can buy anything with money.

   돈이면 다 돼. 돈으로 어떤 것이든 살 수 있다고.

   B That's not true. **You cannot buy everything with money.**

   그건 사실이 아냐. 돈으로 모든 걸 살 수는 없는 거야.

> 돈의 힘을 강조할 때 즐겨 쓰이는 표현이 바로 Money talks.입니다. 돈이 말을 하면서 힘과 권력을 행사하는 모습을 상상하시면 이 표현이 쉽게 이해가 갈 겁니다.

4. **A** The drain was blocked, because **it was filled with hair and goop.**

    B *Thank god you unclogged it.

하수구가 막혀 있었어. 왜냐하면 그게 머리카락과 끈적거리는 오물로 가득 차 있었거든.

네가 그걸 뚫어서 정말 다행이다.

> Thank god은 직역하면 '신에게 감사하다'란 뜻입니다. 안도의 감정을 느꼈을 때 '다행이다'의 뜻으로 Thank god이라고 할 수 있습니다. 구체적으로 왜 다행인지 뒤에 문장을 붙여서 표현할 수 있어요.
> **e.g.** Thank god you came. (네가 와서 다행이야.)

5. **A** Why is this product more expensive than *others?

    B Because **it's made with organic ingredients.**

왜 이 제품이 다른 것들보다 더 비싸요?

왜냐하면, 그게 유기농 원료들로 만들어졌기 때문이에요.

> others는 이미 언급한 것 외에 구체적으로 정해지지 않은 '다른 것들'이란 의미로 쓰입니다. 구체적으로 정해진 다른 몇몇을 의미할 때는 앞에 the를 붙여서 the others라고 말해야 합니다.
> **e.g.** I have five cars. Two are red. The others are blue. (난 차가 다섯 대야. 두 대는 빨간 색이고, 나머지 것들은 파란색이야. – 다섯 대라는 구체적인 범위가 주어진 상태에서 두 대가 빨간색이면 나머지는 세 대로 정해집니다. 이 때 the others라고 표현합니다.)

He who is covered with other people's clothes is naked.

다른 사람들의 옷으로 덮여 있는 사람은 벌거벗은 것과 같다.

....
be covered with ~로 덮여 있다 naked 벌거벗은

나 창피해서 얼굴이 빨개졌어.
I blushed with embarrassment.

with: (감정, 몸 상태의) ~ 때문에

전치사 with는 어떤 행동이나 상태를 불러일으키는 감정의 원인을 언급할 때나 몸이 으슬으슬한 몸 상태의 원인을 언급할 때 사용될 수 있습니다. 예를 들어, I cried (난 울었다) 뒤에 울게 된 행동을 불러일으킨 감정을 전치사 with와 함께 써서 with joy (기쁨 때문에)라고 붙여 주면 되지요. with의 기본 의미인 '~와 함께'라는 수반의 의미를 생각해 보면, 결국 그러한 감정을 가지고 있기 때문에 발생하는 상황을 나타내 주는 것이죠. 그 외에, disappointed (실망한), happy (행복한), angry (화난), satisfied (만족한) 등과 같은 감정 형용사 뒤에 with가 붙어서 그러한 감정이 들게 된 원인을 언급해 주면 됩니다.

 ▶ 103-104

전치사 감 잡기 쉬운 문장으로 전치사 감을 잡자!

나 창피해서 얼굴이 빨개졌어.
나는 I / (얼굴이) 빨개졌다 blushed /
창피함 때문에 with embarrassment

I blushed with embarrassment.

그 소년은 그 순간 두려움에 떨었어.
그 소년은 The boy / 떨었다 trembled /
두려움 때문에 with fear / 그 순간에 at the moment

The boy trembled with fear at the moment.

그녀는 독감 때문에 여전히 침대에 누워 있어.
그녀는 She / ~이다 is / 여전히 침대에 누워 있는
still in bed / 독감 때문에 with the flu

She is still in bed with the flu.

난 너에 대해 정말로 실망했었어.
나는 I / 정말로 실망했다 was really disappointed /
너 때문에 with you

I was really disappointed with you.

너 내가 기뻐서 울기라도 하길 바란 거야?
너는 원했니? Did you want / 내가 me /
우는 것을 to weep / 기쁨 때문에 with joy

Did you want me to weep with joy?
미드: Rick and Morty

나 감기로 몸이 으슬으슬한 것 같아.
~인 것 같다 I think / 나는 I /
으슬으슬하다 (= 쓰러지려고 하다) am coming down /
감기 때문에 with a cold

I think I'm coming down with a cold.
미드: Scorpion

그분이 독감에 걸렸어.

A How was the test today?

B Oh, it was postponed to tomorrow.

A Really? Why?

B Professor Jackson couldn't make it to school. **He came down with the flu.**

A: 오늘 시험 어땠어? B: 아, 그거 내일로 연기됐어.
A: 진짜? 왜? B: 잭슨 교수님이 학교에 못 오셨거든. 교수님이 독감에 걸리셨어.

문장 조립하기 다음 우리말을 영어로 써 보자.

1. 나 내 새 휴대폰에 만족해.

....

- happy 행복한, 만족한 / my new cell phone 내 새 휴대폰
- be happy with는 '~ 때문에 행복하다, ~에 대해 만족하다'란 뜻입니다.

2. 넌 네 새 아파트에 만족하니?

....

- satisfied 만족한 / your new apartment 네 새 아파트
- be satisfied with는 '~ 때문에 만족하다'란 뜻입니다.

3. 난 두려움 때문에 몸을 움직일 수가 없었어.

....

- be paralyzed 몸이 마비되다 / fear 두려움
- 주어가 I일 때 be동사의 과거시제는 was입니다.

4. 너 틀림없이 나 때문에 화나겠다.

....

- must ~임이 틀림없다 / angry 화난
- be angry with는 '~ 때문에 화가 나다, ~에 대해 화가 나다'란 뜻입니다. with 대신에 at을 써도 됩니다.

5. 너 이번 학기 네 성적에 실망했니?

....

- be disappointed 실망하다 / your grades 네 성적 / this semester 이번 학기
- 지금 실망한 상태인지 묻고 싶다면 현재시제를 써서 질문합니다.

1. A **I'm happy with my new cell phone.** It's thinner and lighter.
   B Oh, we have the same cell phone. *Just so you know, it has a long battery endurance.

   나 내 새 휴대폰에 만족해. 더 얇고 가벼워.

   어, 우리 같은 핸드폰이네. 참고로 말하자면, 배터리 내구력이 좋아.

   굳이 말 안 해도 되는 어떤 정보를 상대방에게 전할 때 쓸 수 있는 표현이 바로 Just so you know,입니다. 우리말로 '참고로 말하자면', '혹시나 해서 말해 두자면' 정도로 해석될 수 있지요.

2. A John, **are you satisfied with your new apartment?**
   B Yes, I am. With a big shopping mall nearby, it's a good place *to live.

   존, 너 네 새 아파트에 만족하니?

   응. 근처에 큰 쇼핑몰이 있어서, 살기에 좋은 곳이야.

   명사는 뒤에 오는 to부정사 즉, [to + 동사원형]의 수식을 받을 수 있습니다. 즉, [명사 + to 동사원형] 덩어리가 문맥에 따라 '~할 명사, ~일 명사'라고 해석됩니다.
   e.g. a place to live (살 곳) water to drink (마실 물) a book to read (읽을 책)

3. A **I was paralyzed with fear.** I really wanted to do something, but I couldn't.
   B Don't *beat yourself up too much about it. We understand.

   난 두려움 때문에 몸을 움직일 수가 없었어. 정말 뭐라도 하고 싶었지만, 할 수가 없었어.

   그 일에 대해 너무 많이 자책하진 마. 우리 이해하니까.

   동사 beat은 '때리다'란 뜻입니다. beat oneself up은 말 그대로 스스로를 때리다, 즉 '자책하다, 자신을 비난하다'란 뜻이죠. 간단하게 동사 blame을 사용해서 말할 수도 있습니다.
   e.g. Don't blame yourself. (스스로를 책망하지 마.)

4. A I'm really sorry I'm late. **You must be angry with me.**

    B Yeah, very much. Please try to be *on time.

늦어서 정말 미안해. 너 틀림없이 나 때문에 화났겠다.

응, 엄청 많이. 시간 좀 지키려고 해 봐.

on time은 '정각에, 딱 일정에 맞춰서'란 뜻이고 in time은 '제 시간에, 늦지 않게'란 뜻으로 쓰입니다. 사실 둘은 의미상 차이가 크게 없이 '너무 늦지 않게'란 의미로 쓰일 수 있는데요, 구체적인 시간을 명시하면서 시간에 맞게 올 필요를 전할 때는 on time이 좀 더 적절할 수 있습니다.

5. A Jack, **are you disappointed with your grades this semester?**

    B No, not at all. Actually, they *couldn't be better.

잭, 너 이번 학기 네 성적에 실망했니?

아니, 전혀. 사실, 최고의 성적을 받았어.

비교급을 활용한 표현인 couldn't be better는 '더 좋을 순 없다' 즉, '최고다'란 의미이고 couldn't be worse는 '더 나쁠 수 없다' 즉, '최악이다'란 의미를 전합니다.
e.g. The movie couldn't be worse. (그 영화는 최악이야.)

A creative artist works on his next composition because he was not satisfied with his previous one.

창의적인 예술가는 그의 이전 작품에 만족하지 못했기 때문에 그의 다음 작품을 만든다.

....

creative 창의적인 work on ~을 작업하다 composition 작품 previous 이전의

그녀는 하이힐을 신은 채 춤을 췄어.
She danced with her heels on.

with: (동시 상황) ~한 채로, ~할 때

[with + 명사 표현 + 형용사] 덩어리는 '명사가 ~한 채로', '명사가 ~할 때'라는 의미 덩어리를 만듭니다. 형용사 자리에는 일반 형용사 외에 전치사구, 현재분사, 과거분사 즉, 상태를 설명해 주는 말 등이 모두 위치할 수 있습니다. 여기서 형용사는 의미적으로 명사를 꾸며 주며, 분사의 경우 명사 표현과 형용사의 관계가 능동일 때는 현재분사, 명사 표현과 형용사의 관계가 수동일 때는 과거분사가 위치해야 합니다.

e.g. with the wind blowing (바람이 부는 채로 – 바람이 능동적으로 부는 모습)
with my eyes closed (눈이 감긴 채로 – 내 눈이 뇌의 활동에 의해 감겨진 모습)

 ▶ 106-107

전치사 감 잡기 쉬운 문장으로 전치사 감을 잡자!

그녀는 하이힐을 신은 채 춤을 췄어.
그녀는 She / 춤을 췄다 danced /
~한 채로 with / 하이힐을 신은 her heels on

She danced with her heels on.

그는 팔짱을 낀 채로 거기에 서 있었어.
그는 He / 서 있었다 was standing / 거기에 there /
~한 채로 with / 팔짱을 낀 his arms folded

He was standing there with his arms folded.

나는 다리를 꼰 채 앉아 있었어.
나는 I / 앉아 있었다 was sitting / ~한 채로 with /
내 다리를 꼰 my legs crossed

I was sitting with my legs crossed.

우린 바람이 불 때 밖에 나갔어.
우리는 We / 나갔다 went out / ~할 때 with /
바람이 부는 the wind blowing

We went out with the wind blowing.

난 불이 켜져 있는 채로 옷을 벗을 수가 없었어.
나는 I / 옷을 벗을 수가 없었다 couldn't take my
clothes off / ~한 채로 with / 불이 켜진 the lights on

I couldn't take my clothes off with the lights on.
미드: River

손 든 채로 나올 때까지 15초 주겠다.
너는 You / 가지고 있다 have / 15초를 15 seconds /
나올 수 있는 to come out / ~한 채로 with /
네 손을 든 your hands in the air

You have 15 seconds to come out with your hands in the air.
미드: Numbers

그는 팔짱을 끼고 무대 위에 서 있어.

A Where is your son in this picture?

B My son is here. **He is standing on the stage with his arms folded.**

A Wow, he has changed a lot. I wouldn't be able to recognize him
  if we met on the street.

B Yeah, he got a lot taller than he was before.

A: 이 사진에서 네 아들은 어디 있어? B: 우리 아들 여기 있네. 팔짱 끼고 무대 위에 서 있잖아.
A: 와우, 엄청 많이 변했네. 길에서 만나면 나 걔 못 알아보겠다. B: 응, 전보다 훨씬 더 키가 컸어.

문장 조립하기 다음 우리말을 영어로 써 보자.

1. 나 그건 눈 감은 채로 할 수 있어.

....

- do it 그것을 하다 / my eyes 내 눈 / closed 감긴, 닫힌
- 여기서 closed는 '닫혔다'는 과거형이 아니라 '감긴, 닫힌'의 과거분사 즉, 형용사입니다.

2. 너 왜 눈 뜬 채로 자?

....

- sleep 자다 / your eyes 네 눈 / open 열린, 뜬
- 여기서 open은 '열다'의 동사가 아니라 '열린, 뜬'의 형용사입니다.

3. 입이 (음식으로) 꽉 찬 채로 말하지 마.

....

- speak 말하다 / your mouth 네 입 / full 꽉 찬
- '~하지 마'란 명령문은 Don't로 시작합니다.

4. 절대 손을 주머니에 넣은 채 달리지 마.

....

- run 달리다 / in your pockets 네 주머니에
- '절대로 ~하지 마'란 명령문은 Never로 시작합니다. Don't보다 더 강력한 제지를 나타냅니다.

5. 나 이 사람들이 내 주위에 있는 채로는 집중 못 해.

....

- focus 집중하다 / these people 이 사람들 / around me 내 주위에 있는
- '~할 수가 없다'는 조동사 can의 부정형 cannot [= can't]를 사용합니다.

1. A That's *a piece of cake. **I can do it with my eyes closed.**
   B Really? Let me see what you've got.

   그건 식은 죽 먹기지. 난 그거 눈 감고도 할 수 있어.
   진짜? 네가 할 수 있는지 어디 보자.

   > 무언가가 정말로 쉬울 때 흔히들 '식은 죽 먹기'라고 합니다. 이에 대한 영어 표현으로 a piece of cake, a cinch, a walk in the park, a breeze, a snap 등이 있습니다.
   > **e.g.** Juggling is a cinch. (저글링은 식은 죽 먹기지.)

2. A **Why do you sleep with your eyes open?**
   B I had a double eyelid surgery, and it *went wrong.

   넌 왜 눈 뜨고 자는 거야?
   내가 쌍꺼풀 수술을 했는데, 그게 잘못 됐어.

   > 동사 go는 '가다' 외에 '~한 상태가 되다'의 뜻으로도 쓰입니다. 이때는 반드시 뒤에 형용사가 와서 [go+형용사] 형태로 사용되지요. 예를 들어, '상하다'는 go bad, '대머리가 되다'는 go bald, '미치다'는 go crazy라고 하지요.

3. A Hey, **don't speak with your mouth full.** You're spitting it out all over the table.
   B *Oops. I'm sorry.

   야, 입에 음식 꽉 찬 채로 말하지 마. 탁자에 음식 다 튀기고 있잖아.
   어이쿠, 미안.

   > 우리와는 다른 원어민들의 다양한 의성어, 의태어가 있습니다. 예를 들어, "어머나!, 어이쿠!"는 Oops, "아얏!"은 Ouch, "까꿍"은 peek-a-boo라고 하지요.

4. A Charlie! **Never run with your hands in your pockets.** It's dangerous.

   B But my hands are too cold. I *could use a hand warmer.

   찰리! 절대 주머니에 손 넣은 채로 달리지 마. 위험해.

   하지만 손이 너무 차가워요. 손난로가 필요하다고요.

> [I could use + 명사]를 '~를 사용할 수 있었다'로 해석하시면 안 됩니다. 이것은 '~가 있으면 좋겠다'란 뜻의 회화 패턴입니다. 여기서 could는 '~할 수 있었다'의 과거시제가 아니라 현재 상황의 반대 즉, 가정을 나타내서 무언가가 있으면 사용할 텐데 라고 아쉬움을 나타내는 표현이지요.

5. A **I can't focus with *these people around me.**

   B Okay. I'll ask them to leave the room.

   나 이 사람들이 내 주위에 있는 채로는 집중을 할 수가 없어.

   그래. 내가 방에서 나가달라고 요청할게.

> '이 사람들'에서 '이 ~'는 복수 명사인 people (사람들)을 수식하기에 this가 아닌 these가 쓰여야 합니다. this와 that은 각각 '이 ~', '저 ~'란 뜻으로 단수 명사를 수식하고 these와 those는 복수 명사를 수식하지요.

Only those who get into scrapes with their eyes open can find the safe way out.

오직 눈을 뜬 채로 곤경에 빠진 자들만이 안전하게 나갈 수 있는 길을 찾을 수 있다.

....
those 사람들 scrape 곤경, 고난

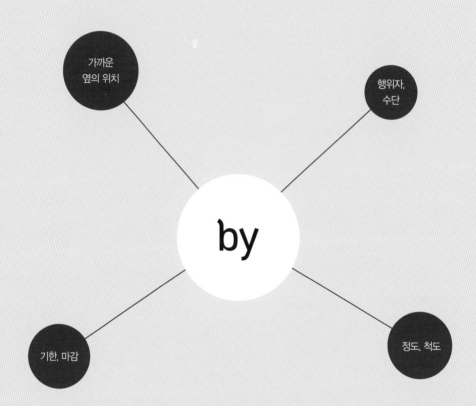

07

by를 한눈에!

전치사 by는 by your side (네 옆에), by the door (문 옆에), by the post office (우체국을 지나서)처럼 우리말 '～의 옆에, ～곁에, ～을 지나'란 뜻으로 가까운 옆에 위치해 있음을 말할 때, 혹은 가까운 옆의 어떤 곳을 지나쳐가고 있음을 전달할 때 쓰입니다. 이렇게 공간상의 가까운 위치를 의미하는 by는 그 뜻이 확장되어 기한, 마감일과 관련해 by tomorrow (늦어도 내일까지), by next week (다음 주까지)처럼 우리말 '늦어도 ～까지'란 뜻으로 언급된 마감일까지는 어떤 행동이나 상황이 행해져야 함을 전달할 때 사용됩니다. 그리고 by phone (전화로), by plane (비행기로), by me (나에 의해서)처럼 행위자 및 수단을 언급할 때 우리말 '～에 의해서, ～로'란 뜻으로 사용되지요. 보통 by가 행위자를 언급할 때는 [be동사 + 과거분사]의 수동태 표현에서입니다. 마지막으로, 전치사 by는 by two points (2점 차로), by 10 percent (10퍼센트만큼), by the hour (시간당)처럼 정도나 척도와 관련해 우리말 '～ 차로, ～ 만큼, ～ 단위로'의 뜻으로 활용되니 같이 기억해 두세요.

자, 그럼 by를 본격적으로 알아볼까요?

와서 내 옆에 앉아요.
Please come and sit by me.

by : (가까운 옆의 위치) ~ 곁에, ~ 옆에, ~를 지나, ~를 경유해

전치사 by는 '~의 곁에, ~의 옆에'란 뜻으로 보통 굉장히 가까운 거리를 의미할 때 쓰입니다. 예를 들어, "내 옆에 앉아."라고 말할 때 옆은 거리상 정말 가까운 상태로 by를 활용해 Sit by me.라고 하면 되지요. 건물의 위치를 말할 때도 즐겨 쓰이는 by는 전치사 near (~ 가까이에)와 비교 시 더 가까운 거리를 의미합니다. 또 by는 정적으로만 '곁, 옆'을 의미하는 게 아니라, **이동을 의미하는 동사 표현과 같이 쓰여 '~를 지나, ~를 경유해'라는 의미도 전달**하고, 이때는 I passed by the shop. (난 그 가게 곁을 지나쳤어.)처럼 쓰입니다.

 ▶ 109-110

전치사 감 잡기 쉬운 문장으로 전치사 감을 잡자!

와서 내 옆에 앉아요.
오세요 Please come / 그리고 and / 앉아요 sit / 내 옆에 by me

Please come and sit by me.

우린 강가에 있는 집 한 채를 샀어요.
우리는 We / 샀다 bought / 집 한 채를 a house / 그 강 곁에 by the river

We bought a house by the river.

존은 야구 경기장 옆에 살아.
존은 John / 산다 lives / 야구 경기장 옆에 by the baseball stadium

John lives by the baseball stadium.

네 지갑, 문 옆에 있었어.
네 지갑은 Your purse / 있었다 was / 문 옆에 by the door

Your purse was by the door.

전화기 곁에 있어.
머물러 있어라 Stay / 전화기 곁에 by the phone

Stay by the phone.
미드: The West Wing

난 이 공터 옆을 지나쳤어.
나는 I / 지나쳤다 passed / 이 공터 옆을 by this vacant lot

I passed by this vacant lot.
미드: Veronica Mars

우린 항상 바로 네 곁에 있을 거야.

A How are you feeling?

B I'm terrified. I just want to give up. I don't think I can do this.

A It's going to be okay. You're not going through this alone.
We'll always be right by your side.

B Thank you. That means a lot.

A: 기분은 좀 어때? B: 너무 무서워. 그냥 포기하고 싶어. 이걸 할 수 있을 것 같지 않아.
A: 괜찮아질 거야. 너 혼자 헤쳐 나가지 않을 거야. 우리가 항상 바로 네 곁에 있을 거야. B: 고마워. 힘이 많이 된다.

문장 조립하기 다음 우리말을 영어로 써 보자.

1. 창문 옆에 있는 저 남자 좀 봐.

....

- Look at ~을 보다 / that guy 저 남자 / the window 창문
- 전치사 at은 목표물과 관련해서 '~를 향해'란 뜻이 있습니다. 즉, look at은 '~를 보다'란 뜻이죠.

2. 가서 난로 옆에 앉자.

....

- Let's ~하자 / go 가다 / sit 앉다 / the fireplace 난로
- '가서 ~하다'는 [go + 동사원형]으로 표현 가능합니다. **e.g.** I will go buy it. (난 가서 그거 살 거야.)

3. 난 우체국 옆을 걸어가고 있었어.

....

- walk 걷다 / the post office 우체국
- '~ 곁을 지나가다'로 walk by 혹은 pass by가 주로 쓰입니다. 걸어가고 있었던 거니까 과거진행형을 씁니다.

4. 우리는 런던을 경유해서 파리에 갈 계획이야.

....

- plan 계획하다 / to Paris 파리에 / London 런던
- plan (계획하다) 뒤에는 [to + 동사원형]이 위치해서 '(미래에) ~할 계획이다'란 뜻을 만듭니다.

5. 강 옆에 굉장히 예쁜 식당이 있어.

....

- lovely 멋진, 예쁜 / restaurant 식당 / the river 그 강
- '~가 있다'고 존재를 말할 때는 [There is ~ / There are ~] 구문을 씁니다.

1. **A** **Look at that guy by the window.** 창문 옆에 있는 저 남자 좀 봐 봐.
   B Wow, he's *incredibly handsome. 와우, 진짜 엄청나게 잘 생겼다.

> 외모, 성질, 상태 등을 설명하는 handsome (잘생긴), tall (키 큰), heavy (무거운), kind (친절한) 등의 형용사들은 그 정도를 강조하는 incredibly (엄청나게), amazingly (놀랍게), unbelievably (믿을 수 없게), very/so (매우) 등의 수식을 받습니다.

2. **A** I'm full now. Thanks for the lovely meal. 나 이제 배부르다. 멋진 식사 고마워.
   B *You're welcome. I'm glad you enjoyed it. **Let's go sit by the fireplace.** 별 말을 다하네. 맛있게 먹어 줘서 내가 기쁘지. 가서 난로 옆에 앉자.

> 상대방이 고맙다고 할 때 '천만에'란 의미로 쓸 수 있는 영어 표현에는 You're welcome., Pleasure is all mine., Don't mention it., Any time. 등이 있습니다.

3. **A** Did you hear that? There was a car crash on 8th street. 너 그거 들었어? 8번가에서 교통사고가 있었대.
   B Actually, I saw it *in person. When it happened, **I was walking by the post office.** 사실, 나 그 사고 직접 봤어. 그 사고가 일어났을 때, 내가 우체국 옆을 걸어가고 있었거든.

> in person은 '직접, 본인 자신이, 실물로'란 뜻의 숙어 표현입니다. 예를 들어, '그 배우는 실물이 더 잘 생겼어.'란 말은 in person을 사용해서, The actor looks better in person.이라고 하면 되지요.

4. **A** So are you guys *thinking of going straight to Paris?

   B No. **We plan to go to Paris by London.**

그러면 너희들 파리로 곧장 갈 생각인 거야?

아니. 우리 런던 경유해서 파리에 갈 계획이야.

어떤 것을 할까 생각하고 있다고 말할 때는 동사 think 뒤에 of와 about 모두 사용 가능합니다. Are you guys thinking of going straight to Paris? = Are you guys thinking about going straight to Paris?는 둘 다 같은 의미지요. 그 외에, think of는 '~를 기억해내다'로, think about은 '~에 대해 심사숙고하다'란 의미로 구분해서 사용할 때가 있으니 문맥에 따라 결정하세요.
> **e.g.** I can't think of her name. (나 그녀의 이름이 기억이 안 나.)
> I'm thinking about his offer. (난 그의 제안에 대해서 심사숙고 중이야.)

---

5. **A** We have nothing to eat in the house. Why don't we eat out?

   B Sounds good. **There is a lovely restaurant by the river.** We *could go there.

집에 먹을 게 하나도 없어. 외식하는 거 어때?

좋지. 강 옆에 굉장히 예쁜 식당이 있어. 우리 거기 가도 괜찮지.

조동사 could는 단순히 '~할 수 있었다'의 can의 과거시제로만 쓰이지 않습니다. can과 똑같이 '~할 수 있다'는 가능성의 의미로도 사용 가능합니다. 다만, can보다는 could가 좀 더 조심스럽게 그럴 수도 있다고 가능성을 낮춘 표현으로 더 공손하고 격식을 갖춘 뉘앙스를 풍깁니다.

He who stands by the door of his house is not yet gone away.

집 문 옆에 서 있는 사람은 아직 멀리 사라진 것이 아니다.

....

stand 서 있다 be gone away 멀리 사라지다

그는 내일까지는 도착할 거야.
He will arrive by tomorrow.

by : (기한, 마감) 늦어도 ~까지

전치사 by는 마감일과 관련해 우리말 '늦어도 ~까지'란 의미로 쓰입니다. '~까지'란 뜻을 가진 또 다른 전치사 until과의 가장 큰 차이는 by가 무언가가 완료되는 마지막 종료 시점에 포인트를 두는 완료의 개념인 반면, until은 무언가를 달성하기까지 소요되는 전체 시간의 양에 포인트를 둔다는 겁니다. 예를 들어, "우리 11시까지 축구했어."란 말의 핵심은 종료 시점이 아니라 11시가 될 때까지 그 정도 시간의 양을 축구를 했다는 뜻이기에 until을 써서 We played soccer until 11.이라고 말합니다. 반면에, "그 보고서 11시까지 제출해."란 말의 핵심은 바로 늦어도 11시까지는 제출이 완료되어야 한다는 것이므로 by를 써서 Submit the report by 11.이라고 말해야 합니다.

▶ 112-113

전치사 감 잡기 쉬운 문장으로 전치사 감을 잡자!

그는 내일까지는 도착할 거야.
그는 He / 도착할 것이다 will arrive /
내일까지는 by tomorrow

He will arrive by tomorrow.

우리는 7시까지는 다 끝날 거야.
우리는 We / 끝날 것이다 will be done /
7시까지는 by 7 o'clock

We will be done by 7 o'clock.

주말까지는 그 일 끝내.
끝내라 Finish / 그 일을 the work /
주말까지는 by the end of the week

Finish the work by the end of the week.

신청서는 18일까지 접수돼야 합니다.
신청서들은 Applications / 들어와 있어야 한다
must be in / 18일까지는 by the 18th

Applications must be in by the 18th.

나 (늦어도) 월요일까지 사업 계획 생각해내야 해.
나는 I / ~해야 한다 have to / 생각해 내다
come up with / 사업 계획을 a business plan /
월요일까지 by Monday

I have to come up with a business plan by Monday.
미드: Veronica Mars

나 오늘 밤까지 대체할 사람 못 찾아.
나는 I / 찾을 수 없다 can't find /
대체할 사람 a replacement / 오늘 밤까지 by tonight

I can't find a replacement by tonight.
미드: Roadies

오늘 오후 2시까지 제 사무실로 그것들 갖다 주실 수 있나요?

A My shoes need shining. How much will that be?

B It's 5 dollars per pair. What time do you need your shoes done by?

A **Can you deliver them to my office by 2 this afternoon?**

B No problem, but you need to pay an extra charge of 2 dollars for delivery.

A: 구두를 닦아야 해서요. 얼마죠? B: 한 켤레당 5달러입니다. 몇 시까지 해드리면 되죠?
A: 오늘 오후 2시까지 제 사무실로 그것들 갖다 주실 수 있나요? B: 그럼요, 그런데 배달료로 2달러 추가로 내셔야 해요.

문장 조립하기 다음 우리말을 영어로 써 보자.

1. 저 수요일까지는 대략적인 수치를 낼 수 있을 것 같아요.

....

- get 얻다 / some rough numbers 대략적인 수치 / Wednesday 수요일
- '~일 것 같다'는 자신의 생각, 의견을 말할 때 I think ~로 문장을 시작할 수 있습니다.

2. 나 이 대출금을 9월까진 갚을 수 있을 거야.

....

- could ~할 수 있다 / pay off 갚다, 청산하다 / this loan 이 대출금 / September 9월
- 조동사 could는 can과 동일하게 '~할 수 있다'는 의미로 쓰입니다. 단, 그 가능성을 좀 더 낮춘 표현이지요.

3. 우리 다음 수업 때까지 제 6장을 읽어야 해.

....

- read 읽다 / chapter 6 제 6장 / next class 다음 수업
- '~해야 한다'고 의무를 말할 때는 have to나 must를 사용합니다.

4. 그거 내일 이 시간까지는 끝내도록 해.

....

- finish 끝내다 / this time tomorrow 내일 이 시간
- '~해라'의 명령문은 동사원형으로 시작합니다.

5. 이번 주말까지 등록하면, 50달러를 절약할 수 있어.

....

- If ~라면 / sign up 등록하다 / the end of this week 이번 주말 / save 절약하다
- '50달러를 절약할 수 있어'는 이 말을 듣는 상대방이 절약을 하는 것이므로 주어를 You로 놓고 영작합니다.

1. A **I think I can get some rough numbers by Wednesday.**
   저 수요일까지는 대략적인 수치를 낼 수 있을 것 같아요.

   B No, *have the final numbers on my desk by Tuesday.
   안 되네. 화요일까지 최종 수치를 내 책상에 두도록 하게.

> 동사 have는 '가지다'란 뜻 외에 다양한 의미로도 사용됩니다. 그 중 하나가 [have + 목적어 + 장소 부사어] 형태로 '목적어를 (장소)에 두다'란 의미로 해석되지요. 즉, '그것을 내 책상에 둬.'라는 말은 동사 have를 써서 Have it on my desk.라고 하면 됩니다.

2. A I'm going to be working *all summer, so **I could pay off this loan by September.**
   나 여름 내내 일할 계획이야. 그러면 (나) 이 대출금 9월까지 다 갚을 수 있을 거야.

   B I hope it all goes as you planned.
   다 네가 계획한 대로 되면 좋겠다.

> all은 '~ 내내', '~ 종일'의 뜻으로 all summer (여름 내내)처럼 시간, 계절과 관련한 단수 형태 표현과 함께 쓰입니다.
> **e.g** all day (하루 종일) all morning (아침 내내) all winter (겨울 내내) all night (밤새 내내)

3. A We don't have any written assignments *due next class, right?
   우리 다음 수업 때가 마감인 쓰기 과제물은 하나도 없어. 그렇지?

   B No, but **we have to read chapter 6 by next class.**
   응, 없지. 그런데 우리 다음 수업 때까지 6장을 읽어야 해.

> due는 '지급일이 된, 출산이 예정된, 만기가 된'의 뜻입니다. 예를 들어, "오늘 월세 내는 날이에요."는 영어로 "The rent is due today."라고 하면 되지요. 의미를 더 넓혀 여성이 임신을 했을 때, "언제가 출산 예정일이에요?"라고 묻고 싶다면 due를 활용해 When is the baby due?, When are you due? 라고 말하면 됩니다.

4. **A** **Finish it by this time tomorrow.**

   B ***Consider it done, Mr. Jackson.
   You don't need to worry about a
   thing.**

그거 내일 이 시간까지는 끝내도록 해.
잘 처리해 놓겠습니다, 잭슨 씨. 하나도 걱정 안
하셔도 돼요.

상대방의 부탁, 요청, 명령 등에 대해 처리해 놓겠다고 자신 있게 말할 때 원어민들이 즐겨 쓰는 표현이 바로 Consider
it done.입니다. done은 '끝난, 처리된'의 뜻으로 이 표현을 직역하면 '그것이 끝내졌다고 고려해라'란 뜻입니다. 그만큼
자신 있게 자신이 일 처리를 해내겠다고 강조하는 표현이지요.

5. **A** I know it may *sound too expensive,
   but **if you sign up by the end of
   this week, you can save 50 dollars.**

   B Okay. I'll think it over and get
   back to you tomorrow.

너무 비싸게 들릴 수 있다는 건 알지만, 이번
주말까지 등록하시면, 50달러를 절약할 수
있어요.
알았어요. 더 생각해 보고, 내일 다시 연락하죠.

sound는 '소리'란 뜻의 명사 외에, '~하게 들리다'란 동사 뜻이 있습니다. 이때는 [sound+형용사] 형태로 쓰여야 하지
요. **e.g.** sound good (좋게 들리다) sound terrible (끔찍하게 들리다) sound expensive (비싸게 들리다)

The only thing that has to be finished by next Tuesday is next Monday.

다음 주 화요일까지 끝내져야 하는 유일한 것은 다음 주 월요일뿐이다.

....
the only thing 유일한 것

그건 피카소가 그린 그림이야.
It is a painting by Picasso.

by : (행위자, 수단) ~에 의해

전치사 **by**는 '~**에 의해**'란 뜻으로 무엇에 의해서 어떤 행동이 발생했고, 혹은 발생하는지에 대해 **언급**할 때 쓰입니다. 이럴 때는 '~ **당하다, ~ 되어지다**'의 뜻을 전달하는 수동태 표현 [be동사+과거분사]와 함께 많이 쓰입니다. 또 창작품의 저자, 작가 등을 언급할 때도 역시 전치사 by가 쓰이지요. 이 외에도 전화, 이메일 같은 통신수단과 택시, 버스 같은 교통수단을 '이용하여'의 뜻일 때도 [by + 통신수단, 교통수단] 같이 활용하는데요, 이 경우 문법적으로 by 뒤에는 a, the, my 등의 단어가 위치하지 않는다는 걸 기억해 두세요.

▶ 115-116

전치사 감 잡기 쉬운 문장으로 전치사 감을 잡자!

그건 피카소가 그린 그림이야.
그것은 It / ~이다 is / 그림 a painting /
피카소에 의한 by Picasso

It is a painting by Picasso.

그 공장은 화재로 파괴되었어.
그 공장은 The factory / 파괴되었다 was destroyed /
화재에 의해 by fire

The factory was destroyed by fire.

BTS의 가장 최신 곡 이름이 뭐지?
무엇이 What / ~인가? is / 그 이름 the name /
가장 최신 곡의 of the latest song / BTS에 의한 by BTS

What is the name of the latest song by BTS?

우리 거기 비행기로 가.
우리는 We / 갈 것이다 will get / 거기에 there /
비행기로 by plane

We will get there by plane.

전 그녀에게 전화로 연락할 수 없어요.
나는 I / 연락을 취할 수 없다 can't reach /
그녀에게 her / 전화로 by phone

I can't reach her by phone.

이 집은 우리 부모님이 지으셨어.
이 집은 This house / 지어졌다 was built /
우리 부모님에 의해 by my parents

This house was built by my parents.

그건 등기 우편으로 보내시는 걸 추천 드려요.

A Hi, I'd like to send this package.

B Is there anything fragile inside?

A No, it's just a leather jacket, a birthday gift for my brother.

B But if it's an expensive jacket, **I recommend you send it by registered mail.**

A: 안녕하세요. 이 소포 보내려고요. B: 안에 깨지는 물건 있나요?
A: 아뇨, 그냥 동생 생일 선물인 가죽 재킷이에요. B: 하지만, 비싼 재킷이면, 등기 우편으로 보내시는 걸 추천 드려요.

문장 조립하기 다음 우리말을 영어로 써 보자.

1. 그건 제임스 밀러가 쓴 거야.

....

- It 그것은 / be written 쓰여지다 / James Miller 제임스 밀러
- 쓰여진 시점이 과거이고 주어가 it이 므로 be동사를 was로 바꿔 줍니다.

2. 내가 그거 실수로 내 청바지랑 같이 빨았어.

....

- wash 빨다 / with my jeans 내 청바 지랑 / mistake 실수
- '실수에 의해'서 벌어진 일이므로 전치사 by가 쓰입니다.

3. 우리 집에서 버스로 10분밖에 안 걸려.

....

- It takes (시간이) ~ 걸리다 / from my house 우리 집에서 / bus 버스
- '10분밖에'는 only를 붙여서 only 10 minutes라고 표현합니다.

4. 그가 오늘 아침에 차에 치였어.

....

- hit ← hit ~을 치다 / a car 차 / this morning 오늘 아침에
- hit은 현재형, 과거형, 과거분사형이 모두 동일하게 hit입니다.

5. 저 신용카드로 지불할게요.

....

- pay 지불하다 / credit card 신용카드
- 지불 수단과 관련해서 전치사 by를 사 용할 수 있습니다. 단 credit card 앞에 a나 the를 붙이면 안 됩니다.

1. **A** Who wrote this book?

   B **It was written by James Miller.** It's out of print, so you can *no longer buy it.

   이 책 누가 쓴 거야?

   그건 제임스 밀러가 쓴 거야. 절판된 책이라 더 이상 구매는 못 해.

> no longer는 '더 이상 ～이 아닌'이란 부정어입니다. 위치는 보통 일반동사 앞, be동사나 조동사 뒤에 오지요. no longer 대신 not ～ anymore를 써도 같은 뜻입니다.
> **e.g.** It is no longer mine. = It is not mine anymore. (그건 더 이상 내 것이 아니야.)

2. **A** I can't find my white skirt. Have you seen it?

   B Well, about that. **I washed it with my jeans *by mistake.**

   내 흰색 치마가 안 보이네. 너 본 적 있어?

   음. 그게 말이지. 내가 그거 실수로 내 청바지랑 같이 빨았어.

> by mistake (실수로)처럼 [by + 명사] 형태로 즐겨 쓰이는 표현들을 꼭 외워 두세요.
> **e.g.** by accident (우연히) by nature (천성적으로) by heart (외워서, 암기하여) by all means (반드시, 꼭)

3. **A** Alicia, you come to work early these days.

   B Yeah, I moved into a new house, and **it takes only 10 minutes from my house *by bus.**

   앨리시아, 너 요즘 일찍 출근하네.

   응, 새 집으로 이사했는데, 우리 집에서 버스로 10분밖에 안 걸려.

> [by+교통수단] 덩어리에서 중요한 것은 교통수단을 지칭하는 명사 앞에 the, a 등의 관사를 붙일 수 없다는 겁니다. 관사 없이 다음과 같이 사용하도록 주의하세요.
> **e.g.** by bike (자전거로) by plane (비행기로) by bus (버스로)
>   by walking = on foot (걸어서) by taxi (택시로) by subway (지하철로)

4. **A** I heard something happened to Jack.

잭한테 무슨 일이 생겼다고 들었어.

B **He was hit *by a car this morning,** and was taken to the hospital.

그가 오늘 아침에 차에 치였어. 그리고 병원에 실려 갔어.

> You can go there by car. (넌 거기에 차 타고 가면 돼.)처럼 교통수단으로서 by를 사용할 때는 a, the 등의 관사가 명사 앞에 붙지 않습니다. 하지만 여기서는 교통수단이 아니라 사람을 친 행위를 한 행위자의 의미이므로 앞의 원칙이 적용되지 않아 a가 붙은 것에 주의해 주세요.

5. **A** How would you like to pay, cash or credit card?

현금 · 신용카드 중 어떤 걸로 지불하시겠어요?

B I don't have any cash *on me. **I'll pay by credit card.** You take Visa, right?

제가 지금 가지고 있는 현금이 없어서요. 신용카드로 할게요. 비자카드 받으시죠, 그렇죠?

> 전치사 on은 '부착, 소지'의 의미로도 쓰입니다. I don't have any cash (나 현금 없어요) 뒤에 on me를 붙여서 현재 자신이 소지하고 있는 돈은 없다는 걸 강조해 주고 있는 거지요.

Opinion is ultimately determined by the feelings, and not by the intellect.

의견은 지성에 의해서가 아니라 궁극적으로 감정에 의해서 결정된다.

....

opinion 의견 ultimately 궁극적으로 determine 결정하다 intellect 지성

그 팀은 2점 차로 이겼어.
The team won by two points.

by : (정도, 척도) ~차로, ~만큼, ~ 단위로, ~를 기준으로

전치사 **by**는 정도, 척도를 의미하여 수치를 나타내는 표현과 함께 쓰여 '~차로, ~만큼'의 의미를 갖지요. by 뒤에 [the+ 명사] 형태가 붙어서 by the week (주 단위로), by the hour (시간 단위로), by the book (책에 나온 규정을 기준으로) 처럼 '~를 단위로', '~를 기준으로'란 의미로도 활용됩니다. 기준이란 측면에서 '난 그를 이름만 알고 있어.'는 by를 써서 I only know him by name.이라고 합니다. 이름이 기준, 척도가 되어 이름을 기준으로만 그를 알고 있다는 뜻으로 받아 들일 수 있지요.

 ▶ 118-119

전치사 감 잡기 쉬운 문장으로 전치사 감을 잡자!

그 팀은 2점 차로 이겼어.
그 팀은 The team / 이겼다 won /
2점 차로 by two points

The team won by two points.

옥수수 가격이 올해 8%만큼 올랐어요.
옥수수의 가격이 The price of corn /
올랐다 has increased / 8%만큼 by 8 percent /
올해에 this year

The price of corn has increased by 8 percent this year.

저 시간당으로 임금 받아요.
나는 I / 지불 받는다 am paid /
시간당 기준으로 by the hour

I am paid by the hour.

전 오직 규정대로만 일을 합니다.
나는 I / 오직 only / 한다 do / 일들을 things /
책을 기준으로 (= 규정대로) by the book

I only do things by the book.

난 네게 분 단위로 금액을 청구해야 할 거야.
나는 I / ~해야 할 것이다 will have to / 청구하다
charge / 네게 you / 분을 기준으로 by the minute

I'll have to charge you by the minute.
미드: Sex and the City

너 리터 단위로 피를 잃고 있어.
너는 You / 잃고 있다 are losing / 피를 blood /
리터 단위로 by the liter

You're losing blood by the liter.
미드: West Wing

우리 마지막 열차를 3분차로 놓쳤어.

A Oh, no. **We missed the last train by 3 minutes.** What should we do now?
B This is ridiculous. **By my watch,** it's 11 o'clock, on the dot. We're not late.
A Don't get upset. I'm sure your watch is 3 minutes late. Should we take a taxi?
B Well, I guess we have no other choice.

A: 아, 이런. 우리 마지막 열차를 3분차로 놓쳤네. 이제 어쩌지?
B: 이건 말도 안 돼. 내 시계를 기준으로, 정확히 11시란 말이야. 우리가 늦은 게 아니라고.
A: 열 받지 마. 네 시계가 3분 늦은 걸 거야. 택시 타야 하나? B: 글쎄, 다른 방법이 없는 것 같네.

문장 조립하기 다음 우리말을 영어로 써 보자.

1. 우리 벌써 3골 차로 지고 있어.

....

• lose 지다 / three goals 세 골 / already 벌써, 이미
• '3골 차로'를 '3골 만큼으로', '3골을 기준으로'로 해석해 영작해 보세요.

2. 너 절대 사람을 외모를 기준으로 판단해서는 안 돼.

....

• judge 판단하다 / one's appearance 외모
• '절대로 ~하지 마라'라고 충고할 때는 should never ~를 사용하세요.

3. 저희는 주급으로 지불합니다.

....

• pay 지불하다 / the week 주
• '주급으로'를 '주 단위로' 해석해서 영작하세요. 단위를 말할 때는 반드시 앞에 the가 붙습니다.

4. 내가 그보다 3센티미터(만큼) 더 커.

....

• taller 더 큰 / than ~보다 / 3 centimeters 3 센티미터
• 비교급에서 '~보다'는 than이며, than 뒤에 비교 대상이 옵니다.

5. 새우들은 킬로그램 단위로 판매됩니다.

....

• Shrimps 새우들 / sell 팔다 / the kilogram 킬로그램
• '판매가 되다'는 [be동사 + sold]의 수동태로 표현합니다.

1. A So what's the score now?

   B **We're losing by three goals already.** Our team *sucks.

   그럼, 지금 점수가 어떻게 돼?
   우리 벌써 3골 차로 지고 있어. 우리 팀 진짜 못해.

   > suck은 동사로 '구리다. 형편없다. 짜증나다' 등의 의미로 쓰입니다. 일상생활 중에 기분 나쁜 일, 재수 없는 일 등이 생겼을 때 보통, That sucks.라고 합니다. 여기서 주어 that은 짜증이 나는 그 상황을 가리키며 우리말 "짜증나.", "아, 완전 구리네." 정도로 해석할 수 있습니다.

2. A I didn't know he was rich. He *smelled bad, and his clothes were worn out.

   B **You should never judge people by their appearance.** I hope you learned a lesson.

   난 그가 부자인지 몰랐어. 나쁜 냄새도 나고, 입은 옷도 헤져 있었다고.

   너 절대 사람을 외모를 기준으로 판단해서는 안 돼. 네가 교훈을 배웠으면 한다.

   > smell은 명사로는 '냄새'이지만 동사로는 '~한 냄새가 나다'란 뜻입니다. 이때는 [smell+형용사]의 형태로 쓰이지요.
   > **e.g** smell good (좋은 냄새가 나다) smell weird (이상한 냄새가 나다) smell delicious (맛있는 냄새가 나다)

3. A **We pay by the week.** Is that okay with you?

   B Yeah, of course. It *works for me.

   저희는 주급으로 지불합니다. 괜찮으신가요?

   네, 그럼요. 전 좋습니다.

   > work는 동사로 '일하다'란 뜻 외에 '작동하다. 통하다'란 뜻입니다. 어떤 상황이 자신에게 통할 때 즉, 자신은 불만이 없을 때, It works for me.라고 말하면 되지요. 비슷한 표현으로 That suits me fine.이라고 말해도 됩니다.

4. A Is Jack taller than you?

    B No, he is not. **I'm taller than him**
       *by 3 centimeters.

    잭이 너보다 더 키가 크니?

    아니, 그렇지 않아. 내가 걔보다 3센티미터 더
    크거든.

---

by는 정도, 수치, 비율의 차이를 설명할 때 쓰입니다. by two points (2점 차로), by three centimeters (3센티미터만큼),
by 10 percent (10퍼센트만큼) 등을 표현할 때 모두 전치사 by를 사용하면 되지요.

---

5. A **Shrimp is sold by the kilogram.**

    B Then, how much do they cost
       *per kilogram? I need to buy
       enough for three people.

    새우들은 킬로그램 단위로 판매됩니다.

    그러면, 킬로그램당 얼마예요? 저 세 명이 먹기
    충분한 양을 사야 하거든요.

---

per는 '∼마다'란 뜻으로 by와는 달리 뒤에 기준이 되는 명사 앞에 the를 붙이지 않습니다.
e.g. 20 kilometers per hour (시간당 20킬로미터) 100 dollars per person (인당 100달러)
5 dollars per barrel (배럴당 5 달러)

A man is known by the company he keeps.

사람은 그가 같이 지내는 친구로 (= 친구를 기준으로) 알려진다.

··············
company 동행, 일행, 친구 keep 간직하다, 유지하다

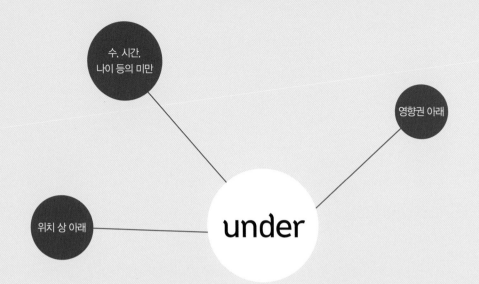

수, 시간,
나이 등의 미만

영향권 아래

위치 상 아래

under

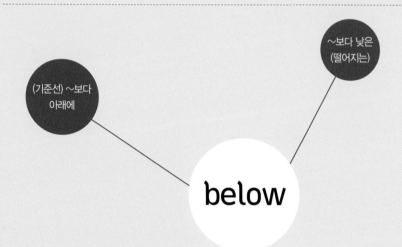

~보다 낮은
(떨어지는)

(기준선) ~보다
아래에

below

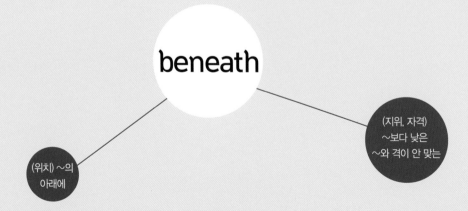

beneath

(위치) ~의
아래에

(지위, 자격)
~보다 낮은
~와 격이 안 맞는

08

under/below/beneath를 한눈에!

전치사 under는 under the bed (침대 아래에), under the coat (코트 밑에), under the tree (나무 아래에)처럼 우리말 '~의 아래, ~의 밑에'란 뜻으로 상단에 위치한 무언가의 밑 혹은 아래에 위치함을 나타낼 때 쓰입니다. under의 핵심은 단순히 아래의 개념이 아니라 무언가와 접촉된 상태로 아래, 혹은 무언가가 위에서 덮고 있는 상태의 아래나 밑의 개념이라는 것을 기억하고 있어야 합니다. 또 under는 그 의미가 확장되어 위치뿐만 아니라 under the age of 10 (10살 미만인), under a month (한 달이 채 안 되는)처럼 수, 시간, 나이 등과 관련해 우리말 '~ 미만인, ~가 채 안 되는'의 뜻으로도 활용됩니다. 마지막으로 전치사 under는 앞서 말했던 상단에 위치한 무언가의 밑 혹은 아래에 위치한다는 개념에서 확장되어 under attack (공격을 받는), under discussion (토론 하에), under stress (스트레스를 받는)처럼 몇

몇 특정한 추상명사와 함께 쓰여 '~ 하에, ~를 받는'의 뜻으로 무언가의 영향권 아래에 있다는 걸 전달해 줍니다.

참고로 우리말 '~ 아래에, ~ 밑에'란 뜻으로 전치사 below와 beneath도 사용이 가능합니다. 하지만 below는 below the clock (시계 밑에), below the belt (벨트 아래에)처럼 무언가와 접촉하거나 무언가에 의해 덮인 이미지가 아니라 단순히 기준선을 긋고 그걸 기준으로 아래에 위치함을 전달할 때 사용합니다.

마지막으로 beneath도 '~ 아래에'란 뜻이지만 좀 더 격식을 차린 표현으로 회화보다는 문어체에서 즐겨 쓰이는 것으로 기억해 두세요.

그 상자, 탁자 아래에 있네.
The box is under the table.

under : (위치) ~의 아래에, ~ 밑에

전치사 under는 상단에 있는 무언가의 바로 아래 혹은 물리적으로 밑에 위치해 있음을 나타낼 때 사용합니다. 탁자 아래는 under the table, 침대 아래는 under the bed, 다리 아래는 under the bridge처럼 말이죠. 또, under는 아래에 있긴 하지만, 다른 무언가와 접촉된 상태, 혹은 덮여 있는 상태를 가리킬 때 쓰입니다. 예를 들어, '물 아래'를 뜻하는 under the water는 단순히 위치적으로 아래쪽일 뿐 아니라 물이라는 공간 속에 덮여 있는 것까지 나타내기에 '물속에'라고도 해석 가능합니다. 참고로 위치를 말할 때 under 대신 underneath가 쓰일 수도 있으나 underneath는 문어체 성격이 강해서 회화에서는 거의 쓰이지 않습니다.

e.g. The tunnel passes underneath the river. (그 터널은 그 강 아래를 지나가요.)

▶ 121-122

전치사 감 잡기 쉬운 문장으로 전치사 감을 잡자!

그 상자, 탁자 아래에 있네.
그 상자는 The box / 있다 is /
탁자 아래에 under the table

The box is under the table.

가방들은 좌석 아래에 놔주세요.
놓아 주세요 Please put / 당신의 가방들을
your bags / 좌석 아래에 under the seat

Please put your bags under the seat.

코트 안에 스웨터 입어.
입어라 Wear / 스웨터를 a sweater /
코트 아래에 (= 코트 속에) under the coat

Wear a sweater under the coat.

그 배의 유물들은 여전히 바다 속에 남아 있어.
그 배의 유물들은 The remains of the ship / 여전히
still / 남아 있다 remain / 바다 아래에 under the water

The remains of the ship still remain under the water.

그 고양이가 침대 밑에 숨어 있어.
그 고양이는 The cat / 숨어 있다 is hiding /
침대 밑에 under the bed

The cat is hiding under the bed.
미드: Buffy the Vampire Slayer

그는 여기 마루 밑에 묻혀 있어.
그는 He / 묻혀 있다 is buried / 여기에 here /
마루 밑에 under the floorboards

He is buried here under the floorboards.
미드: The Simpsons

내 방의 침대랑 책상 아래도 확인했어.

A　Jim, we should hurry. We're running late.

B　I know, but I can't find my wallet.

A　Did you check on the kitchen counter?

B　Of course I did. It's not there. **I also checked under the bed and under the desk in my room.** I might have lost it somewhere outside.

A: 짐, 우리 서둘러야 해. 우리 늦었어. B: 나도 아는데, 지갑을 못 찾겠어.
A: 부엌 카운터 위 확인해 봤어? B: 당연히 했지. 거기 없어. 내 방의 침대랑 책상 밑도 확인했거든. 밖의 어딘가에서 잃어버렸나 봐.

문장 조립하기　다음 우리말을 영어로 써 보자.

1. 나무 아래 저것 누구 가방이야?

....

- Whose bag 누구의 가방 / that 저것 / the tree 나무
- be동사 의문문은 주어 앞에 be동사가 위치합니다.

2. 너 내 우산 밑으로 들어오고 싶니?

....

- want 원하다 / get under ~ 아래로 들어오다 / my umbrella 내 우산
- [want to + 동사원형]은 '~하고 싶다, ~하길 원하다'란 뜻입니다. 이런 일반동사의 의문문은 주어 앞에 Do/Does/Did를 놓아 만듭니다.

3. 그건 땅 밑에서 발생했어.

....

- happen 발생하다 / the ground 땅
- 동사의 과거형은 대부분 동사에 -ed를 붙여서 만듭니다.

4. '교육 혜택' 항목 아래를 보세요.

....

- look ~을 보다 / "Education benefits" '교육 혜택' 항목
- 정중히 '~하세요'라고 요청할 때는 명령문을 시작하는 동사 앞에 Please를 붙입니다.

5. 내 생각엔 그게 울타리 아래로 비집고 나간 것 같아.

....

- I think 내 생각에 / squeeze 비집고 나가다 / the fence 울타리
- 자신의 의견이나 생각을 말할 때는 I think ~로 문장을 시작합니다. 뭔가 100% 확신하지 못하는 거죠.

1. A *Whose bag is that under the tree?

   나무 밑에 저것 누구 가방이야?

   B I guess that's Jenny's. Where is she, by the way?

   제니 거 같은데. 그나저나 걘 어디 있는 거야?

   > 의문사 whose는 단독으로 쓰이면 '누구의 것'이란 뜻입니다. 또 '누구의'란 뜻으로 뒤에 명사를 위치시켜 그 명사를 수식할 수도 있습니다. 예를 들어, '이거 누구 거야?'는 영어로 Whose is this?라고 묻고, '이거 누구 가방이야?'는 Whose bag is this?라고 물으면 되지요.

2. A Wow, it's pouring. Tom, **do you want to get under my umbrella?**

   와우, 비가 엄청 쏟아지네. 톰, 너 내 우산 밑으로 들어올래?

   B No, thanks. I *like walking in the rain without an umbrella.

   아니, 괜찮아. 난 우산 없이 빗속 걷는 게 좋아.

   > '~하는 것을 좋아하다'는 두 가지 형태로 표현 가능합니다. 하나는 [like + to 동사원형], 다른 하나는 [like + 동사-ing] 입니다. 즉, '난 춤추는 거 좋아해.'는 I like to dance. 또는 I like dancing.이라고 말할 수 있지요.

3. A What was the explosion about last night?

   어젯밤에 그 폭발은 뭐였지?

   B Oh, there was a gas line break. **It happened under the ground.** *Fortunately, no one died.

   아, 가스관 폭발이 있었어. 그건 땅 밑에서 발생했지. 다행히, 사망자는 없었어.

   > '다행히도, 운 좋게도'는 fortunately라고 합니다. luckily라고도 하지요. 만약 반대로 '참 안됐게도, 불행하게도'라고 말하고 싶다면 부정어를 나타내는 접두어 un을 붙여서 unfortunately라고 말하면 됩니다.
   > e.g Unfortunately, no one survived. (불행히도, 아무도 살아남지 못했어.)

4. A *Here's the document. **Please look under "Education benefits".**
   B I can't find it. Oh, it's here.

여기 문서가 있고요. '교육 혜택' 항목 아래를 보세요.

못 찾겠는데요. 아, 여기 있네요.

'여기 ~가 있어요'라고 말할 때 [Here is/are+주어 ~] 패턴을 사용할 수 있습니다. 이 문장은 주어와 동사의 위치가 바뀐 도치 문장으로, 여기 있다고 말하는 물품이 단수일 경우에는 Here is ~, 복수일 경우에는 Here are ~을 사용하면 됩니다. 또는 간단히 대명사 it, they, you를 사용해서 Here it is. = Here they are. = Here you are. (여기 있어요.)라고 도 말할 수 있습니다.

5. A How did the dog get out of the house?
   B I think it *squeezed under the fence.

어떻게 개가 집 밖으로 나갔지?

그게 울타리 아래로 비집고 나간 것 같아.

squeeze는 예문에서처럼 '비집고 나가다[나오다]'란 의미가 있습니다. 원래 squeeze의 기본 뜻은 '~을 짜다'로 예를 들어, '오렌지를 짜세요.'처럼 Please squeeze the orange.라고 쓰입니다. 이 squeeze는 또 전치사 in과 함께 약속, 예약 등에 누군가를 억지로 끼워 넣는다는 의미로도 쓰입니다.
e.g. I'll squeeze you in on Friday at 3. (금요일 3시에 예약 잡아 드릴게요.)

The apple will fall under the apple tree.

사과는 사과나무 아래로 떨어질 것이다.

....

fall 떨어지다

6세 미만 애들에게 입장료는 무료입니다.
Admission is free for children under the age of 6.

under : (수, 시간, 나이 등이) ~ 미만인, ~가 채 안 되는

전치사 **under**는 수, 시간, 나이 등과 관련해 '~ 미만인'의 뜻을 전달합니다. 예를 들어, '10 미만인'은 under 10이라고 하고, 이때 10은 이 수치에 포함되지 않습니다. 만약에 '~ 이하인'으로 기준 수치까지 포함하고 싶을 때는 10 and under = 10 or under = 10 or less = not more than 10 = equal to or less than 10으로 표현합니다. 마지막으로, '~ 미만인'의 뜻으로 below도 쓰이는데요, 나이와 시간, 무게를 언급할 때는 below 대신 오직 under만 사용된다는 것, 기억해 두세요.

e.g. I finished the work in below a year. (x)
I finished the work in under a year. (o) (나는 1년 안에 그 일을 마무리지었다.)

 ▶ 124-125

전치사 감 잡기 쉬운 문장으로 전치사 감을 잡자!

6세 미만 애들에게 입장료는 무료입니다.
입장료는 Admission / 무료이다 is free / 아이들에게 for children / 6세 미만인 under the age of 6

Admission is free for children under the age of 6.

18세 미만인 분들은 이 바에 입장 못합니다.
사람들은 People / 18세 미만인 under 18 / 허용되지 않는다 are not allowed / 이 바 안으로 in this bar

People under 18 are not allowed in this bar.

그들은 여기에 있은 지 이제 한 달이 채 안 됩니다.
그들은 They / 여기에 있어 왔다 have been here / 이제 한 달이 채 안 되는 just under a month

They have been here just under a month.

거기 가는 데 한 시간 채 안 걸릴 거예요.
(시간이) 걸릴 것이다 It will take / 한 시간이 채 안 되게 under an hour / 거기 가는 데 to get there

It will take under an hour to get there.

아르마니는 2천 달러 미만인 양복은 없어.
아르마니는 Armani / 가지고 있지 않다 doesn't have / 양복을 a suit / 2천 달러 미만으로 for under 2 grand

Armani doesn't have a suit for under 2 grand.
미드: Entourage

그는 1주일도 안 되는 시간에 3명의 여성을 죽였어.
그는 He / 죽였다 has killed / 3명의 여성을 three women / 일주일이 채 안 되는 동안 in under a week

He has killed three women in under a week.
미드: Criminal Minds

전 그냥 50달러 미만짜리 하나 구매하고 싶어요.

A Hello, how can I help you?
B Hi, I'm looking for an electric razor.
A Are you looking for anything in particular?
B No, **I just want to buy one for under 50 dollars.**

A: 안녕하세요. 무엇을 도와드릴까요? B: 안녕하세요. 전기면도기를 찾고 있어요.
A: 특별히 찾고 계신 게 있나요? B: 아뇨, 그냥 50달러 미만짜리로 하나 구매하고 싶어요.

문장 조립하기 다음 우리말을 영어로 써 보자.

1. 8세 미만 어린이는 이 놀이기구를 탈 수 없어요.

....

- Children 어린이들 / the age of 8 8세 / be allowed 허용되다 / on this ride 이 놀이기구에
- 탈 수 없는 걸 '허용되지 않는다'의 수동태로 생각하고 문장을 만드세요.

2. 이 수술은 한 시간 미만으로 걸릴 거예요.

....

- This operation 이 수술 / take (시간 등이) 걸리다
- 수, 시간, 나이 등이 '~ 미만인'을 의미할 때 전치사 under를 사용합니다.

3. 반드시 제한속도 미만으로 운전하셔야 합니다.

....

- must ~해야 한다 / the speed limit 제한속도
- 반드시 해야 하는 강한 의무를 말할 때는 조동사 must를 사용합니다.

4. 10명 미만의 사람들이 왔어요.

....

- people 사람들 / show up 오다, 나타나다
- [under + 숫자] 덩어리가 people 뒤에 붙으면 나이를 가리키므로 이때는 ten people 앞에 와야 합니다.

5. 저희는 그 가격 미만으로 몇 가지 모델이 있어요.

....

- have 있다 / a few 몇 개의 / the price 그 가격
- a few는 some과 같은 의미이고 some과는 달리 무조건 셀 수 있는 명사 앞에만 붙습니다.

1. A My son is 6 years old.
   B I'm sorry, but **children under the age of 8 are not allowed on *this ride.**

제 아들은 6살인데요.
죄송합니다만, 8세 미만 어린이들은 이 놀이기구를 탈 수가 없습니다.

> ride는 동사로는 '(탈 것을) 타다'란 뜻이고, 명사로는 '(놀이공원의) 탈 것, 태워 주기'란 뜻입니다. 그래서 '태워다 주다'는 태워 주기라는 행위를 다른 사람에게 준다는 의미로 give A a ride (A를 태워다 주다)라고 표현합니다.
> **e.g.** Can you give me a ride? (너 나 좀 태워다 줄 수 있어?)

2. A **This operation will take under an hour.** She will be up and on her feet soon.
   B Oh, I'm so relieved *to hear that. Thank you so much.

이 수술은 한 시간 미만으로 걸릴 거예요. 그녀는 곧 일어나서 걸을 수 있을 겁니다.

그 말씀 들으니까 정말 안심이 되네요. 정말 감사합니다.

> relieve는 '~을 안도하게 하다'의 뜻입니다. 수동태로 쓰인 [be relieved to + 동사원형]은 '~해서 다행이다, 안심이다'의 뜻이지요. 이 때의 [to + 동사원형]은 '~해서'란 뜻으로 감정의 원인을 설명합니다.
> **e.g.** I'm happy to see you. (나 널 만나서 행복해.) I was shocked to see the movie. (나 그 영화 보고 충격 먹었어.)

3. A Let me see your driver's license. **You must drive under the speed limit.**
   B I didn't see the sign. *I'm sorry, officer.

운전 면허증 좀 보여주세요. 반드시 제한속도 미만으로 운전하셔야 합니다.

표지판을 못 봤어요. 죄송합니다, 경관님.

> 상대방에게 미안하다고 말할 때 쓰이는 가장 대표적인 표현이 바로 I'm sorry입니다. 줄여서 간단히 Sorry라고 하지요. 좀 더 미안한 정도를 강조하고 싶을 때는, I'm terribly sorry., I'm truly sorry.라고 말할 수 있습니다. 또, 좀 더 격식을 갖춰 정중하게 말할 때는 I apologize. 또는 My apologies.라고 하시면 됩니다.

4. **A** *How did the workshop go?

워크숍은 어떻게 됐어요?

   B It wasn't very successful. <u>Under 10 people showed up.</u>

그렇게 성공적이진 못했어요. <u>10명 이하의 사람들이 왔었거든요.</u>

How did A go?는 무언가가 어떻게 되었는지 알고 싶을 때 원어민들이 즐겨 사용하는 회화 패턴입니다. 동사 go가 '가다'란 뜻 외에 '진행되다'란 뜻이 있기 때문이죠.
e.g. How did the test go? (시험 어떻게 됐어?) How did the meeting go? (회의는 어떻게 됐어?)

---

5. **A** Can I get a new television and an air-conditioner *for under 1200 dollars?

새 텔레비전과 에어컨을 1200달러 미만으로 살 수 있을까요?

   B Yes, of course. <u>We have a few models under the price.</u>

네, 그럼요. <u>저희는 그 가격 미만으로 몇 가지 모델이 있어요.</u>

여기서 for는 교환의 의미를 전달합니다. 1200달러 미만의 돈을 내고 그것과 교환해 새 텔레비전과 에어컨을 가져가는 것이므로 전치사 for가 위치해야 합니다.
e.g. I paid 100 dollars for the camera. (난 그 카메라에 100달러를 지불했다.)

Spend time with people over the age of 70 and under the age of 6.

70세 이상인 그리고 6세 미만인 사람들과 시간을 보내세요.

....

spend 보내다 over ~ 이상인, ~보다 많은

우리 공격 받고 있어.
We are under attack.

under: (영향권) ~ 하에, ~를 받는

전치사 under는 attack (공격), discussion (토론), arrest (체포), stress (스트레스) 같은 추상적 개념의 명사들과 함께 쓰여 '~ 하에, ~를 받는'의 의미를 나타냅니다. under라는 개념 자체가 어떤 것과의 접촉 상태 하에 덮여진 이미지를 전달합니다. 그러기에 attack, stress, influence 등 무언가의 영향권 하에 고통 받거나 진행되고 있는 상태를 설명할 때 under가 쓰이는 이유를 이해할 수 있을 겁니다. 참고로 비슷한 의미의 전치사 below는 어떤 기준선을 두고 그것보다 아래에 혹은 그것보다 낮다는 것을 표현할 때 즐겨 쓰입니다. 접촉이나 무언가가 덮는 즉, 영향을 주는 이미지가 없으므로 under stress 대신에 below stress를 쓸 수는 없습니다.

▶ 127-128

전치사 감 잡기 쉬운 문장으로 전치사 감을 잡자!

우리 공격 받고 있어.
우리는 We / ~ 있다 are / 공격 하에 under attack

We are under attack

난 김 교수님 밑에서 연구 중이에요.
나는 I / 연구 중이다 am studying /
김 교수님 하에서 under Professor Kim

I am studying under Professor Kim.

그는 약에 취해서 그 일을 했습니다.
그는 He / 했다 did / 그것을 it /
영향 하에 under the influence / 약의 of drugs

I did it under the influence of drugs.

그 문제는 여전히 토의 중입니다.
그 문제는 The issue / ~ 있다 is / 여전히 still /
토론 하에 under discussion

The issue is still under discussion.

당신을 살인미수 혐의로 체포합니다.
당신은 You / ~ 있다 are / 체포 하에 under arrest /
살인 미수에 대해 for attempted murder

You're under arrest for attempted murder.
미드: The Simpsons

이런 상황에서 우리가 만나야 해서 미안해.
미안해 I'm sorry / 우리가 만났어야 해서 we had to
meet / 이런 상황 하에서 under these circumstances

I'm sorry we had to meet under these circumstances.
미드: Gaycation

나 최근에 스트레스 많이 받고 있어.

A What's up, Jim? Is everything okay?

B Not really. **I'm under a lot of stress lately**. I have assignments to
   do in all my classes, and I have two quizzes this week.

A Oh, boy. That's really a lot of work.

B Tell me about it. I think I started losing my hair.

A: 무슨 일이야, 짐? 별 일 없는 거야?
B: 아니. 나 요즘 스트레스 많이 받고 있어. 모든 수업마다 해야 할 과제들이 있고 이번 주에 쪽지 시험이 두 개나 있어.
A: 아이고, 진짜 과제가 많구나. B: 내 말이. 나 머리도 빠지기 시작한 것 같아.

문장 조립하기 다음 우리말을 영어로 써 보자.

1. 전 압박을 받으면 일을 더 잘해요.

....

- work 일하다 / better 더 잘 / pressure 압박, 압력
- '압박을 받으면'을 '압박 하에서'로 생각한 후 영작하세요.

2. 모든 것이 통제 하에 있어.

....

- Everything 모든 것 / control 통제
- everything은 '모든 것'으로 복수의 의미지만 반드시 단수 취급해 주어야 합니다.

3. 너 마취 상태일 거야.

....

- will ~일 것이다 / anesthesia 마취
- '마취 상태인'은 '마취 하에 있는'의 의미이므로 under를 써야 합니다.

4. 난 술에 취한 상태가 아니에요.

....

- the influence of alcohol 알코올의 영향
- 원어민들은 '술에 취한' 것을 '알코올의 영향을 받는'으로 생각해서 이렇게 쓰기도 합니다.

5. 그녀는 여전히 치료를 받고 있어.

....

- still 여전히 / medical treatment 치료

1. A Do you think you can *pull this off, in front of all these people?

  B Yeah, sure. You can count on me. **I work better under pressure.**

너 이거 해낼 수 있을 것 같아? 이 사람들 앞에서 말이야.

응, 당연하지. 날 믿어 봐. <u>난 압박을 받으면 일을 더 잘해.</u>

> pull something off는 무언가 어렵거나 힘든 일을 '해내다, 성공시키다'란 뜻의 숙어입니다. '나 그거 해냈어.'는 I pulled it off.라고 말하면 되지요. 좀 더 간단히 동사 nail (해내다, 성공하다)을 써서 I nailed it.이라고 말할 수도 있습니다.

2. A Do you need any help?

  B No, *it's okay. **Everything is under control.**

도움 필요해?

아냐, 괜찮아. <u>모든 것이 통제 하에 있어.</u>

> 상대방의 호의에 대해 '괜찮아요.'라고 거절할 때 쓸 수 있는 표현으로 It's okay. 외에 That's all right., That's okay., I'm okay., No problem., Don't worry., No worries. 등을 기억해 두세요.

3. A Is this going to *hurt?

  B You don't need to worry at all. **You'll be under anesthesia**, so you won't feel anything.

이거 아플까요?

전혀 걱정할 필요 없어. <u>넌 마취 상태일 거야.</u> 그래서 아무것도 못 느낄 거고.

> hurt는 단독으로 쓰여서 '아프다'란 뜻을 갖습니다. My leg hurts. (내 다리가 아파요.)처럼 말이죠. 또, hurt는 뒤에 목적어가 와서 '~를 다치게 하다, ~를 아프게 하다'란 뜻도 있죠. 예를 들어, 상대방이 내 팔을 꽉 잡아서 아프다면 You are hurting me. (너 때문에 아프잖아.)라고 외칠 수 있습니다.

4. **A** What are you talking about?
    I'm not *under the influence of
    alcohol.

    너 무슨 소리 하는 거야? 나 술 취한 상태 아니
    거든.

    B Really? Then why are you talking
    to a lamp post? I'm over here.

    그래? 근데 왜 가로등에 대고 얘기하는 거야?
    난 이쪽에 있는데.

> under the influence of alcohol은 간단히 under the influence라고도 합니다. 예를 들어, '술 취해서 운전하지 마.'는
> 영어로 Don't drive under the influence. 라고 하면 되지요. 단, 이렇게 줄여 버리면 꼭 술이 아니라 약물 (drugs) 등에
> 취한 상태도 함께 의미할 수 있습니다. 그래서 '술 취한'을 간단히 drunk로 표현하는 게 더 일반적이긴 합니다.
> **e.g.** I'm not drunk. (나 안 취했어.)

5. **A** Is grandma okay? Can I see her
    now?

    할머니는 괜찮으세요? 지금 뵈어도 돼요?

    B She is still *under medical
    treatment, and she is sleeping
    now.

    할머니는 (= 그녀는) 여전히 치료 받고 계셔.
    그리고 지금은 주무시고.

> '난 치료를 받고 있어요.'는 I am under medical treatment. 외에 동사 have나 go through (~를 겪고 있다)를 써서
> I'm having medical treatment. 또는 I'm going through medical treatment.라고 말할 수 있습니다.

A fool gives full vent to his anger, but a wise man keeps himself under control.

바보는 그의 분노를 완전히 표출하지만, 현인은 스스로를 통제한다.

....
fool 바보, 멍청이   vent (감정의) 표출

기온이 영하야.
The temperature is below zero.

below: (기준선) ～보다 아래에, ～보다 낮은 (떨어지는)

전치사 below는 보통 어떤 기준선을 두고 그것보다 아래에 혹은 그것보다 낮다는 것을 표현할 때 주로 쓰입니다. 단순 위치에 대해서 적용할 때는, 보통 두 대상 간에 접촉이 없을 때 쓰인다는 특징이 있습니다. 그리고 여기서 약간 의미가 확장되어 자격이나 지위, 수준, 양 등에 있어서 하나의 대상이 다른 대상보다 아래에 있거나 낮다는 걸 말할 때도 below 가 쓰일 수 있습니다. 예를 들어 '평균 아래, 평균 밑'이란 말을 할 때 below를 써서 below average라고 할 수 있지요.

 ▶ 130-131

전치사 감 잡기 쉬운 문장으로 전치사 감을 잡자!

기온이 영하야.
기온이 The temperature / ～이다 is / 0 아래인
below zero

The temperature is below zero.

벽에 그 시계 아래에 아름다운 그림이
있었어.
있었다 There was / 아름다운 그림이 a beautiful painting
/ 그 시계 아래 below the clock / 벽에 on the wall

There was a beautiful painting below the clock on the wall.

그 제품은 원가보다 낮게 팔렸어.
그 제품은 The product / 팔렸다 was sold /
원가보다 낮게 below the cost

The product was sold below the cost.

벨트 아래는 때리지 마. [= 비겁한
행동하지 마.]
때리지 마라 Don't hit / 벨트 아래는 below the belt

Don't hit below the belt.

그는 평균 이하였어.
그는 He / ～였다 was /
평균보다 아래인 below average

He was below average.
미드: A Few Good Men

그 총알은 바로 그의 가슴 아래
왼편으로 들어갔어.
그 총알은 The bullet / 들어갔다 entered /
그의 왼편으로 his left side / 바로 가슴 아래
just below his chest

The bullet entered his left side just below his chest.
미드: Close to Home

서울이 영하 5도일 거야.

A Did you check the weather forecast for tomorrow?

B Yes, I did. The weather report says **Seoul will be five degrees below zero.**

A That's not too bad. What about Daegu?

B Daegu will be a bit warmer with a low of minus one degree Celsius.

A: 너 내일 일기예보 확인해 봤어? B: 응, 했어. 서울이 영화 5도일 거라고 하더라.
A: 그렇게 나쁘진 않네. 대구는? B: 대구는 최저 기온이 영하 1도로 약간 더 따뜻할 거야.

문장 조립하기 다음 우리말을 영어로 써 보자.

1. 너 정가보다 낮게 지불한 거야?

   ....

   • pay 지불하다 / the sticker price 정가
   • 일반동사의 과거시제 의문문은 [Did 주어+동사원형 ~?]으로 표현하죠.

2. 그 그림 아래에 몇 가지 질문들이 있습니다.

   ....

   • the picture 그 그림 / several questions 몇 가지 질문들
   • '~가 있다'란 존재 여부를 말할 때는 There is/are 구문을 사용합니다.

3. 상병이 병장보다 아래야.

   ....

   • A corporal 상병 / a sergeant 병장
   • '아래야'는 '아래에 있다'는 뜻이므로 '~이다, ~ 있다'란 뜻의 be동사 am/ are/is 중 하나를 사용합니다.

4. 어느 나라가 해수면보다 아래에 있을까?

   ....

   • Which country 어느 나라 / the sea level 해수면
   • which는 '어느 것'의 뜻으로 단독으로 쓰이기도 하고, [which+명사] 형태로 '어느 ~'의 뜻으로도 쓰입니다.

5. 톰은 학급 등수에서 내 밑이야.

   ....

   • in class rank 학급 등수에서

회화로 연결하기

앞서 배운 문장을 대화문에서 확인해 보세요.

▶ 132

1. **A** For that computer, **did you pay below the sticker price?**

   B No, I paid the full price. Why? Did I *get ripped off?

   저 컴퓨터 관련해서 말이야. 너 정가보다 낮게 지불한 거야?

   아니, 제 값 다 줬어. 왜? 나 바가지 쓴 거야?

> 수동태 표현인 be ripped off 또는 get ripped off는 상인이나 가게에서 소비자가 '바가지를 당하다, 바가지 쓰다'란 의미로 쓰입니다.
> e.g. I got ripped off at the store. (나 그 가게에서 바가지 썼어.)

2. **A** What do I do now?

   B Open your book *to page 10. **Below the picture, there are several questions.** Answer them.

   저 이젠 뭐 해요?

   책 10페이지를 펴 봐. 그 그림 아래에 몇 가지 질문이 있어. 그것들에 답을 해.

> '책 ~ 페이지를 펴라'라고 말할 때 Open your book 뒤에 전치사로 보통 to나 at이 쓰입니다. 주로 다음과 같이 표현하죠. e.g. Open your book to page 10. = Open your book at page 10.
> 참고로 낮은 빈도지만 전치사 on이 사용되는 경우도 있으니 참고해 두세요.
> e.g. Open your book on page 10.

3. **A** **A corporal is below a sergeant.** Am I right?

   B Yes, that's right. But a corporal is *above a private.

   상병이 병장보다 아래야. 내 말 맞나?

   응, 맞아. 하지만 상병이 이등병보다는 위지.

> 전치사 above는 below의 반대 어휘로 어떤 기준점보다 위에 있거나 우월함을 설명할 때 쓰입니다. 또 단순 위치를 설명할 때는 보통 접촉되는 게 없는 상태에서 위에 있음을 표현합니다.
> e.g. The painting is above the sofa. (소파 위에 그 그림이 있어.)

4.   A **Which country is below the sea level?**   어느 나라가 해수면보다 아래에 있을까?

    B *It's a no-brainer. The answer is the Netherlands.   완전 쉽네. 정답은 네덜란드지.

> It's a no-brainer는 어떤 결정을 해야 할 때, 그것이 말 그대로 뇌 (brain)를 필요로 하지 않을 정도, 다시 말해 생각이 전혀 필요 없을 정도로 너무 쉬울 때 사용할 수 있는 표현입니다. 무언가가 엄청 쉽다고 말할 때 It's a piece of cake.나 It's a cinch. 등의 표현도 많이 쓰입니다.

5.   A Tom is a smart guy, *isn't he?   톰은 똑똑한 녀석이야, 안 그래?

    B I don't know. Actually, **he is below me in class rank.**   몰라. 사실, 걔가 학급 등수에서 내 밑이야.

> 앞의 문장이 be동사가 쓰인 긍정문일 경우 부가의문문은 시제와 수에 따라서 [isn't (과거일 때는 wasn't) + 대명사 주어?], [aren't (과거일 때는 weren't) + 대명사 주어?]의 형태를 취합니다.
> **e.g.** The clerks were kind, weren't they? (그 직원들은 친절했어, 그렇지 않아?)

There is no wisdom below the girdle.
여성의 속옷 아래에 지혜란 없다. [= 성욕을 조심하라.]

....
wisdom 지혜   girdle 여성용 속옷

지하철역이 바로 공항 밑에 있어.
The subway station is right beneath the airport.

beneath: (위치) ~의 아래에, (지위, 자격) ~보다 낮은, ~와 격이 안 맞는

beneath는 위치에 대해서 '~보다 아래에'란 뜻으로 기본적인 의미는 below나 under와 동일합니다. 다만, 다소 격식을 차린 표현으로 일상 회화보다는 문어체에서 더 많이 쓰이지요. 단, beneath는 지위, 자격과 관련한 의미가 전달되어 beneath someone이라고 하면 '누구보다 신분/지위/가치 등이 낮은' 혹은 '누군가의 격에 맞지 않는' 즉, 누군가가 하기에 질이 떨어진다는 의미로 사용이 가능합니다. 그 외에, 특정 어휘들과 함께 marry beneath one (누구보다 못한 사람하고 결혼하다), beneath notice (관심 가질 가치가 없는), beneath contempt (경멸할 가치조차 없는) 등과 같이 사용되니 외워 두셨다가 꼭 활용해 보세요.

▶ 133-134

 쉬운 문장으로 전치사 감을 잡자!

지하철역이 바로 공항 밑에 있어.
지하철역이 The subway station / 있다 is /
바로 right / 공항 밑에 beneath the airport

The subway station is right beneath the airport.

경찰이 낙엽 더미 아래에서 그 시체를 찾았어.
경찰이 The police / 찾았다 found / 그 시체를 the body
/ 낙엽 더미 아래에서 beneath a pile of leaves

The police found the body beneath a pile of leaves.

저 남자는 경멸할 가치도 없어.
저 남자는 That guy / ~이다 is / 경멸할 가치조차 없는
beneath contempt

That guy is beneath contempt.

그 강의들은 내 기대치보다 낮았어.
그 강의들은 The lectures / 있었다 were /
내 기대치보다 낮은 데에 beneath my expectations

The lectures were beneath my expectations.

이 양초 사업은 네 격에 안 맞아.
이 양초 사업은 This candle business / ~이다 /
네 격에 안 맞는 beneath you

This candle business is beneath you.
미드: Grandfathered

그 건물 아래에서 폭탄이 터졌어.
폭탄이 A bomb / 터졌다 exploded / 그 건물 아래에서
beneath the building

A bomb exploded beneath the building.
미드: Homeland

우리가 그분과 격이 안 맞아.

A What do you think of Mr. Smith?
B Oh, I don't like him at all. He speaks and acts as if **we're all beneath him.**
A Really? Does everyone in the office think so?
B Yeah, no one likes him. He's so condescending and cranky.

A: 너 스미스 부장님 어떻게 생각해? B: 아, 완전 싫어. 부장님은 우리가 자기랑 격이 맞지 않는다는 듯이 말하고 행동한다니까.
A: 진짜? 사무실에 있는 모두가 그렇게 생각하는 거야? B: 응, 아무도 부장님 안 좋아해. 엄청 잘난 척하고 변덕스러워.

문장 조립하기 다음 우리말을 영어로 써 보자.

1. 너 이 일을 하는 게 네 격에 안 맞는다고 생각해?

....

- think 생각하다 / doing this work 이 일을 하는 것
- 동사 표현에 -ing를 붙이면 '~하는 것'이란 동명사 형태가 됩니다. 그래서 문장의 주어로 쓰일 수 있지요.

2. 그게 보트 아래에 있는 많은 물고기를 보여주네.

....

- show 보여주다 / a lot of fish 많은 물고기
- fish는 단수 복수 형태가 동일합니다.

3. 속을 들여다보면, 넌 끔찍한 인간이야.

....

- the surface 외관, 겉보기 / a horrible person 끔찍한 인간
- '속을 들여다보면'을 원어민들은 beneath를 활용해 '외관 아래에는, 외관 속에는'으로 이해합니다.

4. 나 내 발 밑의 땅이 움직이는 걸 느낄 수 있어.

....

- can feel 느낄 수 있다 / the ground 땅 / my feet 내 발 / move 움직이다
- [feel+목적어+동사원형/동사 -ing]는 '~가 ...하는 것을 느끼다'입니다.

5. 제니는 자기보다 못한 사람이랑 결혼했어.

....

- Jenny 제니는 / marry 결혼하다
- [marry beneath one]은 '~보다 못한 사람과 결혼하다'란 뜻의 숙어 표현입니다.

1. A **Do you think doing this work is beneath you?**

    이 일을 하는 게 네 격에 안 맞는다고 생각해?

    B No! What are you talking about? I'm not *that kind of a person.

    아니! 무슨 소릴 하는 거야? 나 그런 사람 아니거든.

> [that kind of+명사]는 '그러한 종류의 명사'란 의미를 전합니다. kind 대신에 sort를 써서 [that sort of+명사]라고 말해도 되지요.
>
> **e.g.** I don't like that kind of music. (나 그런 종류의 음악 안 좋아해.)

2. A I took this picture while I was on the boat. Take a look.

    나 보트에 있을 때 이 사진 찍었어. 한 번 봐 봐.

    B **It shows a lot of fish beneath the boat**, and *alongside it.

    그게 보트 아래에 있는 많은 물고기를 보여주네. 그리고 보트 옆에도.

> alongside는 굉장히 가까운 위치에서 '~의 옆에, ~의 근처에'란 뜻으로 전치사 next to 또는 near를 대신해 쓰일 수 있습니다.
>
> **e.g.** You can put your bag alongside mine. (너 네 가방, 내 거 옆에 놔도 돼.)

3. A You may be beautiful on the outside, but **beneath the surface, you're a horrible person.**

    네가 겉모습은 아름다울지 몰라도, 속을 들여다보면, 넌 끔찍한 인간이야.

    B Hey, that's *uncalled for.

    야, 그 말은 너무 심하잖아.

> be uncalled for는 직역하면 '요청되지 않다'의 뜻이에요. 즉, 이건 상대방 말이 정도를 벗어나 너무 심해서 이에 대해 항의할 때 하는 말로 That's uncalled for.라고 말할 수 있습니다. '그 말은 너무 심하잖아.' '무슨 그런 막말을 해.' 정도로 해석하면 되지요.

4. **A** Oh, I can feel the ground beneath my feet moving.

오, 나 내 발 밑에 땅이 움직이는 게 느껴져.

B Oh, *shit. I can feel it, too. I think it's an earthquake. Let's get out of here.

오, 젠장. 나도 느껴져. 지진인 것 같아. 여기서 나가자.

어떤 상황에 대해 '젠장, 제기랄'이란 뜻으로 불쾌감을 표현할 때 쓸 수 있는 표현들로 Shit!, Fuck!, Damn!, Damn it!, Dang it! 등이 있습니다. 알아야 상대방이 이런 말을 했을 때 이해하고 응수할 수 있으니까 알려드리는 거지 쓰시라는 얘기는 아닙니다.

5. **A** Jenny married beneath her.

제니는 자기보다 못한 사람하고 결혼했어.

B Yeah, I agree with you. She *could have married someone much better.

응, 나도 동의해. 훨씬 더 좋은 누군가랑 결혼할 수도 있었는데 말이야.

[could have + 과거분사]는 '~할 수도 있었다'란 뜻으로 과거에 일어날 수도 있었지만 결국 실현되지 않은 상황을 말할 때 쓰이는 구문입니다.
e.g. I could have finished it. (나 그거 끝낼 수도 있었어. = 현실은 결국은 끝내지 못했다.)

When our hatred is too keen, it puts us beneath those whom we hate.

우리의 증오심이 너무 강할 때, 이는 우리를 우리가 싫어하는 이들보다 더 낮은 위치에 있게 만든다.

....
hatred 증오 keen 강렬한, 날카로운 those whom ~인 사람들

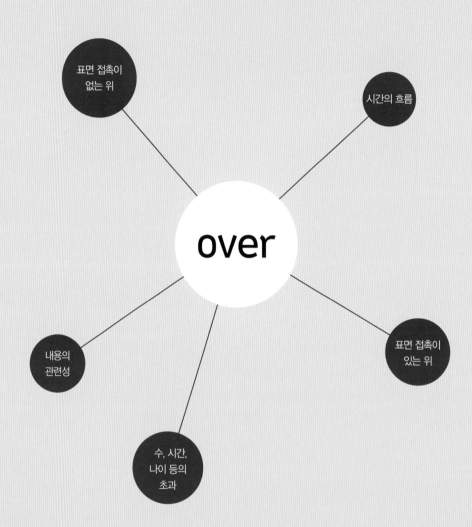

09

over를 한눈에 !

전치사 over는 over the river (강 위에), over the door (문 위에)처럼 우리말 '~ 위에'의 뜻으로 표면에 접촉이 없는 상태에서 다른 것과 비교해 더 높은 곳에 위치하고 있음을 말할 때 쓰입니다. 또 fly over (~ 위를 날아가다)처럼 단순히 위에 위치한 정적인 상태가 아니라 움직임을 전달하고자 할 때도 over가 사용되지요. over는 표면에 접촉이 있는 상태에서 over her face (그녀의 얼굴 위에), over me (내 위에)처럼 우리말 '~ 위에, ~를 덮는'의 의미로도 활용됩니다. 공간 속의 위치뿐만 아니라 수, 시간, 나이 등의 추상적 개념에서도 over 70 (70세가 넘는), over a year (1년 넘게)처럼 우리말 '~가 넘는, ~를 초과하는'이란 뜻을 전달할 수 있지요. 시간의 개념과 관련해 over dinner (저녁 식사 동안에), over Christmas (크리스마스 동안에), over the weekend (주말 동안에)처럼 over는 계속 이어지는 시간의 흐름을 나타내

어 우리말 '~하는 동안에'란 의미로 쓰일 수 있습니다. 마지막으로, 전치사 over는 fight over (~에 관해서 싸우다), argue over (~에 대해서 논쟁하다)처럼 특정 어휘들과 함께 쓰여서 우리말 '~에 관해, ~에 대해, ~ 때문에'란 의미로도 활용되며, 이때는 보통 긍정적인 것보다 부정적인 상황을 말하는 경우가 많습니다.

이제, 하나하나 천천히 해보자고요.

난 울타리를 뛰어 넘었어.
I jumped over the fence.

over: (표면에 접촉이 없는) ~ 위에, ~ 위를

전치사 **over**는 on과는 달리 표면에 접촉이 없는 상태에서 다른 것과 비교해 더 높은 곳에 위치하고 있음을 나타내거나 혹은 그 위를 이동하는 움직임을 전할 때 쓰입니다. 예를 들어, '구름이 우리 머리 위에 있다.'처럼 표면 접촉이 없는 위를 말하고자 할 때는 over를 써서 The clouds are over our heads.라고 말하면 되지요. 또 The birds are flying over the lake. (그 새들이 호수 위를 날아가고 있어.)처럼 물체 위에서 행해지는 움직임을 표현할 수 있습니다. 참고로 비슷한 의미의 above는 접촉 없이 위치상 무엇보다 더 위에 있음을 나타내며, 주로 온도나 수치를 얘기할 때 사용되지요.

▶ 136-137

전치사 감 잡기 쉬운 문장으로 전치사 감을 잡자!

난 울타리를 뛰어 넘었어.
나는 I / 뛰었다 jumped / 울타리 위로 over the fence

I jumped over the fence.

우리는 그랜드캐년 위를 날고 있어요.
우리는 We / 날고 있다 are flying /
그랜드 캐년 위로 over the Grand Canyon

We are flying over the Grand Canyon.

그 문 위의 간판에는 "축하합니다"가 적혀 있었어.
그 간판은 The sign / 문 위에 있는 over the door /
적혀 있었다 said / "축하합니다" "Congratulations"

The sign over the door said "Congratulations."

불 위에서 네 손 좀 녹여.
따뜻하게 해라 Warm / 네 손을 your hands /
불 위에서 over the fire

Warm your hands over the fire.

그건 이미 수평선 위에 있어.
그것은 It / 있다 is / 이미 already / 수평선 위에
over the horizon

It is already over the horizon.

그녀는 카운터 위로 뛰어서 나와 함께 왔어.
그녀는 She / 뛰었다 jumped / 카운터 위를 over the
counter / 그리고 and / 왔다 came / 나와 함께 with me

She jumped over the counter and came with me.

그거 벽난로 선반 위에다 걸어.

A Where should I hang this picture? Should I hang it in my bedroom?

B No, **hang it over the mantelpiece.**

A Okay. How about this chair? Where should it go?

B Oh, that one. Put it in the kitchen.

A: 이 사진 어디에 걸지? 내 침실에다 걸어야 할까? B: 아니, 그거 벽난로 선반 위에다 걸어.
A: 알았어. 이 의자는? 이건 어디로 가야 하지? B: 아, 그거. 그건 부엌에 놔.

문장 조립하기 다음 우리말을 영어로 써 보자.

1. 나 그 공을 울타리 위로 칠거야.

....

- hit 치다 / the ball 그 공 / the fence 울타리
- '~할 것이다'라고 순간의 결심, 의지를 말할 때는 조동사 will을 씁니다.

2. 헬리콥터들이 도시 위를 날고 있어.

....

- Choppers 헬리콥터들 / fly 날다 / the city 도시
- Choppers는 '헬리콥터'를 가리키는 구어 표현입니다. Helicopters라고 해도 됩니다.

3. 우리는 이것을 열고 머리 위로 받쳐 들어.

....

- open up 열다 / hold 붙들다 / our head 우리 머리
- open up 같은 구동사의 목적어가 대명사일 때, open this up처럼 open과 up 사이에 목적어가 옵니다.

4. 난 무대 위에 걸려 있는 저 현수막이 마음에 안 들어.

....

- like 마음에 들다 / that banner 저 현수막 / hanging 걸려 있는 / the stage 무대
- 뭔가가 '마음에 들다'는 like를 씁니다. **e.g.** I don't like your boyfriend. (난 네 남친 맘에 안 들어.)

5. 그것은 네 침대 위에 서 있었어.

....

- stand 서다 / your bed 네 침대
- 과거진행시제 [be동사의 과거형 (was/were)+동사-ing]는 '~하고 있었다'의 뜻을 전합니다.

1. **A** I'm ready. **I'll hit the ball over the fence.** It's going to be a home run.
   B Ha, *you're all talk.

   나 준비됐어. 내가 그 공을 울타리 위로 칠 거야. 홈런이 될 거라고.
   하, 넌 입만 살았구나.

> 행동이나 실천은 안 하고 입만 살아서 나불거리는 사람을 가리켜 You're all talk. (넌 입만 살았구나.)라고 핀잔을 줄 수 있습니다. 뒤에 '행동도 없고, 실천도 없고'란 뜻으로 and no action을 붙여 You're all talk and no action.이라고 말해도 되지요.

2. **A** **Choppers are flying over the city.**
   B Yeah, there are so many. I *wonder what's going on.

   헬리콥터들이 도시 위를 날고 있어.

   그러게. 정말 많네. 뭔 일이 있는 건지 궁금한데.

> wonder는 '궁금하다'는 뜻입니다. 뒤에 what, who, when 등의 의문사가 들어간 절이 붙어서 전체 문장을 완성하죠. 예를 들어, '난 그가 어디 있는지 궁금해.'는 I wonder where he is.라고 하고, '나 누가 그 파티에 왔었는지 궁금해.'는 I wonder who came to the party.라고 말하면 되는 것처럼요.

3. **A** When it rains, **we open this up and hold it over our heads.** What do you think it is?
   B It's an umbrella. Do you think I'm dumb? It's *way too easy.

   비가 올 때, 우리는 이걸 열고 우리 머리 위로 받쳐 들어. 그거 뭐일 것 같아?

   우산이잖아. 내가 바본 줄 아냐? 너무 쉽잖아.

> [way too+형용사]는 우리말로 '지나치게 ~한'이란 뜻으로 부정적인 뉘앙스를 전달합니다. 예를 들어, '그는 지나치게 키가 작아.'는 He is way too short. '그녀는 지나치게 열심히 일해.'는 She works way too hard.라고 말하면 되지요.

4. A **I don't like that banner *hanging over the stage.** The letters on it are too small.

    B Yeah, I totally agree with you.

난 무대 위에 걸려 있는 저 현수막이 마음에 안 들어. 안에 글자가 너무 작잖아.

응, 네 말에 완전 동감해.

'~하는'으로 해석되는 현재분사 즉, '동사-ing'는 명사 뒤에 놓여 명사를 수식해 줄 수 있습니다. 예를 들어, '무대 위에서 춤추는 소년'은 the boy dancing on the stage, '바다 위를 날아가는 새들'은 birds flying over the ocean이라고 말하면 되지요. 앞에 놓인 명사 boy와 birds를 현재분사 덩어리인 dancing on the stage와 flying over the ocean이 수식하는 형태입니다.

5. A Did you really see a ghost?

    B Yeah, I'm not lying. **It was standing over your bed**, and was *looking down at you.

너 정말로 유령 봤어?

응, 나 거짓말하는 거 아냐. 그게 네 침대 위에서 있었어. 그리고 널 내려다보고 있었다니까.

동사 look은 전치사, 부사 등과 결합하여 다양한 의미로 쓰입니다. 영어 회화 표현에서 자주 쓰이는 [look + 전치사/부사] 결합으로 다음을 기억해 두세요.

e.g. look at (~을 쳐다보다) look down at (~를 내려다 보다) look up at (~를 올려다 보다)
look after (~를 돌보다) look for (~를 찾다) look into (~를 조사하다)

We are all dreaming of some magical rose garden over the horizon instead of enjoying the roses that are blooming outside our windows today.

우리는 모두 오늘 집 창문 밖에 활짝 핀 장미들을 즐기는 대신에 저 수평선 위에 있는 어떤 마법 같은 장미 정원을 꿈꾸며 살아간다.

....
dream of ~를 꿈꾸다 horizon 수평선 bloom 개화하다

난 그녀 위에 담요를 덮어 줬어.
I put a blanket over her.

over: (표면에 접촉하여) ~를 덮는, ~ 위에, ~ 여기저기에

전치사 over는 표면에 접촉한 상태에서 '~를 덮는', '~ 위에'란 의미로 사용됩니다. 전치사 on도 접촉 상태를 나타내지만 over가 더 넓은 범위를 포괄하면서 덮어 주는 느낌을 전달해 주지요. 예를 들어, '난 그녀 위에 담요를 덮어 줬어.'는 I put a blanket (난 담요를 놓았다)란 기본 문장에 '그녀 위에'에 해당하는 말을 over를 써서 over her라고 덧붙여 주면 됩니다. 또, over는 보통 all과 함께 쓰여서 여기저기 전체를 포괄하는 의미로도 쓰입니다. 예를 들어, '나 세계 여기저기 다 여행했어.'는 I travelled (난 여행했어)란 기본 문장에 '세계 여기저기를 다'에 해당하는 말을 all over를 써서 표현한 all over the world를 덧붙여 말하면 되지요.

 ▶ 139-140

전치사 감 잡기 쉬운 문장으로 전치사 감을 잡자!

난 그녀 위에 담요를 덮어 줬어.
나는 I / 놓았다 put / 담요를 a blanket / 그녀 위로 over her

I put a blanket over her.

그녀는 얼굴 여기저기에 진흙이 있었어.
그녀는 She / 가지고 있었다 had / 진흙을 mud / 그녀의 얼굴 여기저기에 all over her face

She had mud all over her face.

바닥 위에 온통 작은 유리 조각들이 있어.
~가 있다 There are / 작은 조각들 small pieces / 유리의 of glass / 바닥 위에 다 all over the floor

There are small pieces of glass all over the floor.

그 책상 위에 기대지 마.
기대지 마라 Don't lean / 그 책상 위로 over the desk

Don't lean over the desk.

난 세계 여기저기를 다 여행했어.
나는 I / 여행했다 travelled / 세계 여기저기를 다 all over the world

I travelled all over the world.
미드: CSI

그 곰은 산을 넘어갔어요.
그 곰은 The bear / 갔다 went / 산을 넘어 over the mountain

The bear went over the mountain.
미드: CSI

나 양복 위에 코트를 입어야 할 것 같아.

A What's the weather like today?
B It's freezing outside. **I think I should wear a coat over my suit.**
A Good idea. Go for a dark color, so that it matches your suit.
B How about this one? Does this go well with my suit?

A: 오늘 날씨 어때? B: 밖이 얼어 죽을 것 같이 추워. 나 양복 위에 코트를 입어야겠어.
A: 좋은 생각이야. 어두운 색깔로 골라. 네 양복하고 어울리게. B: 이건 어때? 내 양복하고 잘 어울리나?

문장 조립하기 다음 우리말을 영어로 써 보자.

1. 손을 네 입 위에 놓아. (= 손으로 입을 막아.)

....

- put 놓다 / your hand 네 손 / your mouth 네 입
- '~해' 명령문은 동사원형으로 문장을 시작합니다.

2. 나 내 셔츠 위에 다 토했어.

....

- puke 토하다 / all over ~ 위에 다 / my shirt 내 셔츠
- 무언가가 덮고 있는 상태를 여기저기라고 강조할 때 over 앞에 all을 붙여서 all over라고 합니다.

3. 내가 침대 위에 시트 까는 것 좀 도와줘.

....

- help 도와주다 / throw 배치하다, 던지다 / a sheet 시트 / the bed 침대
- [help + 목적어 + 동사원형]은 '목적어가 ~하는 것을 도와주다'의 뜻입니다.

4. 모자를 눈 덮이게 당겨 써. (= 모자를 푹 눌러 써.)

....

- pull 당기다 / your hat 네 모자 / your eyes 네 눈
- over는 위에 있으면서도 덮이게의 뜻이 있습니다. over one's eyes는 '눈 위에 덮이게'의 의미입니다.

5. 그건 네 얼굴에 다 쓰여 있어.

....

- be written 쓰여 있다 / your face 네 얼굴
- write (쓰다)의 과거분사는 written입니다. 즉, 수동태 '쓰여 있다'는 영어로 be written이라고 표현합니다.

1. **A** **Put your hand over your mouth,** and *be quiet.

   손으로 입을 막아. 그리고 조용히 해.

   B Sorry. I won't say a word from now on.

   미안해. 지금부터는 한 마디도 안 할게.

> 어떤 상태가 되라고 명령할 때는 [Be + 상태 형용사] 형태로 표현합니다. 이 형태로 즐겨 쓰이는 명령문 표현들을 익혀 두세요.
> **e.g.** Be quiet. (조용히 해.) Be nice. (친절하게 굴어.)
> Be strong. (강하게 굴어.) Be ambitious. (야심차게 굴어.)

2. **A** I drank too much. **I *puked all over my shirt.**

   나 너무 많이 마셨어. 셔츠 위에 다 토했더라고.

   B Yeah, you smell terrible. Go take a shower.

   그러게. 너 냄새 심하게 나. 가서 샤워해.

> '토하다'란 표현으로 puke 외에 vomit, throw up, barf, york 등의 표현이 쓰일 수 있습니다.
> **e.g.** I think I'm going to throw up. (나 토할 것 같아.)

3. **A** James, *help me throw a sheet over the bed.

   제임스, 나 침대에 시트 까는 것 좀 도와줘.

   B Sure. Let me hold this end.

   그래. 내가 이쪽 끝 잡고 있을게.

> help 동사는 '~가 ...하는 것을 도와주다'의 의미입니다. 그때는 [help + 목적어 + 동사원형]의 형태로 쓰이죠. 또 하나 특이하게 [help + 목적어 + to 동사원형]의 형태로도 쓰일 수 있습니다.
> **e.g.** Help me throw a sheet over the bed. = Help me to throw a sheet over the bed.

4. **A** **Pull your hat over your eyes.** That way you will look a lot more handsome.

눈 덮이게 모자를 당겨 써. 그렇게 하면, 너 훨씬 더 잘생겨 보일 거야.

B So you mean, *the more I cover my face, the more handsome I look?

그러니까 네 말은, 내가 얼굴을 가리면 가릴수록 더 잘생겨 보인다는 거네?

[The 비교급, the 비교급]은 '~할수록, 더 ~하다'란 의미 덩어리를 만듭니다. 예를 들어, '빠르면 빠를수록 더 좋다'는 이 구조를 활용해서 The sooner, the better.라고 말하면 되지요.

5. **A** You're into Susan, aren't you? **It's written all over your face.**

너 수잔에게 관심 있잖아, 안 그래? 네 얼굴에 다 쓰여 있어.

B *To be honest, yes, I like her very much.

솔직히 말해서, 그래, 나 걔 엄청 많이 좋아해.

'솔직히 말해서'라고 진실을 말하기 전 운을 띄울 때 쓸 수 있는 표현들로 to be honest 이외에, to be frank, honestly speaking, frankly speaking, truth to be told 등이 있습니다.

Ask not the grass to give you green, and later walk over it.

잔디에게 푸름을 달라고 요청하고 나서 나중에 그 위를 걷지 마라.

....

ask not [=don't ask] 묻지 마라, 요청하지 마라 / later 나중에

백만 부 이상이 팔렸어.
Over one million copies were sold.

over: (수, 시간, 나이 등이) ~가 넘는, ~를 초과하는

전치사 over는 수, 시간, 나이 등과 관련해 '~가 넘는, ~를 초과하는'의 뜻을 전달합니다. 예를 들어, '5를 넘는'은 over 5라고 하고, 이때 5는 이 수치에 포함되지 않습니다. 만약 '~ 이상인'의 의미로 기준 수치까지 포함하고 싶을 때는 5 and over = 5 or over = 5 or more = not less than 5 = equal to or less than 5로 표현합니다.

 ▶ 142-143

전치사 감 잡기 쉬운 문장으로 전치사 감을 잡자!

백만 부 이상이 팔렸어.
백만 부 이상 Over one million copies /
팔렸다 were sold

Over one million copies were sold.

우리 할아버지는 70세가 넘으셨어.
우리 할아버지는 My grandfather / ~이다 /
70세가 넘는 over 70

My grandfather is over 70.

그 영화는 10살 이상 아이에게 추천해요.
그 영화는 The movie / 추천된다 is recommended /
아이들에게 for children / 10살 넘는 over 10

The movie is recommend for children over 10.

그들은 3년이라는 기간 넘게 기다리고 또 기다렸어.
그들은 They / 기다리고 또 기다렸다 waited and waited
/ 3년이라는 기간 넘어 over a period of 3 years

They waited and waited over a period of 3 years.

그녀의 시신을 찾는 데 1년 넘게 걸렸어.
(시간이) 걸렸다 It took / 1년 넘게 over a year /
찾는 데 to find / 그녀의 시신을 her body

It took over a year to find her body.
영화: Dead Man Walking

난 한 달 넘게 전에 그녀를 만났어.
나는 I / 만났다 met / 그녀를 her /
한 달 넘게 전에 over a month ago

I met her over a month ago.
미드: Baby Daddy

100달러 넘게 사시면, 저희가 10퍼센트 할인해 드릴 수 있어요.

A Can I place an order over the phone?

B Of course. And **if you buy over 100 dollars, we can give you a 10 percent discount.**

A Oh, that sounds great. I need 150 dollars' worth of strawberries. And can you have them delivered to my store?

B Of course. After the discount, the total comes to 135 dollars.

A: 전화로 주문해도 되나요? B: 네, 그럼요. 그리고 100달러 넘게 구매하시면, 저희가 10퍼센트 할인해 드릴 수 있어요.
A: 오, 좋네요. 딸기가 150달러어치 필요하거든요. 저희 가게로 배달해 주실 수 있으세요?
B: 물론이죠. 할인 적용하면, 총액은 135달러입니다.

문장 조립하기 다음 우리말을 영어로 써 보자.

1. 4백만 명이 넘는 사람들이 거기에 살아.

....

- four million 4백만 / people 사람들 / there 거기에
- [over + 숫자] 덩어리가 주어인 people 앞에 위치해야 합니다.

2. 그들은 30개가 넘는 다른 맛의 아이스크림을 가지고 있어.

....

- different flavors 다른 맛
- '다른 맛의 아이스크림'은 '아이스크림의 다른 맛' 즉, different flavors of ice cream으로 영작합니다. 원어민들이 이렇게 생각하기 때문에 우리도 거기에 맞춰 줘야 합니다.

3. 그의 발표는 1시간 넘게 계속됐어.

....

- His presentation 그의 발표 / last 계속되다 / an hour 한 시간
- last는 '마지막, 지난번의'란 뜻 외에, '지속되다'의 뜻이 있습니다.

4. 난 그것을 100번 넘게 봤어. (그리고 지금도 보고 있어.)

....

- see 보다 / 100 times 100번
- 예전에 봤는데 현재까지도 지속되고 있을 때는 현재완료시제로 표현합니다. 즉, [have+과거분사] 형태로 말해야 하죠.

5. 그건 2,000달러가 넘는 비용이 들 거야.

....

- cost 비용이 들다
- '~할 것이다'라고 예정된 계획을 말할 때는 be going to를 사용합니다.

1. **A** What do you know about *the Arctic?

   너 북극 지방에 대해 뭐 아는거 있어?

   B Well, not much. But I know that **over four million people live there.**

   음, 별로 없는데. 그래도 이건 알아. 4백만 명 넘는 사람들이 거기에 살고 있어.

> 북극 지방은 the Arctic이라 하고요, 남극 지방은 the Antarctic이라고 합니다. 보통 고유명사에는 the를 붙이지 않지만, 반도, 산맥, 해협 같은 특정 지역의 이름 앞에는 the가 붙는 경우들이 있습니다.
> **e.g.** the Sahara (사하라 사막) the Pacific (태평양) the Himalayas (히말라야 산맥)
> the South Pole (남극)

2. **A** I found a new ice cream store down the street.

   나 길 아래쪽에 새 아이스크림 가게 발견했어.

   B Oh, I saw their *ad on TV. **They have over 30 different flavors of ice cream.**

   오, 나도 TV에서 광고하는 거 봤어. 그들은 30가지가 넘는 다른 맛 아이스크림이 있어.

> 광고는 영어로 advertisement라고 합니다. 줄여서 간단히 ad라고 부르지요. 참고로 라디오나 TV에서 하는 방송 광고만을 가리켜서는 commercial이라고도 부릅니다.
> **e.g.** I really love that commercial. (나 저 방송 광고 진짜 마음에 들어.)

3. **A** **His presentation lasted over an hour.** I was bored out of my mind.

   그의 발표는 1시간 넘게 계속됐어. 지루해서 미치는 줄 알았다.

   B Unlike you, I actually loved it. I *found what he said very interesting.

   너랑 다르게, 난 사실 발표가 아주 마음에 들었어. 그가 말한 게 굉장히 흥미롭더라고.

> [find+목적어+형용사(funny/interesting/boring 등)]는 '~를 ...라고 생각하다/여기다'란 뜻으로 무언가에 대한 누군가의 의견, 생각을 말할 때 즐겨 쓰이는 문장 구조입니다. 예를 들어, 영화를 보고서 영화에 대해 I found the movie funny. (난 그 영화 재미있다고 생각했어.) 등과 같이 말할 수 있지요.

4. **A** Have you seen the movie, "Die Hard"?

   B **I've seen it over 100 times. I even memorized *every line of that movie.**

너 "다이하드" 영화 본 적 있어?

나 그거 100번 넘게 봤어. 난 심지어 그 영화의 모든 대사를 다 외웠다니까.

---

every는 문법적으로 반드시 뒤에 단수 명사가 위치해야 합니다. 반면, 같은 뜻인 all은 뒤에 셀 수 있는 명사가 위치할 때 그 명사는 반드시 복수 형태를 취해야 하지요.
e.g. every boy (모든 소년) all boys (모든 소년들)

---

5. **A** The bad news is, **it's going to cost over 2,000 dollars.**

   B 2,000 dollars? Are you kidding me? *What a rip-off!

나쁜 소식은, 그게 2,000달러가 넘는 비용이 들 거라는 거야.

2,000달러라고? 장난쳐? 완전 사기네!

[What+a/an+(형용사)+명사!] 구조는 '~네!', '~잖아!', '~구나'라고 감탄문을 말할 때 쓰입니다. 예를 들어, '정말 멋진 소년이네!'는 What a great boy!라고 말하면 되지요. 단, 문맥상 긍정적인 말인지 부정적인 말인지 추측이 가능한 상황에서는 형용사를 생략하고 [What+a/an+명사!] 형태로 즐겨 쓰입니다.
e.g. What a day! (정말 힘든 하루였어!) What a view! (경치가 끝내주네!)
    What an idiot! (멍청한 자식 같으니!)

Oddly enough, success over a period of time is more expensive than failure.

참 이상하게도, 일정 시간이 넘게 걸려 만들어진 성공은 실패보다 더 값 비싸다.

....

oddly 이상하게도 failure 실패

우리는 크리스마스 동안 어디 가 있어.
We are away over Christmas.

over: (시간의 흐름) ~하는 동안 (죽), ~하면서

over는 over dinner (저녁을 먹는 동안), over the summer (여름 동안), over the last two years (2년 동안)처럼 **보통 시작점부터 끝까지 계속 이어지는 시간의 흐름을 나타낼 때 쓰입니다.** 참고로, 이런 의미의 over는 during the summer (여름 동안), during the exam (시험 동안)처럼 [during + 기간 명사]와 동일하다고 보면 됩니다. 단, during의 경우, 언급되는 시간이 기간 전체가 아니라는 겁니다. 주어진 기간 중에서 어느 때나 상관없는 특정한 한 시점에 행해지는 행동, 상황을 설명할 때 during이 쓰입니다. 이 점이 over와의 차이점이죠.

e.g. A manager was appointed during my absence. (내 부재 기간 동안 새 관리자가 임명되었어. – 부재 기간 중 어느 한 시점에 발생한 상황을 언급)

▶ 145-146

전치사 감 잡기 쉬운 문장으로 전치사 감을 잡자!

우리는 크리스마스 동안 어디 가 있어.
우리는 We / 멀리 떠나 있다 are away /
크리스마스 동안 over Christmas

We are away over Christmas.

그는 그 세월 동안 많은 돈을 잃었어.
그는 He / 잃었다 has lost / 많은 돈을
a lot of money / 그 세월 동안 over the years

He has lost a lot of money over the years.

나 그거 주말 동안 수리 받아 놓을 거야.
나는 I / 해 놓을 것이다 will have / 그것을 it /
수리되게 repaired / 주말 동안 over the weekend

I will have it repaired over the weekend.

과거 몇 년 동안, 많은 것들이 변했어.
과거 몇 년 동안 Over the past few years /
많은 것들이 many things / 변했다 have changed

Over the past few years, many things have changed.

우리 저녁 먹으면서 이 대화 마치는 게 어떨까?
우리 ~하는 게 어때? Why don't we / 끝내다 finish / 이
대화를 this conversation / 저녁 먹으면서 over dinner

Why don't we finish this conversation over dinner?
미드: Alias

커피 마시는 동안 그것에 대해 얘기하고 싶니?
넌 원하니? Do you want / 얘기하는 것 to talk /
그것에 대해 about it / 커피 마시는 동안 over coffee

Do you want to talk about it over coffee?
미드: The Middle

나 지난 몇 년 동안 꽤 많이 이직했어.

A You have a job interview tomorrow, right? Are you nervous?

B Not really, but I'm a bit worried about my résumè. You know,
   I have changed my job quite a lot over the past few years.

A Oh, have you? If that's the case, you need to come up with a good excuse.

B Maybe I'll just tell them I had to move a lot.

A: 너 내일 면접 있잖아, 그렇지? 긴장돼?
B: 별로. 하지만 내 이력서가 조금 걱정되긴 해. 알다시피, 내가 지난 몇 년 동안 꽤 많이 이직했잖아.
A: 어, 그랬어? 그렇다면, 그럴듯한 변명을 생각해 놔야겠네. B: 그냥 이사를 많이 다녀야 했었다고 말해야 할까 봐.

문장 조립하기 다음 우리말을 영어로 써 보자.

1. 나 겨울 동안 뉴욕에 있었어.

....

• was 있었다 / in New York 뉴욕에 / the winter 겨울

2. 그거에 대해선 저녁 먹는 동안 얘기하자.

....

• talk about ~에 대해서 얘기하다 / dinner 저녁 식사
• '~하자'의 청유문은 [Let's + 동사원형] 패턴으로 말합니다.

3. 난 주말 동안 부모님과 함께 있었어.

....

• stay 머무르다 / with ~와 함께 / my parents 우리 부모님 / the weekend 주말

4. 넌 그 세월 동안 많이 안 바뀌었다.

....

• change 바뀌다 / much 많이 / the year 그 세월 동안
• 과거부터 현재까지 크게 바뀌지 않았다는 뜻이므로 현재완료시제 [have + 과거분사]로 표현합니다.

5. 우리는 맥주 한 잔 마시는 동안 긴 얘기를 나눴어.

....

• have a long talk 긴 얘기를 나누다 / a glass of beer 맥주 한 잔
• '얘기를 나누다'는 결국 '얘기하다'잖아요. 그래서 talk를 동사로 쓰거나 혹은 명사로 써서 have a talk라고 말할 수 있습니다.

1. A <u>**I was in New York over the winter.**</u>
   B Oh, did you have fun there? I *bet you visited Times Square.

   나 겨울 동안 뉴욕에 있었어.
   오, 거기서 재미있게 지냈어? 장담컨대 타임스 스퀘어는 방문했겠네.

   > bet은 '내기하다, (내기에) 걸다'란 뜻의 동사입니다. 내기를 한다는 건 그만큼 이길 수 있다는 자신감이 있어서겠죠? 그래서 하고픈 문장 앞에 I bet을 붙이면 '분명히 ~야', '장담컨대 ~야'란 의미를 전달할 수 있습니다.
   > **e.g.** I bet you killed him. (장담컨대 네가 그를 죽였어.)

2. A *I'm starving. <u>**Let's talk about it over dinner.**</u>
   B Good idea. Do you like Italian food? I know a good place.

   나 배고파 죽겠어. 그것에 대해선 저녁 먹는 동안 얘기하자.
   좋은 생각이야. 너 이탈리아 음식 좋아해? 내가 괜찮은 곳 알고 있어.

   > 배고프다고 말할 때 가장 흔히 하는 표현이 바로 I'm hungry.입니다. 좀 더 강하게 배가 고파서 죽을 것 같을 때는 I'm starving.이라고 말해 보세요. 또 너무 배가 고프면 소 한 마리도 다 먹을 것 같잖아요. 원어민들은 소 대신 말이라고 표현합니다. 그래서 I could eat a horse.라는 표현도 즐겨 사용한답니다.

3. A <u>**I stayed with my parents over the weekend.**</u> What about you?
   B I just stayed home and did *absolutely nothing.

   나 주말 동안에 부모님과 함께 있었어. 넌?
   난 그냥 집에 있으면서 아무것도 안 했어.

   > absolutely는 부사로 '절대적으로, 무조건적으로'란 뜻입니다. 그리고 부정문에서는 '전혀'란 의미로 쓰이고요. We know absolutely nothing. (우리는 전혀 아무것도 몰라요.)처럼 말이죠. absolutely가 대화에서 단독으로 쓰이게 되면 상대방의 요청, 질문에 강한 긍정으로 답하는 것이 되어 '당연하지, 그렇고말고'의 뜻입니다.
   > **e.g.** A: Will you come? (너 올 거야?) B: Absolutely. (당연하지.)

4. **A** *Long time no see, Tom. How long has it been?

   B 7 years or 8 years, I don't know. <u>**You haven't changed much over the years.**</u> You still look great.

정말 오랜만이다, 톰. 이게 얼마만이지?

7년, 8년? 나도 잘 모르겠다. <u>넌 그 세월 동안 많이 안 바뀌었네.</u> 여전히 좋아 보여.

> 정말 오랜만에 친구나 지인 등을 만났을 때 즐겨 사용할 수 있는 표현이 바로 Long time no see.입니다. 이외에 I haven't seen you in ages. (진짜 오랫동안 못 봤다.), Hello, stranger. (아니 이게 누구야.), It's been a long time since we last met. (우리 마지막으로 보고 정말 오래 됐다.) 등의 표현들이 즐겨 쓰입니다.

5. **A** So did you have a good time with your *ex-girlfriend?

   B Yeah, it was good. <u>**We had a long talk over a glass of beer.**</u>

그래서 네 전 여자친구랑 좋은 시간 보낸 거야?

응, 좋았어. <u>우리 맥주 한 잔 마시는 동안 긴 얘기를 나눴어.</u>

> 접두어 ex-는 '전에, ~ 이전에'란 뜻입니다. 사람을 지칭하는 표현 앞에 붙어서 ex-girlfriend (전 여자친구), ex-husband (전 남편), ex-president (전 대통령) 같이 사용할 수 있습니다.

I write probably 80 percent of my stuff over the winter.

난 아마 겨울 동안 내 글의 80퍼센트는 씁니다. [= 긴 겨울은 많은 일을 할 수 있는 시간이다.]

....
probably 아마도 stuff 근무, 일, 물건

제인은 내 행동에 대해 엄청 화를 냈어.
Jane blew up over my actions.

over: (관련성) ~에 대해, ~에 대한 일로, ~ 때문에

전치사 over는 어떤 것과의 관련성을 언급할 때 쓰이며 우리말 '~에 대해서', 또는 '~에 대한 일로'란 뜻을 전달합니다. 뉘앙스에 따라서 '~ 때문에'로 해석될 수도 있지요. 전치사 about으로 대체 가능하기도 한데, about과 비교했을 때 좀 더 오랜 시간을 두고 생각할 필요가 있는 일을 말할 때 쓰는 경향이 있습니다.

▶ 148-149

전치사 감 잡기 쉬운 문장으로 전치사 감을 잡자!

제인은 내 행동에 대해 엄청 화를 냈어.
제인은 Jane / 엄청 화를 냈다 blew up /
내 행동들에 대해서 over my actions

Jane blew up over my actions.

그들은 돈 관련해 언쟁을 했어.
그들은 They / 언쟁을 했다 had an argument /
돈 관련 일로 over money

They had an argument over money.

난 내기 때문에 돈을 좀 잃었어.
나는 I / 잃었다 lost / 돈을 좀 some money /
내기에 대한 일로 over a bet

I lost some money over a bet.

그들과 그 문제에 관해 얘기해 보는 건 어때?
너 ~하는 게 어때? Why don't you / 얘기하다 talk /
그 문제에 관해서 over the matter / 그들과 with them

Why don't you talk over the matter with them?

걔들은 뭔 일 때문에 몸싸움을 했어.
그들은 They / 몸싸움을 했다 got into a physical fight
/ 뭔 일 때문에 over something

They got into a physical fight over something.
미드: Rizzoli & Isles

난 완벽한 드레스를 찾은 것에 행복해하는 사람이 되고 싶어.
난 I / 되고 싶다 want to be / 그 사람이 the person /
행복해하는 who gets happy / 완벽한 드레스를 찾은
것에 대해 over finding the perfect dress

I want to be the person who gets happy over finding the perfect dress.
미드: Grey's Anatomy

톰이랑 나 뭐로 좀 말다툼을 했어.

A **Tom and I had an argument over something.**
B Again? What did you guys argue about this time?
A Well, **over the money that I owed him.**
B You haven't paid him back yet. Oh, come on. Don't be an asshole.

A: 톰이랑 나 뭔 일로 좀 말다툼을 했어. B: 또? 너희 이번엔 뭐 때문에 싸운 건데?
A: 음, 내가 걔한테 빚졌던 돈 가지고. B: 너 아직도 걔한테 돈 안 갚았구나. 아, 진짜. 개자식은 되지 마라.

문장 조립하기 다음 우리말을 영어로 써 보자.

1. 쟤 그냥 아무것도 아닌 일에 화가 났어.

....

- just 그냥 / get mad 화가 나다 / nothing 아무것도 아닌 것
- get의 과거형은 got입니다.

2. 엎질러진 우유에 대해 우는 건 소용없어.

....

- It's no use crying 우는 것은 소용없다 / spilt milk 엎질러진 우유
- 후회해 봤자 소용없다는 의미로 많이 쓰이는 영어 속담입니다. 꼭 알아두세요.

3. 사소한 것 때문에 다투지 말자.

....

- quarrel 다투다 / small things 사소한 것들
- '~하지 말자'는 [Let's not + 동사원형] 패턴을 사용합니다.

4. 난 그의 죽음 때문에 엄청 울었어.

....

- cry 울다 / a lot 많이, 엄청 / his death 그의 죽음
- '엄청, 많이' 등 양을 강조할 때는 동사 뒤에 a lot을 붙여 주면 됩니다. **e.g.** I studied a lot. (나 많이 공부했다고.)

5. 제인과 난 아직도 색상에 대해 협의가 안 되고 있어.

....

- have a disagreement 협의가 안 되다 / the color 색상
- 'A와 나는'이 주어일 때는 항상 I를 뒤로 빼서 A and I 형태로 써야 합니다.

1. A What just happened? Why did Jack storm out?

   B I don't know. **He just *got mad over nothing.**

   방금 무슨 일이 있었어? 잭이 왜 뛰쳐나갔어?

   나도 몰라. 쟤 아무것도 아닌 일에 화가 났어.

> 뜻이 여러 개인 동사 get이 여기서는 '~하게 되다'로 become의 의미입니다. 이때, get 뒤에 반드시 형용사가 위치해서 [get+형용사] 구조로 쓰여야 하지요.
> **e.g.** I got sad. (난 슬퍼졌어.) He easily gets mad. (걔는 쉽게 화를 내.)
> We got disappointed. (우리는 실망했어.)

2. A Just get *over it. **It's no use crying over spilt milk.**

   B Ha, it's easy for you to say. Hey, you're not helping. Just leave me alone.

   그냥 잊어 버려. 엎질러진 우유에 울어 봤자 소용없다고.

   하, 너니까 그렇게 말하기 쉽지. 야, 너 도움 안 되거든. 날 좀 그냥 내버려 둬.

> 전치사 over는 어려운 단계나 상황을 극복하고 넘어선다는 의미로도 쓰입니다. 말 그대로 고난 위로 올라서서 넘어가는 모습을 떠올리면 되지요. 동사 get과 함께 쓰인 get over는 '~를 극복하다'란 뜻의 숙어 표현이니 기억해 두세요.

3. A I'm 2 centimeters taller than you.

   B Actually, it's 1.5. Hey, **let's not quarrel over small things.** You're taller than me, *cool?

   내가 너보다 2센티미터 더 커.

   사실, 1.5 센티미터인데. 야, 사소한 걸로 말다툼 하지 말자. 네가 나보다 크다고, 됐지?

> cool은 온도, 날씨와 관련해서 '시원한'의 뜻과, 상태와 관련해서 '멋진'의 뜻을 갖습니다. 또, cool은 상태와 관련해 '괜찮은, 문제없는'이란 뜻으로도 쓰입니다. 상대방에게 "괜찮아? 문제없지?"란 뜻으로 Cool?이라고 물어보면 상대방은 "괜찮아. 문제없어."란 의미로 Cool.이라고 대답하면 되지요.

4. **A** Uncle John was *like a father to me. **I cried a lot over his death.**

B We all did.

존 삼촌은 내게 아버지와 같았어. 난 그분의 죽음 때문에 엄청 울었어.

우리 모두 그랬어.

like는 전치사로 '~와 같은, ~처럼'의 뜻이죠. '~이다'란 뜻의 be동사와 함께 쓰여 [be like A]는 '마치 A와 같다'는 뜻입니다.
e.g. His house is like a castle. (그의 집은 마치 성 같아.)
She is like a superstar. (그녀는 마치 슈퍼스타 같아.)

5. **A** **Jane and I still have a disagreement over the color.**

B We don't have much time. Choose the color, and *get it over with.

제인과 난 아직도 색상에 대해서 협의가 안 되고 있어.

우리 시간 많이 없어. 색상 선택하고, 후딱 해치워 버려.

무언가를 '후딱 끝내자', '얼른 처리하자', '빨리 마무리하자' 등의 의미로 쓰이는 회화 표현이 바로 get it over with입니다. 전치사 with 뒤에 명사가 올 필요 없이 그냥 통으로 외워 두면 됩니다. 보통 하기 싫거나 귀찮거나 지겨운 일에 대해서 많이 쓰이는 표현이지요.

Do not rejoice over anyone's death; remember that we all must die.

누군가의 죽음에 대해 기뻐하지 마라. 우리 모두는 결국 죽는다는 걸 기억해라.

....
rejoice 기뻐하다, 좋아하다 death 죽음

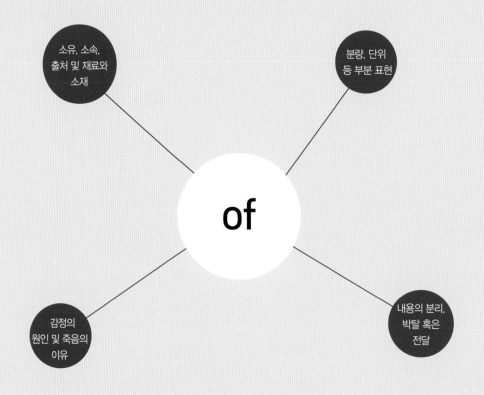

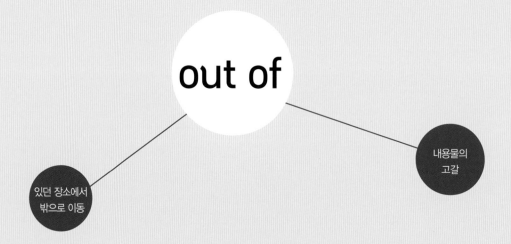

10

of와 out of를 한눈에!

of는 of Korea (한국의), of my friend (내 친구의)처럼 우리말 '~의'란 뜻으로 소유, 소속, 출처 등을 밝힐 때 쓰입니다. 소속, 출처라는 개념을 활용하여 be made of (~로 만들어지다)의 경우처럼 재료와 소재가 무엇인지를 밝힐 때도 전치사 of가 쓰이죠. 또, of는 그 의미가 확장되어 all of (모든 ~), some of (몇몇의 ~), most of (대부분의 ~), many of (많은 ~)처럼 다양한 분량, 단위를 의미하는 표현들과 함께 사용되어 그 부분에서의 전체 혹은 일부가 어느 정도인지를 언급할 때도 활용됩니다. of는 소유, 소속, 출처라는 기본 개념에서 확장되어 die of (~로 죽다), be afraid of (~가 두렵다), be tired of (~에 질리다)처럼 특정 표현과 함께 숙어처럼 사용되어 '~ 때문에'의 뜻으로 근본적이고 내부적인 이유, 원인을 말할 때 쓰일 수 있습니다. 마지막으로 소속의 개념과는 정반대로 분리, 박탈, 혹은 소속이라는 기본 개념과의

연장선상에서 전달의 의미로도 전치사 of가 사용됩니다. 예를 들어, deprive A of B (A에게서 B를 빼앗다), relieve A of B (A에게서 B를 해제하다)처럼 특정 숙어 표현들은 of를 활용해 분리, 박탈의 개념을 전달합니다. 반면, inform A of B (A에게 B를 전달하다), convince A of B (A에게 B를 납득시키다)처럼 특정 숙어 표현들은 of를 활용해 내용을 전달하는 개념으로 활용되기도 합니다. 이런 숙어 표현들은 반드시 암기해 두셔야 합니다. 이 of에 '밖으로'란 개념의 out을 붙여 만든 전치사구 out of는 소유, 소속 상태에서 밖으로 나가는 것이기에 out of the building (건물 밖으로), out of milk (우유가 다 떨어진)처럼 장소에서 밖으로 이동하는 모습을 전달하거나 소속, 소유 상태의 내용물이 고갈된다는 의미를 전달할 때 쓰입니다.

나 그의 머리 색깔이 마음에 들어.
I like the color of his hair.

of : (소유, 소속, 출처) ~의, (재료, 소재) ~로 만들어진

of는 '~의'란 뜻으로 소유, 소속, 출처, 위치와 관련한 내용을 전합니다. 예를 들어, '난 그 클럽의 회원이야.'는 문장의 기본 틀인 I'm the member (난 회원이야) 뒤에 어디에 속한 회원인지를 전치사 of를 활용한 of the club을 붙여 I'm the member of the club. (난 그 클럽의 회원이야.)처럼 추가 정보를 더해 주면 되지요. 또 of는 어떤 재료나 소재로 만들어진 것인지 즉, 재료의 출처를 설명할 때도 쓰입니다. be made of는 '~로 만들어지다'란 표현으로 반드시 기억해 두세요. 회화에서 무지 잘 씁니다.

eg. It is made of glass. (그건 유리로 만들어졌어요.)

 ▶ 151-152

전치사 감 잡기 쉬운 문장으로 전치사 감을 잡자!

나 그의 머리 색깔이 마음에 들어.
나는 I / 마음에 든다 like / 그 색깔이 the color /
그의 머리의 of his hair

I like the color of his hair.

이게 서울 지도야.
이것은 This / ~이다 is / 지도 the map /
서울의 of Seoul

This is the map of Seoul.

내 차가 고속도로 중간에서 멈췄어.
내 차가 My car / 멈췄다 stopped /
중간에서 in the middle / 고속도로의 of the highway

My car stopped in the middle of the highway.

책상을 4명씩 앉을 수 있게 이동시켜.
이동시켜라 Move / 너희의 책상을 your desks /
그룹들로 into groups / 4명씩의 of four

Move your desks into groups of four.

학교 마지막 날은 어땠어?
어땠니? How was / 마지막 날 the last day /
학교의 of school

How was the last day of school?
영화: Taken

이 셔츠는 열에 민감한 물질로 만들어졌습니다.
이 셔츠는 This shirt / 만들어졌다 is made /
열에 민감한 물질로 of a heat sensitive material

This shirt is made of a heat sensitive material.
미드: Alias

내 친구 하나가 거기서 일 해.

A I have a job interview at the Watermelon company tomorrow.

B Really? **A friend of mine works there.** And actually, his father
   is the CEO of the company.

A Get out of here! Can you ask your friend to pull some strings for me?

B I'll see what I can do.

A: 나 내일 워터멜론 회사에 면접 있어. B: 진짜? 내 친구 하나가 거기서 일해. 그리고 사실, 걔네 아버지가 그 회사 사장이야.
A: 헐, 대박! 네 친구한테 나 힘 좀 써 달라고 말해 줄 수 있어? B: 내가 한번 알아볼게.

문장 조립하기 다음 우리말을 영어로 써 보자.

1. 너 어떻게 그 노래 제목을 찾았어?

....

- How 어떻게 / find 찾다 / the name 이름, 제목 / the song 노래
- 일반동사 과거시제가 쓰인 의문사 의문문의 어순은 [의문사 + did + 주어 + 동사원형 ~?]입니다.

2. 우리 방금 영화 초반부 놓쳐 버렸네.

....

- just 방금 / miss 놓치다 / the beginning 초반부 / the movie 영화
- '방금 ~했다'라고 현재에 영향을 미치는 완료 상황은 현재완료시제 [have/has+과거분사]를 씁니다.

3. 너 무슨 종류의 음악을 가장 좋아하니?

....

- What kind 무슨 종류 / like 좋아하다 / the most 가장
- '무슨 종류의 음악'을 '음악의 무슨 종류'로 생각하고서 영작해 보세요.

4. 이거 플라스틱으로 만들어진 거예요?

....

- this 이것은 / be made 만들어지다 / plastic 플라스틱
- be동사가 쓰인 문장의 의문문은 주어 앞으로 be동사를 이동시켜 만듭니다.

5. 그건 모니터 뒤쪽에 있어요.

....

- It 그것은 / on the back 뒤쪽에 / the monitor 모니터
- be동사 am, are, is가 신분, 상태의 의미일 때는 '~이다'로 해석하고 위치의 의미일 때는 '(~에)있다'로 해석합니다.

1. A **How did you find the name of the song?**

   B I *googled it.

   너 그 노래 제목 어떻게 찾았어?

   검색해 봤지.

> google은 인터넷 검색 사이트 이름입니다. 이렇게 유명한 브랜드명을 동사로 사용해서 해당 회사가 제공하는 서비스의 내용을 나타내는 경우가 있습니다. 예를 들어, google은 '검색하다', zerox는 '복사하다'처럼 말이죠.

2. A Oh, no. We're late. **We've just missed the beginning of the movie.**

   B *Not a big deal. We can stay after the show is over, and watch it when they run the next show.

   아, 이런. 우리 늦었다. 우리 방금 영화 초반부 놓쳐 버렸네.

   별 거 아냐. 영화 끝난 후에 남아 있다가, 다음 거 상영할 때 보면 돼.

> 어떤 상황에 대해서 '별 거 아냐.'란 의미로 쓸 수 있는 표현이 바로 It's not a big deal.입니다. 간단히 줄여서 Not a big deal. 또는 더 간단히 No big deal.이나 No biggie.라고 말하면 되지요.

3. A Jenny, **what kind of music do you like the most?**

   B I like all kinds of music, but *hip-hop is my favorite.

   제니, 너는 무슨 종류의 음악을 가장 좋아하니?

   난 모든 종류의 음악을 좋아해. 하지만 힙합이 내가 가장 좋아하는 거야.

> 다양한 종류의 음악을 지칭하는 명사들을 외워 두세요.
> **e.g.** classical music (클래식 음악) rock music (록 음악) ballads (발라드 음악)
> country music (통기타 음악) traditional music (전통 음악)

4. **A** Wow, this chair is very light. <u>Is this made of plastic?</u>

   B No, it's made of wood. It's *not only light but also very sturdy.

와우, 이 의자 정말로 가볍네요. <u>이거 플라스틱으로 만들어진 건가요?</u>

아뇨, 나무로 만들어진 겁니다. 그건 가벼울 뿐만 아니라 아주 견고하죠.

---

not only A but also B는 'A일 뿐만 아니라 B'라는 뜻의 구문 표현입니다. 굉장히 많이 쓰이는 거니까 반드시 외워 둬야 합니다.

e.g. He is <u>not only</u> smart <u>but also</u> handsome. (그는 똑똑할 뿐만 아니라 잘생기기까지 했어.)

She <u>not only</u> speaks English, <u>but also</u> Chinese. (그녀는 영어뿐 아니라 중국어도 해.)

---

5. **A** I'm really sorry. We'll send you a new one right away. What's the model number? <u>It's on the back of the monitor.</u>

   B Let me see. Oh, here it is. *It says KG 335.

정말 죄송합니다. 새 걸로 바로 보내드릴게요. 모델명이 어떻게 되죠? <u>그것은 모니터 뒤쪽에 있어요.</u>

한번 볼게요. 아, 여기 있네요. KG 335라고 적혀 있어요.

게시물, 표지판, 신문 등에 있는 문구를 가리키며 '~라고 나와 있다', '~라고 쓰여 있다'라고 말할 때는 It says ~ 구문을 사용합니다.

e.g. It says "Do not drink this." ("이거 마시지 마시오"라고 적혀 있네.)

Beauty is in the eye of the beholder.

아름다움은 보는 사람의 눈 안에 있다. (= 아름다움의 기준은 사람마다 다르다.)

··············
beauty 아름다움, 미 beholder 보는 사람

나 감자 5킬로그램 샀어.
I bought 5 kilograms of potatoes.

of : (분량, 단위, 부분 표현) ~의, ~ 중에

of는 무언가의 분량, 단위를 말할 때 사용하기도 합니다. 예를 들어, 커피의 분량이 한 잔이라면 a cup of coffee, 사과의 분량이 한 바구니라면 a basket of apples라고 말하면 되지요. 또, of는 전체와 전체의 일부를 나타내는 all (모두), most (대부분), some (몇몇), many (많은 수), the rest (나머지) 등의 표현과 함께 즐겨 쓰입니다. 예를 들어, '그들 전부'는 all of them이고, '그 학생들 중 대다수'는 most of the students이며, '우리들 중 나머지'는 the rest of us라고 말합니다.

 ▶ 154-155

전치사 감 잡기 쉬운 문장으로 전치사 감을 잡자!

나 감자 5킬로그램 샀어.
나는 I / 샀다 bought / 5킬로그램 five kilograms /
감자의 (= 감자 분량으로) of potatoes

I bought 5 kilograms of potatoes.

기름 20달러어치 주세요.
나는 I / 필요하다 need / 20달러어치 twenty dollars'
worth / 기름의 (= 기름 분량으로) of gas

I need 20 dollars' worth of gas.

내 친구들 몇몇은 미국에 살아.
몇몇은 Some / 내 친구들 중 of my friends / 산다 live /
미국에 in America

Some of my friends live in America.

그는 그 문제들 대부분을 풀었어.
그는 He / 풀었다 solved / 대부분을 most /
그 문제들 중 of the problems

He solved most of the problems.

너희 둘 중 "incontinent"란 단어 뜻 아는 사람 있어?
너희 둘 중 아무나 아니? Does either of you know /
무엇을 what / incontinent가 의미하는지
"incontinent means"

Does either of you know what "incontinent" means?
미드: The Simpsons

우리 중 많은 수가 오늘 죽을 거야.
많은 수 Many / 우리 중 of us / 죽을 것이다 will die /
오늘 today

Many of us will die today.
미드: Sons of Liberty

커피 한 잔 마셔도 될까?

A **Can I have a cup of coffee?**

B Of course. Do you put a lot of cream and sugar in it?

A No, I take it black. Oh, the girls are awake. **Which one is the older of the two?**

B It's Mary, the one on the left.

A: 나 커피 한 잔 마셔도 될까? B: 그럼. 크림이랑 설탕 많이 넣니?
A: 아니, 난 블랙으로 마셔. 오, 아이들 깨어났네. 둘 중에 어느 쪽이 더 언니야? B: 메리가 더 언니야, 왼쪽에 있는 아이.

문장 조립하기 다음 우리말을 영어로 써 보자.

1. 나 고기 10달러어치 샀어.

....

- bought ← buy 사다 / ~ dollars' worth ~달러어치 / meat 고기
- 고기를 10달러어치의 분량으로 사는 것이므로 of가 필요합니다.

2. 와인 한 잔 드시겠어요?

....

- Would you like to ~ 하시겠어요? / have 마시다 / a glass 한 잔
- 와인을 한 잔 만큼의 분량으로 마시는 것이므로 of가 필요합니다.

3. 걔는 내 친구 중 하나야.

....

- one 한 명 / my friends 내 친구들
- [one of+복수 명사]는 '~ 중의 하나'란 뜻입니다. **e.g.** one of my books (내 책 중 한 권)

4. 너희 둘 중 아무나 이 여자를 알아보겠니?

....

- either 어느 한 쪽 / recognize 알아보다 / this woman 이 여자
- either는 둘 중에서 하나를 뜻하며 either of you는 '너희 둘 중 하나', either of them은 '걔들 둘 중 하나'의 뜻입니다.

5. 11월 3일이야.

....

- It 비인칭 주어 / the third 3일 / November 11월
- 11월에서 세 번째 날이기에 three가 아니라 서수인 the third를 썼습니다. 날짜, 날씨, 시간 등을 말할 때는 주어 자리에 it을 쓰는 것, 잊지 마세요.

1. **A** I went to *the butcher's, and there **I bought ten dollars' worth of meat.**

   나 정육점 가서 거기서 고기 10달러어치 샀어.

   B I don't think that's enough to make dinner for everyone.

   다들 먹을 저녁 식사를 만들기에 충분할 것 같지 않은데.

> 소유격 뒤에 등장하는 집 (house) 또는 상점 (store, shop) 등의 장소 명사는 생략이 가능합니다. 소유격 뒤에 장소 명사가 생략된 채 쓰이는 표현들을 기억해 두세요.
> **e.g.** dentist's (치과) my friend's (내 친구 집) barber's (이발소) baker's (제과점)

2. **A** **Would you like to have a glass of wine?**

   와인 한 잔 드시겠어요?

   B I would like to, but *I'll pass. I have to drive.

   그러고 싶지만, 사양할게요. 운전해야 하거든요.

> 동사 pass는 Pass me the salt. (제게 소금 좀 건네주세요.)에서처럼 '건네주다, 패스하다'의 뜻도 있지만, '지나가다' 또는 '관대히 봐 주다' 등의 의미로도 쓰입니다. 상대방이 무언가를 권했을 때, '난 그냥 지나치겠다' 즉, '사양하겠다'는 의미로 I'll pass라고 말하면 되지요.

3. **A** Who is this guy in the picture?

   사진 속 이 남자는 누구야?

   B That's Kevin. **He is one of my friends.** Why? Are you *interested in him?

   걔 케빈인데. 걔 내 친구 중 한 명이야. 왜? 걔한테 관심 있어?

> be interested in은 '~에 관심이 있다'는 뜻입니다. [be동사 + 과거분사] 수동태 표현들 중 전치사 in과 결합하는 다양한 숙어 표현들을 외워 두세요.
> **e.g.** be disappointed in (~에 실망하다) be dressed in (~를 입다) be involved in (~에 관여하다)

4. **A** **Does either of you recognize this woman?**

너희 둘 중 아무나 이 여자 알아보겠니?

B Well, she looks familiar. Oh, I know her. She lives *downstairs.

음, 낯이 익긴 한데요. 아, 저 이 사람 알아요. 아래층에 사는 여자예요.

> downstairs는 방향을 나타내는 부사어 중 하나로 '아래층에, 아래층으로'의 뜻입니다. 반대어는 upstairs로 '위층에, 위층으로'의 뜻이죠. here, there와 마찬가지로 부사 표현이기 때문에 방향을 가리키는 전치사 to와 함께 쓰이지 않습니다.
> ⓔⓖ Let's go to downstairs. (x) → Let's go downstairs. (o) (아래층으로 내려가자.)

5. **A** What date is it today?

오늘 며칠이지?

B Let me see. **It's the third of November.** Oh, wait. It's Tom's birthday today.

어디 보자. 11월 3일이네. 아, 잠깐. 오늘 톰 생일이야.

> 날짜를 말할 때 몇 월 며칠의 '일'은 one, two, three 등의 기수가 아니라 first, second, third 등의 서수로 말해야 합니다. 보통 [(the)+서수+of+달] 형태로 말해서 '11월 3일이야.'는 It's (the) third of November.라고 말하지요. 또는 It's November (the) third.처럼 [월+(the)+서수] 형태로 말할 수도 있습니다.

An ounce of practice **is worth of** a pound of theory.

1온스의 실천이 1파운드 이론의 가치가 있다.

....
ounce 약 28 그램 pound 약 450 그램 be worth of ~의 가치가 있다.

난 그들 같은 사람들이 무서워.
I am afraid of people like them.

of : (감정 상태의 원인, 혹은 죽음의 이유) ~ 때문에

of는 afraid (두려운, 무서워하는), scared (무서워하는, 겁먹은), jealous (질투하는) 등의 형용사와 짝을 이루어 이러한 감정을 갖는 이유, 원인을 설명합니다. 예를 들어, I'm afraid (난 무서워)라고 말한 후 두려운 이유, 원인을 of를 써서 설명하면 되는 거죠. **e.g** I'm afraid of bugs. (난 벌레가 무서워.)

또 of는 동사 die와 함께 쓰여 직접적이고 내부적일 수 있는 죽음의 원인을 언급할 수 있습니다. 예를 들어 '그가 암으로 죽었어.'에서 죽음의 원인은 암 (cancer)이므로 He died of cancer.라고 말하면 되지요.

 ▶ 157-158

전치사 감 잡기 쉬운 문장으로 전치사 감을 잡자!

난 그들 같은 사람들이 무서워.
나는 I / 무섭다 am afraid / 사람들이 of people /
그들과 같은 like them

I am afraid of people like them.

나 혼자 밥 먹는 거 질렸어.
나는 I / 질렸다 am tired / 밥 먹는 것 of eating /
혼자서 alone

I am tired of eating alone.

너 왜 그렇게 날 질투하는 건데?
왜 Why / 넌 ~이니? are you / 그렇게 질투하는 so
jealous / 나를 of me

Why are you so jealous of me?

그는 심장마비로 죽었어.
그는 He / 죽었다 died / 심장마비로 of a heart attack

He died of a heart attack.

너 네 자신을 부끄러워해야 해.
넌 You / 부끄러워해야 한다 should be ashamed /
네 자신을 of yourself

You should be ashamed of yourself.
미드: Modern Family

난 특히 고양이를 좋아해.
난 I / ~이다 am / 특히 좋아하는 particularly fond
/ 고양이를 of cats

I am particularly fond of cats.
미드: Hannibal

난 높은 곳을 무서워해.

A John, come and look at the wonderful scenery down here.

B I can't. I'll just be here.

A Oh, come on. You have to see it. It's breath-taking.

B No can do, man. **I'm scared of heights.**

A: 존, 와서 여기 아래 훌륭한 경치 좀 봐 봐. B: 난 못 봐. 나 그냥 여기 있을게.
A: 아, 그러지 말고 와 봐. 너 이거 꼭 봐야 해. 정말 숨이 멎을 정도라니까. B: 안 되겠어. 난 고소공포증 있다고.

문장 조립하기 다음 우리말을 영어로 써 보자.

1. 난 네가 자랑스러워.

....

- proud 자랑스러운
- proud는 '자랑스러운'이고 '자랑스럽다'는 be proud입니다. 자랑스러운 감정의 원인을 of를 써서 표현합니다.

2. 나 네가 너무 질투나는데.

....

- so jealous 너무 질투나는
- 질투의 대상은 너 (you)입니다. 그래서 of you로 표현하죠.

3. 실수하는 걸 두려워하지 마.

....

- Don't ~하지 마 / afraid 두려워하는 / make mistakes 실수하다
- 전치사 뒤에 '~하는 것'이란 형태의 어구가 올 때는 반드시 동사-ing 형태를 쓰세요. **e.g.** afraid of dying (죽는 걸 두려워하는)

4. 나 이 비 오는 날씨가 진절머리가 나.

....

- sick and tired 진절머리가 나는 / rainy 비 오는 / weather 날씨
- 무언가가 질렸다고 할 때, be sick of/be tired of 혹은 둘 다 써서 be sick and tired of라고 말합니다.

5. 그녀의 개가 늙어서 죽었어.

....

- die 죽다 / old age 늙은 나이, 노령
- 죽음의 직접적인 원인, 또는 내부적 원인을 말할 때는 전치사 of가 쓰입니다.

1. A This year I'm *spending more time learning English.
   B I know you do. **I'm proud of you.**

   올해는 내가 영어 배우는 데 더 많은 시간을 쓰고 있어.
   너 그러는 거 나도 알아. (난) 네가 자랑스럽다.

   > [spend + 시간 + 동사-ing]는 '~하는 데 시간을 쓰다'란 의미입니다. 예를 들어, '난 춤추는 데 한 시간을 썼어.'는 I spent one hour 뒤에 '춤추다'의 동사 dance에 -ing를 붙인 dancing을 붙여 I spent one hour dancing.이라고 표현하면 되지요.

2. A I was offered a better job at Apple, and I'll definitely take it.
   B *Good for you! **I'm so jealous of you.**

   나 애플사에서 더 좋은 일자리 제안 받았거든.
   그리고 당연히 수락하려고.
   잘됐다! 나 네가 너무 질투나는데.

   > 상대방에게 일어난 좋은 상황에 대해 '좋겠다!', '잘됐네!'란 의미로 사용할 수 있는 회화 표현이 바로 Good for you!입니다. 그 외에 '축하해!'란 의미로 Congratulations! 역시 많이 쓰입니다. 간단히 줄여서 Congrats!라고도 합니다.

3. A When you speak English, **don't be afraid of making mistakes.**
   B I'll keep that in mind. *Thanks a million.

   너 영어로 말할 때, 실수하는 걸 두려워하지 마.

   기억할게요. 정말 많이 고마워요.

   > 상대방에게 고맙다고 말할 때 단순히 Thanks / Thank you 외에, 좀 더 고마움의 정도를 크게 표현하기 위해 원어민들이 즐겨 사용하는 표현들이 있으니 같이 외워 두세요.
   > **e.g.** Thanks a lot. (많이 고마워.) Thanks a million. (정말 많이 고마워.) I appreciate it. (감사해요.)
   > I can't thank you enough. (정말 너무너무 감사해요.)

4. A I can't believe it. It has been raining for a week.

   B Yeah, it's *ridiculous. **I'm sick and tired of this rainy weather.**

믿기지가 않네. 일주일 내내 계속 비가 내리고 있잖아.

그러게, 어이가 없어. 나 이 비 오는 날씨 진절머리가 난다.

> 형용사 ridiculous는 '터무니없는, 우스꽝스런'이란 뜻입니다. 상대방이 정말 이상한 옷차림을 하고 있을 때 You look ridiculous. (너 진짜 우스꽝스러워 보여.)라고 말할 수 있지요. 또 대화문에서처럼 너무 말도 안 되는 상황이 있을 때 '어이가 없네.'란 뜻으로 It's ridiculous.라고 말할 수 있습니다.

5. A Jenny looks so depressed today. What's up with her?

   B Oh, didn't you hear? **Her dog died *of old age.**

제니가 오늘 엄청 우울해 보이는데. 쟤 왜 저러는 거야?

아, 너 못 들었어? 걔 개가 노령으로 죽었어.

> die of 뒤에는 보통 cancer (암), hunger (굶주림), pneumonia (폐렴) 같은 죽음의 직접적인 또는 내부적인 원인이 등장합니다. 반면, die 뒤에 from을 쓸 때도 있어요. 이때는 wounds (부상), explosion (폭발), heat (열) 등과 같은 간접적인 또는 외적인 원인이 등장한다는 차이가 있습니다.

He who has been bitten by a snake is afraid of an eel.

뱀에 물린 사람은 장어만 봐도 놀란다. (= 자라 보고 놀란 가슴 솥뚜껑 보고 놀란다.)

. . . .

bite 물다 (bit–bitten) snake 뱀 eel 장어

난 나한테서 이 감정을 없애고 싶어.
I want to rid myself of this feeling.

of : (분리, 박탈, 전달) ~을, ~를

전치사 of는 분리, 박탈을 의미하는 deprive (빼앗다), rob (훔치다), relieve (해제하다), cure (치료하다) 등의 동사와 함께 [특정 동사 + 사람 + of + 분리/박탈의 대상]의 어순으로 쓰입니다. 이런 동사들이 수동태인 be deprived of (~를 빼앗기다), be robbed of (~를 도둑맞다), be cured of (~가 치료되다), be relieved of (~가 해제되다) 같은 형태로 쓰이기도 하지요. 또, of는 특정 동사들과 함께 내용을 전달하는 의미로도 쓰이는데 대표적인 것들로 remind A of B (A에게 B를 상기시키다), convince A of B (A에게 B를 설득하다), inform A of B (A에게 B를 알려주다) 등이 있습니다.

▶ 160-161

전치사 감 잡기   쉬운 문장으로 전치사 감을 잡자!

난 나한테서 이 감정을 없애고 싶어.
나는 I / 원한다 want / 없애는 것을 to rid /
나 자신에게서 myself / 이 감정을 of this feeling

I want to rid myself of this feeling.

그는 제니에게서 그녀의 임무를 해제시켰어.
그는 He / 해제시켰다 relieved / 제니에게서 Jenny /
그녀의 임무들을 of her duties

He relieved Jenny of her duties.

제가 몇 가지 중요한 규칙을 알려드릴게요.
제가 알려줄게요 Let me inform / 당신에게 you /
몇 가지 중요한 규칙들을 of some important rules

Let me inform you of some important rules.

우린 그 소식을 전달받지 못했어.
우리는 We / 전달받지 못했다 weren't informed /
그 소식을 of the news

We weren't informed of the news.

넌 내게서 자유를 박탈했어.
너는 You / 박탈했다 have deprived / 내게서 me /
내 자유를 of my freedom

You have deprived me of my freedom.
미드: True Blood

네가 내게서 내 가장 위대한 업적을 빼앗아갔어.
너는 You / 빼앗아갔다 robbed / 내게서 me /
내 가장 위대한 업적을 of my greatest achievement

You robbed me of my greatest achievement.
미드: Big Bang Theory

누가 방금 제 배낭을 훔쳐 갔어요.

A Officer, **someone just robbed me of my backpack.**

B Calm down. What did the person look like?

A He was wearing glasses, and he had short brown hair. He was very tall and thin.

B That's good enough. Please give me your phone number. We'll let you know when we find him.

A: 경찰 아저씨, 누가 방금 제 배낭을 훔쳐 갔어요. B: 진정하세요. 그 사람 어떻게 생겼죠?
A: 안경을 쓰고 있었고요. 머리는 짧고 갈색이었어요. 키가 엄청 크고 말랐고요.
B: 그거면 충분합니다. 전화번호 주세요. 그 사람 찾게 되면 알려드리겠습니다.

문장 조립하기 다음 우리말을 영어로 써 보자.

1. 나 내 휴대폰이랑 지갑 도둑맞았어.

....

- rob 빼앗다, 훔치다 / my phone 내 휴대폰 / wallet 지갑
- '~를 도둑맞다'는 [be동사 + rob의 과거분사]인 수동태로 표현합니다.

2. 스트레스를 어떻게 없앨 수 있나요?

....

- How 어떻게 / get rid of ~를 없애다 / stress 스트레스
- '~할 수 있다'는 조동사 can으로 표현합니다.

3. 그 남자는 에이즈가 치료됐어.

....

- cure 치료하다 / AIDS 에이즈
- '~가 치료되다'는 [be동사+cure의 과거분사]인 수동태로 표현합니다.

4. 그는 모든 의심에서 벗어났어.

....

- clear ~을 치우다, 배제하다 / all suspicion 모든 의심
- '의심에서 벗어났다'는 다른 이들에 의해서 의심이 치워진 것이므로 역시 수동태로 표현합니다.

5. 넌 내게 그걸 절대 설득시킬 수 없을 거야.

....

- will ~할 것이다 / convince 설득하다 / that 그것
- 조동사 will과 can은 함께 쓰이지 못하지만 will be able to는 함께 쓰일 수 있습니다.

1. **A** So how was your trip *to Mexico?
   B It was terrible. On the first day, **I was robbed of my phone and wallet.**

   그래서 멕시코 여행은 어땠어?
   끔찍했어. 첫날에, 나 내 휴대폰이랑 지갑 도둑 맞았어.

   > 방향을 나타내는 전치사 to는 도착의 의미까지 담아서 '~까지', '~로'란 뜻을 나타낼 수 있습니다. 즉, [trip to+Mexico] 는 멕시코에 가서 그곳에 도착 후의 여행까지를 의미하는 것이죠.

2. **A** **How can I get rid of stress?**
   B Well, *first of all, you need to think positively.

   스트레스를 어떻게 없앨 수 있나요?
   음, 우선, 긍정적으로 생각할 필요가 있어요.

   > first of all은 우리말로 '우선, 가장 먼저'란 뜻입니다. 어떤 사항들을 하나 둘, 열거하면서 가장 첫 번째로 언급할 대상을 말할 때, 시작할 수 있는 표현이지요. 그 뒤의 사항들은 각각 Second of all, Third of all, Fourth of all 등으로 표현할 수 있고, 더 간단히 줄여서 Secondly, Thirdly 등으로 말할 수도 있습니다. 보통 마지막 사항은 Lastly를 붙여 말하면 되지요.

3. **A** Who is this guy? Timothy Ray Brown?
   B Oh, *don't you know him? The guy is famous. **He was cured of AIDS.**

   이 남자 누구야? 티모시 레이 브라운?

   아, 너 그 사람 몰라? 그 남자 유명한데. 그 사람 에이즈가 치료됐잖아.

   > [Don't you + 동사원형 ~?] 패턴은 '너 ~하지 않아?'로 본인 생각으로는 그럴 거 같다는 전제 하에 그 사실을 확인하려고 할 때 즐겨 쓰입니다.
   > **e.g.** Don't you like him? (너 걔 좋아하지 않아?) Don't you have a car? (너 차 있지 않아?)

4. A Wasn't he *suspected of the model's murder for a while?

    B Yes, he was. But luckily, **he was cleared of all suspicion.**

    걔가 한동안 그 모델 살인에 대한 혐의를 받지 않았나?

    그랬었지. 그런데 다행히도 <u>그는 모든 의심에서 벗어났어.</u>

'의심하다'란 뜻을 가진 동사 suspect는 suspect A of B의 형태로 'A를 B의 혐의로 의심하다'의 뜻을 나타냅니다. 이때 전치사 of는 앞에서 배웠던 용법 중 하나인 '이유' 즉, '~ 때문에'로 해석해 주면 되지요.
e.g. The police suspect her of murdering Tom. (경찰은 톰을 살해한 것 때문에 그녀를 의심하고 있어. = 경찰은 톰 살해 혐의로 그녀를 의심하고 있어.)

5. A We should be together. We complete each other.

    B Stop it. You're *creeping me out. **You'll never be able to convince me of that.**

    우리는 함께해야 해. 우리가 서로를 완전케 한다고.

    그만 좀 해. 소름 끼쳐. <u>넌 나한테 그걸 절대 설득시킬 수 없을 거야.</u>

creep은 명사로는 '소름 끼치게 하는 사람', 동사로는 '소름끼치게 하다'의 뜻입니다. 보통 부사 out과 함께 creep someone out이라고 하면 '~를 소름끼치게 하다, ~를 무섭게 하다'란 뜻이 되지요.

He is great who is what he is from nature and who never reminds us of others.

천성 그대로의 됨됨이를 가지면서 우리에게 다른 사람을 상기시키지 않는 자가 훌륭한 사람이다.

....

what he/she is 그 사람의 됨됨이(인격) nature 천성, 본성 remind 상기시키다

우리 건물 밖으로 나가야 해.
We should go out of the building.

out of : (장소에서) ~ 밖으로 / (내용물) ~가 다 떨어진

'밖으로'란 개념의 out과 소유의 개념 of를 함께 붙여 만든 전치사구 **out of는 into의 반대 어휘로 '~의 밖으로'란 뜻**입니다. 즉, 특정 장소나 지역에서 혹은 특정 공간 안에 있던 무언가가 밖으로 나가 버리는 이동의 이미지를 갖고 있지요. 여기서 의미가 확장되어 숫자를 말할 때도 쓰이는데요, nine out of ten은 10개 밖으로 9개가 나간 상태이므로 우리말 '10개의 9개'로 해석할 수 있습니다. 마지막으로, out of는 '~가 떨어진'이란 뜻으로 out of ink (잉크가 다 떨어진), out of gas (기름이 다 떨어진), out of money (돈이 다 떨어진)처럼 내용물이 다 쓰고 없어졌다는 의미를 전달합니다. 참고로 동사 run을 활용한 run out of는 '~를 다 써 버리다, ~가 다 떨어지다'란 뜻입니다.

 ▶ 163-164

전치사 감 잡기　쉬운 문장으로 전치사 감을 잡자!

우리 건물 밖으로 나가야 해.
우리는 We / 나가야 한다 should go / 건물의 밖으로 out of the building

We should go out of the building.

네 주머니 속에 있는 거 다 끄집어 내.
꺼내라 Take / 모든 것을 everything / 네 주머니들의 밖으로 out of your pockets

Take everything out of your pockets.

나 거의 자리에서 뛰쳐나갈 뻔했어.
나는 I / 거의 뛸 뻔했다 nearly jumped / 내 자리 밖으로 out of my seat

I nearly jumped out of my seat.

10명 중에 9명이 나타났어.
아홉 명이 Nine / 10명 중에서 out of ten / 나타났다 showed up

Nine out of ten showed up.

우리 기름이 다 떨어져 가고 있어.
우리는 We / ~한 상태가 되고 있다 are running / 기름이 다 떨어진 out of gas

We are running out of gas.
미드: Lost

난 연기가 그 집 뒤쪽에서 나오는 걸 봤어.
난 I / 봤다 saw / 연기가 the smoke / 오는 걸 coming / 뒤쪽 밖으로 out of the back / 그 집의 of the house

I saw the smoke coming out of the back of the house.
미드: CSI

내 프린터기 잉크가 다 떨어진 것 같아.

A Tom, I need your help.

B What is it?

A I have just finished my assignment, but I can't print it out.
I think my printer ran out of ink.

B Hey, don't worry about it. Email me the file, and I'll print it out for you.

A: 톰, 네 도움이 필요해. B: 뭔데? A: 내가 막 과제를 끝냈는데, 출력을 할 수가 없어. 내 프린터기 잉크가 다 떨어진 것 같아.
B: 야, 걱정하지 마. 나한테 그 파일 이메일로 보내. 그러면 내가 프린트 해다 줄게.

문장 조립하기 다음 우리말을 영어로 써 보자.

1. 그건 유행이 지난 것 같아.

....

- I think ~인 것 같다 / out of style 유행이 지난
- out of style과 out of fashion은 요즘 유행하는 스타일과 패션을 벗어난다는 의미를 전달합니다.

2. 저 수요일까지 출장을 가야 합니다.

....

- have to ~해야 한다 / go out of town 도시를 떠나다 / until Wednesday 수요일까지
- go out of town은 '도시(마을) 밖으로 나가다'로 보통 출장 등으로 사는 지역을 떠날 때 쓰는 표현입니다.

3. 타이어에서 고무관을 꺼내자.

....

- take 치우다, 꺼내다 / the tube 고무관 / the tire 타이어
- '~하자'는 청유문은 Let's ~ 패턴으로 말하면 됩니다.

4. 이 책은 절판됐어.

....

- This book 이 책 / went ← go ~한 상태가 되다 / out of print 절판된
- out of print는 더 이상 출판이 되지 않는, 즉 '절판된'의 의미입니다. go는 '가다' 외에 '(안 좋은 상태가) 되다'의 뜻이 있습니다.

5. 우리 우유랑 계란이 다 떨어졌어.

....

- milk 우유 / eggs 계란
- 'A와 B'는 접속사 and를 활용해 A and B로 표현합니다.

1. **A** My mom bought me this coat. but I **think it's out of style.**

    B Yeah, I think so, too. You should *return it and get a refund.

    엄마가 나한테 이 코트를 사 주셨는데, <u>유행이</u> <u>지난 것</u> 같아.

    그러게, 그런 것 같네. 돌려주고 환불 받아 와.

> 쇼핑과 관련해서 return과 refund는 꼭 알아두셔야 해요. return은 물품을 '반납하다, 돌려주다'이고 refund는 명사일 때는 '환불', 동사일 때는 '환불하다'란 뜻입니다. 보통 '환불받다'는 동사 get을 사용해서 get a refund라고 합니다.

2. **A** I can't *make it to the appointment tomorrow. **I have to go out of town until Wednesday.**

    B Okay. Would you like to move it to the same time on Thursday?

    저 내일 예약 시간에 못 가요. <u>수요일까지 출장</u> <u>을</u> 가야 합니다.

    알겠습니다. 목요일 같은 시간으로 예약을 옮겨 드릴까요?

> make it은 숙어 표현으로 '성공하다, 도착하다'의 뜻이 있습니다. 예를 들어, 뭔가 하던 일을 성공시킨 친구에게 You made it! (너 해냈구나!)라고 말할 수도 있고, 약속 시간에 잘 도착한 상대방에게 역시 You made it! (너 도착했구나!)라고 말할 수도 있지요.

3. **A** The back tire of my bicycle keeps *going flat.

    B Okay. **Let's take the tube out of the tire,** and see where the hole is.

    내 자전거 뒷바퀴가 계속해서 바람이 빠지네.

    알겠어. <u>타이어에서 고무관을 꺼내자.</u> 그러고 나 서 구멍이 어디 있는지 보자고.

> 무언가에 구멍이 나서 바람이 빠지는 걸 영어로 go flat이라고 합니다. 동사 go는 '가다'란 뜻 외에 '~한 상태가 되다'란 뜻이 있어서 go flat은 말 그대로 '납작해지다' 즉, '바람이 빠지다'는 의미로 사용됩니다.

4.　A **This book went out of print. It** means we can no longer buy it.

이 책은 절판됐어. 더 이상 살 수 없다는 거지.

　　B Do you want to read it? I can *lend it to you.

너 그거 읽고 싶어? 내가 빌려 줄 수 있어.

> 동사 lend와 borrow의 차이를 명확히 알고 있어야 합니다. lend는 상대방에게 '빌려주다'는 뜻이고 borrow는 상대방
> 한테서 '빌려오다'는 뜻이죠.
> ⓔⓧ Can I borrow your book? (나 네 책 빌려도 될까?)
> 　　Can you lend me the book? (너 나한테 그 책 빌려줄 수 있어?)

5.　A Honey, **we're out of milk and** **eggs.**

자기야, 우리 우유랑 계란이 다 떨어졌어.

　　B Then let's *go grocery shopping. We ran out of beer, too.

그럼 장보러 가자. 우리 맥주도 다 떨어졌어.

> 동사 go는 [go + 동사-ing] 형태로 여러 일반적인 활동 등을 하러 간다는 뜻을 전합니다.
> ⓔⓧ go shopping (쇼핑하러 가다)　go fishing (낚시하러 가다)　go skating (스케이트 타러 가다)

Out of sight, out of mind.
눈에서 멀어지면, 마음에서도 멀어진다.

....
sight 시야　mind 마음

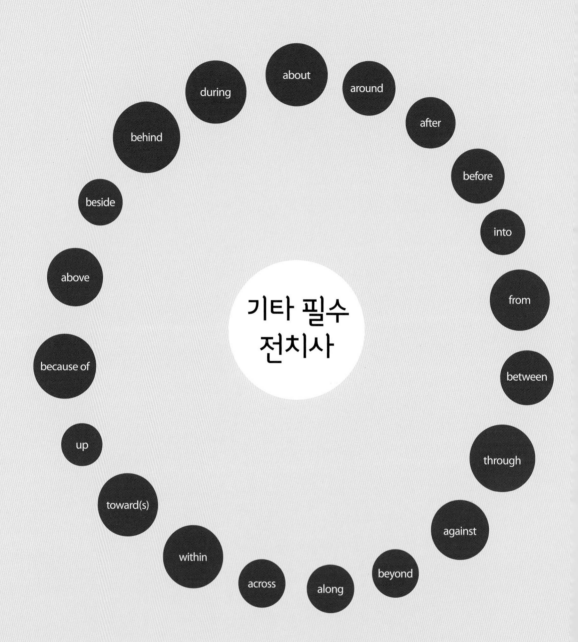

11

기타 필수 전치사를 한눈에!

이번 장에서는 앞에서 공부한 것 외에도 회화 지문에 자주 나오는 전치사들을 공부합니다. 이 전치사들이 앞의 전치사들보다 덜 중요한 게 절대 아닙니다. 다만, 뜻이 비교적 많지 않고 기본 의미에 충실하기에 많은 페이지를 할애하기보다는 한 번에 집중하여 공부하는 것이 더 효과적인 것으로 여겨져 한데 묶은 것입니다. 그래서 소홀히 다루면 안 되는 부분이기도 합니다.

앞서 배운 기본 전치사와 여기 필수 전치사만 확실하게 자기 것으로 만들면, 이제 전치사에 관한 한 웬만한 것은 다 커버하게 됩니다. 여러 번 말씀드리지만, 전치사는 우리말 해석에만 의지해서는 절대 안 돼요. 우리말 해석에만 의지하다 보면 영어 문장을 만들 때 정말 얼토당토않은 전치사를 쓸 수가 있기 때문입니다. 전치사를 공부할 때는 항상 근본 의미에 충실하고, 그 다음에 확장 의미를 이해하는 것이 가장

중요합니다. 그리고 전치사는 거의 예외 없이 혼자 쓰이지 않고 반드시 뒤에 명사 표현(명사, 명사구, 동명사)이 나오며, 이런 [전치사 + 명사 표현]은 문장에서 앞에 나온 명사를 꾸며 주는 형용사로, 혹은 문장을 수식하는 부사로 쓰일 수 있다는 것을 알아두세요. 요 세 가지만 알면, 전치사가 그렇게 어렵지만은 않을 거예요.

유창한 영어회화자로 가기 위해서 반드시 넘어야 할 전치사, 이제 조금만 더 하면 됩니다. 고지가 멀지 않았습니다.

unit 1

▶ Max쌤의 강의 **056**

그건 한국전쟁에 대한 책이야.
It is a book about the Korean war.

about : (관련 내용, 주변 상황) ~에 대해, ~에 관하여, ~의 주변에

about의 가장 흔한 뜻은 주제, 대상과 관련해 '~에 대해, ~에 관해서'입니다. on도 이 점에서 about과 유사하지만, **about**은 on보다는 좀 더 일반적이고 덜 공식적인 내용을 언급할 때 쓰입니다. 또 about은 how, what, worry, excited, happy 같은 특정 단어들과 함께 쓰이니 이런 표현들은 외워 두어야 합니다. 특히, How about you?와 What about you?는 '너는 어때?'라고 상대방 의견을 물을 때 쓰입니다. 마지막으로 about은 전치사 around와 유사하게 '~의 주변에, ~의 여기저기에'란 의미로도 사용되며, 이런 뜻일 때는 미국보다는 주로 영국에서 사용 빈도가 높습니다.
e.g. They gathered about him. (그들은 그의 주변에 모였어.)

 ▶ 166

전치사 감 잡기　쉬운 문장으로 전치사 감을 잡자!

그건 한국전쟁에 대한 책이야.
그것은 It / ~이다 is / 책 a book /
한국전쟁에 대한 about Korean war

It is a book about the Korean war.

너 야구에 대해서 아는 거 있어?
너는 아니? Do you know / 어떤 것을 anything /
야구에 대해서 about baseball

Do you know anything about baseball?

우린 뉴욕에 가는 게 정말 흥분돼.
우리는 We / 정말로 흥분된다 are really excited /
가는 것에 대해 about going / 뉴욕에 to New York

We're really excited about going to New York.

톰 주변에 있는 저 사람들을 봐 봐.
~를 봐라 Look at / 저 사람들을 those people /
톰 주변에 있는 about Tom

Look at those people about Tom.

그것에 대해선 의심의 여지가 없어.
~가 없다 There is no / 의심 doubt /
그것에 대해 about it

There is no doubt about it.
미드: The Man in the High Castle

그녀는 거리 여기저기를 소리치며 뛰어다녔어.
그녀는 She / 뛰어다녔다 ran / 거리 여기저기를
about the streets / 소리치면서 shouting

She ran about the streets, shouting.
영화: The Woman in Black

▶ Max쌤의 강의 057

지구는 태양 주변을 돌아.
The earth moves around the sun.

around : (주위, 둘레) ~의 주변에, ~의 곳곳에 / (시간) 약 ~ 즈음에

around는 무언가를 중심으로 그 주위를 둘러싸는 이미지를 전합니다. round (둥근)가 포함된 단어의 형태에서도 알 수 있듯이, 보통은 둥근 원형으로 둘러쌈을 나타내지만, 의미가 확장되어 크게 정해진 형태 없이 무언가의 주변 혹은 여기 저기 곳곳을 돌아다니는 이미지로도 쓰입니다. 마지막으로 around는 시간 개념에도 적용되어 기준이 되는 시간의 전후를 둘러싼 '약 ~ 즈음에'란 뜻으로도 활용되지요.

▶ 167

전치사 감 잡기 쉬운 문장으로 전치사 감을 잡자!

지구는 태양 주변을 돌아.
지구는 The earth / 움직인다 moves /
태양 주변을 around the sun

The earth moves around the sun.

우리는 모닥불을 둘러싸고 앉았어.
우리는 We / 앉았다 sat /
모닥불 주변에 around the campfire

We sat around the campfire.

이 문제를 돌아가는 (= 피해 가는)
방법이 있어.
~가 있다 There is / 방법이 a way / 이 문제를 돌아가는
around this problem

There is a way around this problem.

존은 약 5시 즈음에 도착할 거야.
존은 John / 도착할 것이다 will arrive /
약 5시 즈음에 around 5 o'clock

John will arrive around 5 o'clock.

그 남자는 전국 곳곳에 있는 부유한
여성들의 명단을 갖고 있었어요.
그 남자는 The man / 간직했다 kept / 명단을 a list /
부유한 여성들의 of rich women / 전국 곳곳의
all around the country

The man kept a list of rich women all around the country.
미드: Friends

그 총격은 폐점 시간 즈음에 발생했어요.
그 총격은 The shooting / 발생했다 occurred /
폐점 시간 즈음에 around closing time

The shooting occurred around closing time.
미드: CSI

▶ Max쌤의 강의 058

아침 식사 후에 바로 잔디 깎자.
Let's mow the lawn right after breakfast.

after: (시간) ~ 후에 / (순서, 공간) ~ 뒤에, ~ 다음에 ~를 쫓는

after는 시간상으로 뒤 즉, 기준 시점 이후를 설명합니다. '9시 이후'는 after 9, '방과 후'는 after school처럼 말이죠. 또 상대방에게 먼저 하라고 할 때 After you. (당신 다음에요. = 먼저 하세요.)라고 하는 것처럼 순서, 혹은 공간상으로 무언가의 뒤나 그 다음에 있다고 할 때도 after가 쓰입니다. 마지막으로 여기서 의미가 확장되어 누군가의 뒤를 쫓고 추적한다는 의미로도 쓰이지요.

e.g. I am after him. (난 그를 쫓고 있어.)

 ▶ 168

전치사 감 잡기 쉬운 문장으로 전치사 감을 잡자!

아침 식사 후에 바로 잔디 깎자.
깎자 Let's mow / 잔디를 the lawn / 아침 식사 후에 바로 right after breakfast

Let's mow the lawn right after breakfast.

우린 영화 본 후에 저녁 먹었어.
우리는 We / 먹었다 had / 저녁을 dinner / 영화 본 후에 after the movie

We had dinner after the movie.

네 이름이 명단에서 내 이름 다음이야.
네 이름이 Your name / 온다 comes / 내 이름 다음에 after mine / 명단에서 on the list

Your name comes after mine on the list.

우리는 우체국 뒤의 첫 번째 건물이야.
We 우리는 / ~이다 are / 첫 번째 건물 the first building / 우체국 뒤의 after the post office

We are the first building after the post office.

삐 소리 이후에 메시지를 남겨 주세요.
남겨 주세요 Please leave / 메시지를 a message / 삐 소리 이후에 after the beep

Please leave a message after the beep.
미드: Silicon Valley

그들은 공공장소에서 우리를 쫓아오진 않을 거야.
그들은 They / 오진 않을 것이다 wouldn't come / 우리를 쫓아서 after us / 공공장소에서 in a public place

They wouldn't come after us in a public place.
미드: Heros

▶ Max쌤의 강의 059

나 점심 먹기 전에 낮잠 잘 거야.
I'll take a nap before lunch.

before : (시간) ∼ 전에 / (순서, 위치) ∼ 전에, ∼ 앞에

before는 시간상으로 전 즉, 기준 시점 이전을 설명합니다. '9시 전'은 before 9, '점심 식사 전'은 before lunch인 것처럼 말이죠. 또 before는 **공간상에서 순서나 위치가 앞에 있음을 전달**할 때도 쓰입니다. 예를 들어, '서울역 전에 버스에서 내리세요.'는 순서의 의미로 before를 써서 Get off the bus before Seoul Station.이라고 말하면 되고 '그는 내 앞에 서 있어.'는 위치의 의미로 before를 써서 He is standing before me.라고 하면 되지요. 물론 '∼ 앞에'란 뜻의 in front of를 써도 그 의미는 동일하며, in front of가 before보다 일상 회화에서 더 자주 쓰입니다. He is standing in front of me.처럼 말이죠.

▶ 169

전치사 감 잡기 쉬운 문장으로 전치사 감을 잡자!

나 점심 먹기 전에 낮잠 잘 거야.
나는 I / 취할 것이다 will take / 낮잠을 a nap / 점심 먹기 전에 before lunch

I'll take a nap before lunch.

내 남편은 해뜨기 전에 항상 일어나 있어요.
내 남편은 My husband / 항상 일어나 있다 is always up / 해뜨기 전에 before dawn

My husband is always up before dawn.

난 신 앞에서 맹세해.
나는 I / 맹세한다 swear / 신 앞에서 before God

I swear before God.

우린 우리 앞에 있는 이 문제들과 씨름해야 해.
우리는 We / 씨름해야 한다 have to tackle / 이 문제들과 these problems / 우리 앞에 있는 before us

We have to tackle these problems before us.

자만은 추락 전에 온다. (= 교만한 자는 오래 못 간다.)
자만은 Pride / 온다 comes / 추락 전에 before the fall

Pride comes before the fall.
영화: The Departed

난 눈앞에서 내 전 인생이 스쳐 지나는 걸 봤어.
난 I / 봤다 saw / 내 전 인생이 my whole life / 번쩍이다 flash / 내 눈앞에서 before my eyes

I saw my whole life flash before my eyes.
영화: Hancock

unit 5

제 방으로 들어오세요.
Please come into my room.

 ▶ Max쌤의 강의 060

into : (내부, 또는 중앙으로 이동) ~ 안으로 / (상태 변화) ~로

in이 공간 속에 있는 정적인 뉘앙스를 전달한다면, into는 무언가의 안 또는 중앙으로 이동해 가는 움직임을 나타내기에 '~ 안으로, ~로'가 그 뜻이 됩니다. 그리고 여기서 더 나아가 무언가와 충돌하는 모습까지도 나타낼 수 있지요. 보통 bump into (~와 마주치다), run into (~를 만나다), crash into (~와 충돌하다)처럼 특정 동사와 함께 즐겨 쓰입니다. 마지막으로 into는 turn into ~ (~로 변하다, ~로 바뀌다)에서 볼 수 있듯이, 단순히 방향이 아닌 하나의 상태에서 또 다른 상태로의 변화를 의미할 때도 쓰입니다.

 ▶ 170

전치사 감 잡기 쉬운 문장으로 전치사 감을 잡자!

제 방으로 들어오세요.
들어오세요 Please come / 내 방 안으로 into my room

Please come into my room.

내 아들은 수영장 안으로 뛰어들었어.
내 아들은 My son / 뛰어들었다 dived / 수영장 안으로 into the pool

My son doved into the pool.

좌석을 똑바른 위치로 놓아 주세요.
놓아 주세요 Please put / 여러분의 좌석을 your seats / 똑바른 위치로 into the upright position

Please put your seats into the upright position.

걔는 화가 나면, 헐크로 변해.
~할 때 When / 그가 화나게 되다 he gets mad / 그는 he / 변한다 turns / 헐크로 into Hulk

When he gets mad, he turns into Hulk.

자동차 한 대가 북적이는 커피숍을 향해 돌진했어.
자동차 한 대가 A car / 들이받았다 crashed / 북적이는 커피숍으로 into a crowded coffee house

A car crashed into a crowded coffee house.
미드: Numbers

넌 아름다운 여성으로 자랐구나.
너는 You / 자랐다 have grown / 아름다운 여성으로 into a beautiful woman

You have grown into a beautiful woman.
미드: Alias

▶ Max쌤의 강의 061

난 다음 주 금요일에 도쿄에서 돌아올 거야.
I will be back from Tokyo next Friday.

from : (장소, 시간, 출처, 이유, 구별) ~에서(부터), ~와, ~ 때문에

from은 장소와 관련해서 어디서부터인지, 시간과 관련해서 언제부터인지, 그리고 출처와 관련해서 어디서 온 건지, 어디 출신인지를 설명할 때 쓰입니다. 기본 해석은 '~에서부터'입니다. 그리고 어떤 병이나 상태 등의 출발점 즉, 그러한 현상들의 원인, 이유를 말할 때도 사용되지요. 마지막으로 know, tell, distinguish, different 등의 특정 어휘와 함께 쓰여 '구별, 분리'의 뜻으로 관용적으로 사용될 수 있습니다.

e.g. know/tell/distinguish A from B (A와 B를 구분하다) different from A (A와 다른)

▶ 171

전치사 감 잡기 쉬운 문장으로 전치사 감을 잡자!

난 다음 주 금요일에 도쿄에서 돌아올 거야.
나는 I / 돌아올 것이다 will be back /
도쿄에서 from Tokyo / 다음 주 금요일에 next Friday

I will be back from Tokyo next Friday.

우리는 7월 20일부터 휴가야.
우리는 We / ~일 것이다 will be /
휴가 중인 on holiday / 7월 20일부터 from July 20th

We will be on holiday from July 20th.

넌 옳고 그른 것을 구별하잖아. (구별)
너는 You / 안다 know / 옳은 것을 right /
그른 것으로부터 from wrong

You know right from wrong.

영화 속 그 캐릭터는 나와 완전히 달라. (구별)
영화 속 그 캐릭터는 The character in the movie /
완전히 다르다 is totally different / 나와 from me

The character in the movie is totally different from me.

우리 고객들은 치매로 고통 받고 있어.
우리 고객들은 Our clients / 고통 받고 있다
are suffering / 치매 때문에 from dementia

Our clients are suffering from dementia.
미드: Better Call Saul

내 입장에서 상황을 보려고 노력해 봐.
노력해라 Try / 보기 위해 to see / 상황들을 things /
내 입장에서 from my point of view

Try to see things from my point of view.
영화: 17 Again

▶ Max쌤의 강의 062

난 톰과 마이크 사이에 앉았어.
I sat between Tom and Mike.

between : (위치, 시간, 수치, 관계) ~ 사이에, ~ 중(간)에

between은 명확히 구분된 둘 이상의 사람, 사물의 '~ 사이에' 또는 '~ 중(간)에'의 뜻으로 이들의 위치, 시간, 수치, 관계 측면에서 쓰입니다. 보통 between A and B (A와 B 사이)처럼 양자 혹은 양 그룹 간을 의미할 때 즐겨 사용되죠. 참고로 among은 명확히 구분되지 않은 셋 이상의 그룹 간을 의미하며, 보통 집단에 포함되어 둘러싸인 이미지를 전한다는 차이가 있습니다.

e.g. I sat among them. (난 (셋 이상인) 그들 사이에 앉았어.)

▶ 172

전치사 감 잡기 쉬운 문장으로 전치사 감을 잡자!

난 톰과 마이크 사이에 앉았어.
나는 I / 앉았다 sat / 톰과 마이크 사이에 between Tom and Mike

I sat between Tom and Mike.
[= I sat between them.]

그 병원은 점심 때 1시와 2시 사이에 문 닫아.
그 병원은 The doctor's office / 문을 닫는다 is closed / 점심 때 for lunch / 1시와 2시에 between 1 and 2

The doctor's office is closed for lunch between 1 and 2.

온도가 오늘 밤에 10에서 15도 사이일 거야.
온도가 The temperature / ~일 것이다 will be / 10에서 15도 사이 between 10 and 15 degrees / 오늘 밤에 tonight

The temperature will be between 10 and 15 degrees tonight.

이거 두 사람이 나눠 먹기 충분히 큰가요?
이거 충분히 큰가요? Is this big enough / 나눠 먹기에 to share / 두 사람이 between two

Is this big enough to share between two?

나와 주디 사이엔 어젯밤에 아무 일도 없었어.
아무 일도 Nothing / (안) 일어났다 happened / 나와 주디 사이에 between me and Judy / 어젯밤에 last night

Nothing happened between me and Judy last night.
미드: 2 Broke Girls

그곳은 시카고와 세인트루이스 사이에 있어.
그곳은 It / 있다 is / 시카고와 세인트루이스 사이에 between Chicago and St. Louis

It's between Chicago and St. Louis.
미드: Law and Order

unit 8

▶ Max쌤의 강의 063

한강은 서울을 관통해 흘러요.
The Han River flows through Seoul.

through : (방향, 완료) ~을 (관)통해, ~ 끝까지 / (시간) ~ 내내 / (매개체) ~을 통해서

through는 방향과 관련해 '~을 통해서, ~을 통과해'란 뜻으로 어떤 공간 안에서 한 지점에서 다른 지점으로 이동하는 이미지를 전달합니다. 과정과 관련해서는 어떤 일을 통과해서 처음부터 끝까지 나가는 것이므로 We're through college. (우리는 대학 졸업했어요.)처럼 완료의 의미를 전할 수 있습니다. 마찬가지로 시간과 관련해서는 시작부터 끝이라는 의미로 '~ 내내'란 의미로 해석됩니다. 마지막으로 through는 무언가나 누구의 도움이 있어 즉, '~를 통해서'란 뜻으로 매개체, 수단에 대해 언급할 때도 사용되지요.

▶ 173

전치사 감 잡기   쉬운 문장으로 전치사 감을 잡자!

한강은 서울을 관통해 흘러요.
한강은 The Han River / 흐른다 flows /
서울을 관통해 through Seoul

The Han River flows through Seoul.

우리 저 문 통해서는 냉장고 운반 못해.
우리는 We / 운반할 수 없다 can't carry /
냉장고를 the fridge / 저 문을 통해서 through that door

We can't carry the fridge through that door.

허리케인이 오늘 아침 그 도시를 통과해 지나갔어.
허리케인이 A hurricane / 지나갔다 passed / 그 도시를
통과해 through the city / 오늘 아침 this morning

A hurricane passed through the city this morning.

우리 인터넷으로 표 구매할 수 있어.
우리는 We / 구매할 수 있다 can buy / 표들을 tickets /
인터넷을 통해서 through the Internet

We can buy tickets through the Internet.

난 내 여동생을 통해서 카렌을 만났어.
난 I / 만났다 met / 카렌을 Karen / 내 여동생을 통해서
through my sister

I met Karen through my sister.
미드: Mistresses

여름과 가을 내내 우리에게는 서로가 있었어.
여름과 가을 내내 Through the summer and the fall, /
우리는 we / 있었다 had / 서로가 each other

Through the summer and the fall, we had each other.

▶ Max쌤의 강의 064

엘리베이터 문에 기대지 마.
Don't lean against the elevator door.

against : (위치) ~에 맞대어 / (경쟁) ~에 대항해 / (반대) ~에 반대하는, ~에 반하는

against는 문장에서 두 대상이 상호 간 힘을 바탕으로 하여 서로 접촉한 상태로 맞서 있는 모습을 나타낼 때 사용합니다. 예를 들어 '등을 벽에 기대세요.'란 말은 등 (back)과 벽 (wall)이 서로 맞서 있는 상황이 그려지므로 against를 활용해 Put your back against the wall.이라고 말하면 됩니다. 여기서 의미가 확장되어 추상적인 개념에 대적하여 맞서거나 반대하는 상황, 혹은 다른 누군가에 맞서 경쟁하고 싸우는 모습도 against로 표현할 수 있지요.

▶ 174

전치사 감 잡기 쉬운 문장으로 전치사 감을 잡자!

엘리베이터 문에 기대지 마.
기대지 마라 Don't lean / 엘리베이터 문에 맞대어 against the elevator door

Don't lean against the elevator door.

첼시가 레알 마드리드와 토요일에 경기할 거야.
첼시가 Chelsea / 경기할 것이다 are playing / 레알 마드리드에 대항해 against Real Madrid / 토요일에 on Saturday

Chelsea is playing against Real Madrid on Saturday.

이거 규칙에 반하는 건가?
이것은 ~인가? Is this / 규칙에 반하는 against the rules

Is this against the rules?

난 그 아이디어에 반대하지 않아.
나는 I / ~ 아니다 am not / 그 아이디어에 반대하는 against the idea

I am not against the idea.

난 등을 똑바로 하고 벽에 기대어 서 있는 중이야.
난 I / 서 있는 중이다 am standing / 등을 똑바로 한 채로 with my back straight / 벽에 기대어 against the wall

I am standing with my back straight against the wall.
미드: The West Wing

넌 회사의 이익에 반하는 행동을 한 거야.
넌 You / 행동했다 acted / 이익에 반하는 against the interest / 회사의 of the company

You acted against the interest of the company.
미드: Heros

▶ Max쌤의 강의 065

내 집은 딱 저 다리를 넘어 저편에 있어.
My house is just beyond that bridge.

beyond : (공간, 시간, 한계) ~ 저편에, ~를 넘어서

beyond는 우리말로 '~ 저편에', '~를 넘어서'란 뜻으로 무언가가 공간적, 시간적으로 굉장히 멀리 떨어져 있음을 나타낼 때 사용합니다. 또, 여기서 의미가 확장되어 beyond는 능력이나 한계를 뛰어넘어 감당할 수 없을 정도임을 표현할 때도 쓰이죠. 다음 표현들은 숙어처럼 외워 두고 사용하면 좋습니다.

eg beyond repair (수리할 수 없는) beyond your help (네 도움 밖의 일인) beyond me (나로서는 이해할 수가 없는, 나를 뛰어 넘는) beyond one's belief (믿을 수가 없는) beyond expectation (예상을 넘는)

 ▶ 175

전치사 감 잡기 쉬운 문장으로 전치사 감을 잡자!

우리 집은 딱 저 다리 넘어 저편에 있어.
내 집은 My house / 있다 is / 딱 just /
저 다리를 넘어 저편에 beyond that bridge

My house is just beyond that bridge.

그는 책임을 질 나이가 넘었어.
그는 He / ~이다 is / 나이가 넘은 beyond the age /
책임의 of accountability

He is beyond the age of accountability.

우리가 월말을 넘겨서까지 마감일을 연장할 순 없어.
우리는 We / 연장할 수 없다 can't extend / 마감일을 the
deadline / 월말을 넘겨 beyond the end of the month

We can't extend the deadline beyond the end of the month.

이 이론은 나로서는 이해할 수가 없어.
이 이론은 This theory / ~이다 is /
나로서는 이해할 수가 없는 beyond me

This theory is beyond me.

그들은 1980년대를 넘어서는 어떤 것도 얘길 나누지 않아.
그들은 They / 절대로 얘기 안 한다 never talk / 어떤 것
에 대해서도 about anything / 1980년대를 넘어서는
beyond 1980s

They never talk about anything beyond 1980s.
미드: The Simpsons

그건 내 통제를 넘어서는 일이야.
그것은 It / ~이다 is / 내 통제를 넘어서는
beyond my control

It is beyond my control.

▶ Max쌤의 강의 066

길을 따라서 많은 나무들이 있었어.
There were many trees along the road.

along : (긴 무언가의 옆) ~을 따라, ~를 끼고

along은 우리말로 '~를 따라', '~를 끼고'의 뜻으로 보통 길게 뻗어 있는 길, 거리 등의 대상과 함께 쓰입니다. along the street (거리를 따라), along the road (길을 따라)처럼 말이죠. 또, along은 along the way란 숙어 표현으로 '가는 도중에, 과정에 있어서'란 의미로 사용되기도 하지요. 마지막으로 비슷한 형태인 전치사 alongside는 좀 더 문어적인 표현으로 '~ 옆에, ~ 근처에, ~와 함께'란 의미로 사용되니 같이 기억해 두면 좋습니다.

e.g. Those flowers alongside the fence are beautiful. (울타리 옆에 그 꽃들은 아름다워.)

 ▶ 176

전치사 감 잡기 쉬운 문장으로 전치사 감을 잡자!

길을 따라서 많은 나무들이 있었어.
~가 있었다 There were / 많은 나무들이 many trees /
길을 따라서 along the road

There were many trees along the road.

거리를 따라서 함께 쓰레기를 줍자.
줍자 Let's pick up / 쓰레기를 trash / 함께 together /
거리를 따라서 along the street

Let's pick up trash together along the street.

우리는 보통 강을 끼고 산책해요.
우리는 We / 보통 산책한다 usually take a walk /
강을 끼고 along the river

We usually take a walk along the river.

잭과 나는 가는 도중에 헤어졌어.
잭과 나는 Jack and I / 헤어졌다 split up /
가는 도중에 along the way

Jack and I split up along the way.

난 티비다보 산의 작은 언덕을 따라 하이킹 중이었어.
난 I / 하이킹 중이었다 was hiking / 작은 언덕을 따라서
along the foothills / 티비다보 산의 of Mount Tibidabo

I was hiking along the foothills of Mount Tibidabo.
미드: Friends

우리는 연안을 따라 앞으로 항해해야 해.
우리는 We / 항해해야 한다 need to sail / 앞으로
forward / 연안을 따라서 along the coast

We need to sail forward along the coast.
미드: Lost

▶ Max쌤의 강의 067

난 강을 가로질러 수영했어.
I swam across the river.

across : (한쪽 면에서 다른 쪽 면으로) ～을 가로질러, ～의 건너편에

across는 한쪽에서 다른 쪽으로 가로지르는 이미지 혹은 지금 있는 곳이 아닌 다른 편을 가리키는 이미지 두 가지로 쓰일 수 있습니다. 즉, 우리말 '～를 가로질러, ～의 건너편에'란 뜻이지요. 비슷한 의미로 through가 있는데, through는 무언가에 둘러싸인 상황에서 그것을 통과해 나아가는 것이고, across는 무언가에 둘러싸여 뚫고 나가는 통과의 이미지가 아니라 한 지점과 다른 한 지점으로 이동하는 이미지, 혹은 두 지점 간이 건너편이란 개념으로 떨어져 있는 상태의 이미지만 전달한다는 걸 기억해 두세요. 마지막으로 across는 '～의 전역에', '～ 여기저기에'란 뜻으로도 활용 가능하니 알아 두시고요.

 ▶ 177

전치사 감 잡기 쉬운 문장으로 전치사 감을 잡자!

난 강을 가로질러 수영했어.
난 I / 수영했다 swam / 강을 가로질러 across the river

I swam across the river.

우린 길 건너편에 살아.
우리는 We / 산다 live / 길 건너편에 across the street

We live across the street.

강을 가로지르는 다리가 하나 있어.
～가 있다 There is / 다리 하나 a bridge /
강을 가로지르는 across the river

There is a bridge across the river.

잡지가 탁자 여기저기에 펼쳐져 있었어.
잡지들이 The magazines / 펼쳐져 있었다 were spread /
탁자 여기저기에 across the table

The magazines were spread across the table.

그녀는 길을 가로질러서 주유소로 뛰어 갔어요.
그녀는 She / 뛰었다 ran / 길을 가로질러 across the street / 주유소로 to the gas station

She ran across the street to the gas station.
미드: Monk

그의 추종자들은 세계 여기저기에 퍼져 있어.
그의 추종자들은 His followers / 퍼져 있다 are spread / 세계 여기저기에 across the world

His followers are spread across the world.
미드: Dark Net

▶ Max쌤의 강의 068

그 식당은 걸어갈 수 있는 거리 안에 있어.
The restaurant is within walking distance.

within : (공간, 시간) ~ 내에

within은 실제 또는 추상적 공간과 시간적 개념에서 '**~ (이)내에**'의 뜻으로 쓰입니다. 언급되는 공간, 거리 혹은 시간 범위를 절대로 벗어나지 않음을 나타내는 것이 within의 가장 중요한 포인트입니다. 참고로, in의 경우 미래시제와 함께 쓰일 때는 '~ 후에, ~ 지나서'란 뜻이므로 within과는 그 뜻이 전혀 다릅니다. 그리고 We learnt to ski in two hours. (우리 두 시간 만에 스키 타는 거 배웠어.)의 경우 in은 '~ (시간) 만에'란 뜻으로 그 시간을 벗어날 수도 있었는데, 그렇지 않고 생각보다 빨리 배웠다는 것을 전달하고자 하는 게 포인트로, 무조건 특정 범위를 벗어날 수 없음을 강조하는 within과 그 뉘앙스가 다르다는 것을 기억해 주세요.

▶ 178

전치사 감 잡기 쉬운 문장으로 전치사 감을 잡자!

그 식당은 걸어갈 수 있는 거리 안에 있어.
그 식당은 The restaurant / 있다 is / 걸어갈 수 있는 거리 내에 within walking distance

The restaurant is within walking distance.

우리는 항상 바다 몇 킬로미터 내에서 살아 왔어.
우리는 We / 항상 살아왔다 have always lived / 몇 킬로미터 내에서 within a few kilometers / 바다의 of the sea

We've always lived within a few kilometers of the sea.

귀하는 5일 내로 답장 받으실 거예요.
당신은 You / 받을 것이다 will receive / 답장을 a reply / 5일 내로 within five days

You will receive a reply within five days.

내 수입 내에서만 사는 게 쉽지 않아.
쉽지 않다 It's not easy / 사는 것이 to live / 내 수입 내에서만 within my income

It's not easy to live within my income.

우리 한 시간 내로 당신에게서 연락 오길 기대할게요.
우리는 We / 기대할 것이다 will expect / 듣기를 to hear / 너로부터 from you / 한 시간 내로 within the hour

We will expect to hear from you within the hour.
미드: Alias

난 17년 동안 법 안에서 살아 왔어.
난 I / 살아왔다 have lived / 법 안에서 within the law / 17년 동안 for 17 years

I've lived within the law for 17 years.
미드: Game of Thrones

unit 14

Max쌤의 강의 069

그녀가 우릴 향해 걸어오고 있어.
She is walking towards us.

toward(s) : (방향, 관계) ~를 향하여, ~ 쪽으로

toward(s)는 방향과 관련해서 '~를 향하여, ~ 쪽으로'의 뜻으로 쓰입니다. 또, toward는 사람과 관계에 있어서 특정 태도나 행동이 누구를 향하고 있는지를 나타낼 때도 사용되지요. 예를 들어, '그녀를 향한 내 태도'에서 나의 태도의 대상인 그녀를 전치사 toward와 함께 써서 my attitude toward her라고 말하면 됩니다. 마지막으로 toward는 시간, 수량과 관련해 '~ 가까이에, ~ 무렵에'란 뜻으로도 쓰입니다.

e.g. He is toward 40. = He is almost 40. (그는 40세에 가까워.)

▶ 179

전치사 감 잡기 쉬운 문장으로 전치사 감을 잡자!

그녀가 우릴 향해 걸어오고 있어.
그녀가 She / 걸어오고 있다 is walking /
우리를 향해 towards us

She is walking towards us.

그 집의 앞은 서쪽을 향해 있어.
앞은 The front / 그 집의 of the house / 있다 is /
서쪽을 향해 toward the west

The front of the house is toward the west.

그녀를 향한 그의 태도가 변했어.
그의 태도가 His attitude / 그녀를 향한 towards her /
변했다 has changed

His attitude towards her has changed.

잭은 여자들에겐 항상 친절해.
잭은 Jack / 항상 친절하다 is always friendly /
여자들을 향해 towards women

Jack is always friendly towards women.

그는 동쪽 출구로 가고 있어.
그는 He / 가고 있다 is headed /
동쪽 출구를 향해 toward the east exit

He is headed toward the east exit.
미드: Arrow

실라의 부모님은 그 주말 무렵에 올라 오셨어.
실라의 부모님은 Sheila's parents / 올라오셨다 came up
/ 그 주말 무렵에 towards the end of the week

Sheila's parents came up towards the end of the week.
미드: Family Guy

▶ Max쌤의 강의 070

이 위로 어서 올라와.
Come on up here.

---

up : (위치, 도로 등의) ~ 위로, ~ 위쪽에　　cf) down ~ 아래로, ~아래쪽에

up은 '~ 위로, ~ 위쪽에'란 뜻으로 위쪽 방향으로 이동하는 모습 또는 정적으로 위쪽에 있는 이미지를 나타낼 수 있습니다. 반면에 down은 '~ 아래로, ~ 아래쪽에'란 뜻으로 아래 방향으로 이동하는 모습, 또는 정적으로 아래쪽에 있는 이미지를 나타낼 수 있지요. up은 산이나 언덕처럼 명확하게 위를 향하지는 않지만, 도로나 강을 따라서 (저) 위쪽, 상류 쪽에 해당하는 방향을 가리킬 때도 쓰입니다.

e.g. Go straight up the street. (길 저쪽으로 직진해서 가세요.)

▶ 180

전치사 감 잡기　쉬운 문장으로 전치사 감을 잡자!

이 위로 어서 올라와.
와라 Come on / 이 위로 up here

Come on up here.

우리는 그 절로 산을 타고 걸어 올라갔어요.
우리는 We / 걸었다 walked / 산 위로 up the mountain / 그 절로 to the temple

We walked up the mountain to the temple.

그 마을은 계곡 위쪽에 위치해 있어요.
그 마을은 The village / 위치해 있다 is located / 계곡 위쪽에 up the valley

The village is located up the valley.

그들은 경찰서 지나서 길 위쪽에 살아요.
그들은 They / 산다 live / 길 위쪽에 up the road / 경찰서 지나서 past the police station

They live up the road past the police station.

난 계단 위로 뛰어 올라갔어.
나는 I / 뛰었다 ran / 계단 위쪽으로 up the stairs

I ran up the stairs.
미드: Grimm

페니는 사회적 지위가 위로 크게 한 단계 올랐어.
페니는 Penny / 크게 한 단계 나갔다 took a big step / 사회적 사다리 위쪽으로 up the social ladder

Penny took a big step up the social ladder.
미드: iZombie

Max쌤의 강의 071

난 걔들 때문에 실패했어.
I failed because of them.

because of : ~ 때문에

우리말 '~ 때문에, ~ 덕분에'라고 어떤 사건의 이유, 원인을 밝힐 때 쓰이는 대표적인 전치사구가 바로 because of입니다. because of you (너 때문에), because of the bad weather (나쁜 날씨 때문에), because of the high price (높은 가격 때문에) 등 원인과 이유를 다양하게 말할 수 있습니다. Because of와 동일한 의미로 due to 또는 owing to를 사용할 수도 있지만, 이는 문어체에서 그리고 좀 더 격식을 갖춘 자리에서 쓰이는 표현이므로 일상생활에서 사용 빈도는 because of에 비해서 많이 낮습니다. 마지막으로 because of는 부정적인 결과뿐 아니라 긍정적인 결과에서도 쓰여 '~ 덕분에'란 의미의 thanks to를 대신할 수도 있습니다. (thanks to는 오직 긍정적인 결과에만 쓰입니다.)

 181

전치사 감 잡기 쉬운 문장으로 전치사 감을 잡자!

난 걔들 때문에 실패했어.
난 I / 실패했다 failed / 걔들 때문에 because of them

I failed because of them.

우리는 너 때문에 그걸 할 수 있었어.
우리는 We / 할 수 있었다 could do / 그것을 it /
너 때문에 because of you

We could do it because of you.

나쁜 날씨 때문에 비행 편이 지연됐어.
비행 편이 The flight / 지연됐다 has been delayed /
나쁜 날씨 때문에 because of bad weather

The flight has been delayed because of the bad weather.

그 광고 때문에 많은 사람들이 왔어.
많은 사람들이 Many people / 왔다 came /
그 광고 때문에 because of the advertisement

Many people came because of the advertisement.

난 너 때문에 감옥에 갔어.
나는 I / 갔다 went / 감옥에 to jail /
너 때문에 because of you

I went to jail because of you.
미드: Scream Queens

그것은 모두 줄리아의 스파이로서의 경력 덕분이었어.
그것은 It / ~이었다 was / 모두 all / 줄리아의 경력 덕분
because of Julia's career / 스파이로서 as a spy

It was all because of Julia's career as a spy.
미드: Drunk History

▶ Max쌤의 강의 072

손을 머리 위로 드세요.
Please raise your hands above your head.

above : (기준선) ~보다 위에, ~보다 높은(우월한)

above는 보통 어떤 기준선을 두고 그것보다 위에 혹은 그것보다 높고 우월하다는 것을 표현할 때 즐겨 쓰입니다. 단순 위치에 적용할 때는, 보통 두 대상 간에 접촉이 없을 때 사용되며 앞서 배웠던 over와는 다르게 움직임을 담지는 못한다는 특징이 있습니다. 그리고 여기서 약간 의미가 확장되어 자격이나 지위, 수준, 양 등에 있어서 하나의 대상이 다른 대상보다 위에 있거나 높다는 걸 말할 때도 역시 above가 사용될 수 있습니다. 예를 들어, '평균 이상, 평균 위라는 말을 할 때 above를 써서 above average라고 할 수 있지요. 마지막으로 above는 단순 숫자가 아니라, 온도, 비율 혹은 해수면과 같은 측정치가 얼마 이상이라고 말할 때도 즐겨 쓰입니다.

e.g. Inflation is above 3 percent. (인플레이션이 3프로가 넘는다.)

▶ 182

전치사 감 잡기 쉬운 문장으로 전치사 감을 잡자!

손을 머리 위로 드세요.
올리세요 Please raise / 네 손을 your hands /
네 머리 위로 above your head

Please raise your hands above your head.

그 도시는 해발 1000미터에 위치해 있어.
그 도시는 The city / 위치해 있다 is located /
1000미터 1000 meters / 해수면 위에 above sea level

The city is located 1000 meters above sea level.

오늘 기온은 섭씨 30도 이상이야.
오늘의 기온은 Today's temperature / ~이다 is /
섭씨 30도 이상인 above 30 degrees Celsius

Today's temperature is above 30 degrees Celsius.

네 혈압은 정상 수치 훨씬 이상이야.
네 혈압은 Your blood pressure / ~이다 is / 훨씬 way /
정상 수치 위인 above normal

Your blood pressure is way above normal.

어떤 장애를 가진 그룹 간에 자살은 평균 이상이야.
자살은 Suicide / 어떤 장애를 가진 그룹 간에 among
any disability group / ~이다 is / 평균 이상인 above
average

Suicide among any disability group is above average.
미드: CSI

그는 진심 자기가 나보다 우월하다는 듯이 행동해.
그는 He / 진심으로 honestly / 행동한다 acts / ~처럼
like / 그가 he / ~이다 is / 나보다 우월한 above me

He honestly acts like he is above me.
미드: One Tree Hill

그녀는 내 옆에 앉았어.
She sat beside me.

beside : ~의 옆에, ~의 곁에   cf) besides ~ 외에

beside는 '~ 옆에'이며, 유사한 의미로 사용되는 by, next to, close to 등에 비해 다소 격식을 갖춘 전치사라고 할 수 있습니다. 또, beside는 그 의미가 확장되어, 단순히 옆에 위치한다는 뜻이 아닌 핵심에서 벗어나 있다는 뜻으로도 쓰입니다. 이 경우 beside the point (요점을 벗어난), beside the question (문제를 벗어난), beside oneself (스스로에게서 벗어난 = 제정신이 아닌)처럼 특정 어휘들과 함께 숙어 표현처럼 사용되지요. 참고로 s를 붙인 besides와 혼동하지 않도록 주의해야 하는데요, besides는 전치사로 '~ 외에'란 뜻으로 in addition to와 동일한 의미입니다.

e.g. What other genres of music do you like besides hip-hop? (넌 힙합 외에 다른 어떤 장르의 음악을 좋아하니?)

 ▶ 183

전치사 감 잡기   쉬운 문장으로 전치사 감을 잡자!

그녀는 내 옆에 앉았어.
그녀는 She / 앉았다 sat / 내 옆에 beside me

She sat beside me.

그녀 옆에 누워요.
누우세요 Please lie / 그녀 옆에 beside her

Please lie beside her.

우린 그 조각상 옆에서 사진을 찍었어.
우리는 We / 사진을 찍었다 took a picture /
그 조각상 옆에서 beside the statue

We took a picture beside the statue.

그 침대 옆에는 의자가 하나 있었어.
~가 있었다 There was / 의자가 하나 a chair /
그 침대 옆에 beside the bed

There was a chair beside the bed.

내 생각에 그거 계단 옆에 있는 것 같아.
내 생각에 I think / 그것은 It / 있다 is /
계단 옆에 beside the stairs

I think it is beside the stairs.
미드: Doctor Who

마사는 기뻐서 제 정신이 아니야.
마사는 Martha / ~이다 is / 제정신이 아닌
beside herself / 기쁨과 함께 with joy

Martha is beside herself with joy.
미드: Doctor Who

▶ Max쌤의 강의 074

나 네 뒤에 앉을 게.
I will sit behind you.

behind : (위치, 배후, 시간) ～ 뒤에   cf) in front of ～ 앞에

behind는 behind the house (그 집 뒤에), behind her (그녀의 뒤에)처럼 위치상 '～ 뒤에'란 뜻을 갖습니다. 여기서 그 의미가 확장되어 behind the movement (그 움직임 뒤에)처럼 어떤 계획이나 음모의 배후에 누군가가 있다고 말할 때 도 behind를 사용합니다. 또 many friends behind him (그의 배후에 있는 [=그를 지지해 주는] 많은 친구들)처럼 등을 받쳐 주는 후원, 지지의 의미로도 behind가 쓰일 수 있지요. 마지막으로 behind는 behind the times (시대에 뒤떨어진) 처럼 시간, 시대에 뒤떨어져 있다는 의미로도 사용 가능합니다. 참고로 위치상 behind의 반대 즉, '～ 앞에'는 전치사 in front of와 before를 사용할 수 있습니다.

e.g. She sat in front of me. = She sat before me. (그녀는 내 앞에 앉았다.)

▶ 184

전치사 감 잡기 쉬운 문장으로 전치사 감을 잡자!

나 네 뒤에 앉을 게.
나는 I / 앉을 것이다 will sit / 네 뒤에 behind you

I will sit behind you.

차는 건물 뒤에 주차하셔도 돼요.
너는 You / 주차해도 된다 can park /
네 차를 your car / 건물 뒤에 behind the building

You can park your car behind the building.

이 프로젝트 배후에는 누가 있지?
누가 Who / 있니? is /
이 프로젝트의 뒤에 behind this project

Who is behind this project?

난 수학에서 톰보다 뒤쳐져 있어.
나는 I / ～ 있다 am / 톰보다 뒤에 behind Tom /
수학에서 in math

I'm behind Tom in math.

넌 조금 시대에 뒤떨어졌어.
너는 You / ～이다 are / 조금 a little /
시대에 뒤떨어진 behind the times

You are a little behind the times.
미드: Gilmore Girls

내 뒤에 있는 남자는 리즈 요원이야.
그 남자 The man / 내 뒤에 있는 behind me / ～이다
is / 리즈 요원 agent Reese

The man behind me is agent Reese.
미드: Agent Carter

▶ Max쌤의 강의 075

난 경기 중에 다쳤어.
I got hurt during the game.

during : (특정 시간) ~하는 동안, ~하는 중에

during은 '~하는 동안'의 뜻으로 during the war (전쟁 동안), during the presentation (발표회 동안), during the summer (여름 동안)처럼 특정 기간의 처음과 끝을 아울러 어떤 사건이나 행동이 언제 발생한 건지 말할 때 쓰입니다. 그러므로 보통 during은 의문사 When (언제) ~?에 대한 답변이 되는 것이 특징이지요.

e.g. A: When did you visit Paris? (너 파리 언제 방문했어?)
　　 B: I visited Paris during the weekend. (나 주말 동안 파리 방문했어.)

반면에, for 파트에서도 설명했듯이, for는 for five years (5년 동안)처럼 어떤 사건이 지속되는 구체적인 시간의 길이로 보통, one, two, many 등의 수사를 동반한 명사와 함께 쓰이지요.

▶ 185

전치사 감 잡기　쉬운 문장으로 전치사 감을 잡자!

난 경기 중에 다쳤어.
나는 I / 다쳤다 got hurt / 경기 중에 during the game

I got hurt during the game.

우린 밤중에 몇 번 깼어.
우리는 We / 깼다 woke up / 몇 번 several times / 밤중에 during the night

We woke up several times during the night.

걔들은 겨울 동안 아프리카에서 여행할 거야.
그들은 They / 여행할 것이다 are going to travel / 아프리카에서 in Africa / 겨울 동안 during the winter

They are going to travel in Africa during the winter.

난 대학교 첫해 동안 그녀랑 사귀었어.
난 I / 사귀었다 went out / 그녀와 with her / 첫해 동안 during my first year / 대학교에서 at college

I went out with her during my first year at college.

나 발표 중에 너희 봤어.
나는 I / 보았다 saw / 너희를 you guys / 발표 동안 during the presentation

I saw you guys during the presentation.
미드: Kevin from Work

박 군은 총격 동안에 흰 티셔츠를 입고 있었어.
박 군은 Park / 입고 있었다 was wearing / 흰 티셔츠를 the white T-shirt / 총격 동안 during the shooting

Park was wearing the white T-shirt during the shooting.
미드: Roswell

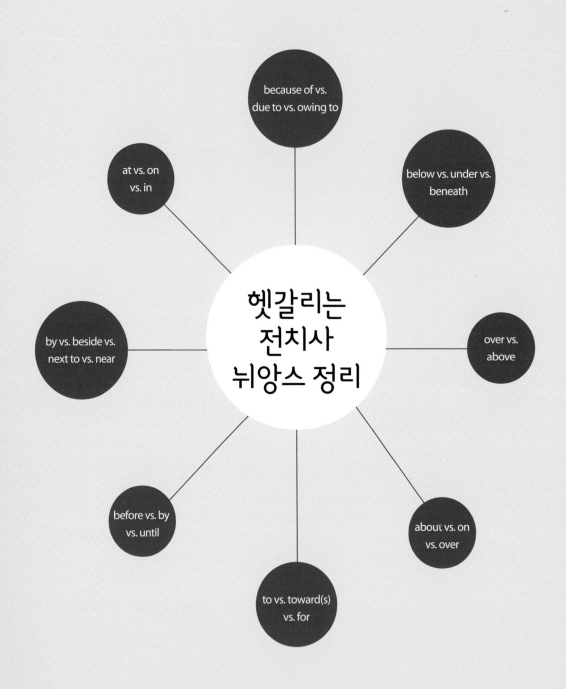

12

헷갈리는 전치사를 한눈에!

여기까지 오시느라 고생 많으셨습니다. 그런데 또 막상 생각해 보니까 앞에서 배웠던 내용이 가물가물하고, 얘가 걔였나 싶고 막 그러지 않나요? 맞아요. 그게 당연한 거예요. 특히 전치사는 우리말 해석으로만 봤을 때는 비슷비슷해서 혼동해 쓰기 딱 십상이죠.

아마 전치사가 어렵다고 하는 게 바로 그 이유 때문일 거예요. 그래서 여기서는 뜻이 비슷비슷한 전치사를 한눈에 이해할 수 있도록 정리했습니다. 그리고 한 가지 당부하고 싶은 건요, 우리말 해석만 보고 어떤 전치사를 떠올리면 안 된다는 거예요. 그 속에 숨어 있는 진짜 뜻을 봐야 한다는 것이죠. 예를 들어서, '내 몸 위에 담요가 있었다'와 '내 허리띠 위에 작은 구멍' 이 두 표현을 보세요. 두 표현에 공통적으로 있는 게 바로 '위에'라는 뜻이에요. '위에'라고 하니까 over가 생각나서 There was a blanket over my body.와 a small hole over my belt

라고 했어요. 맞을까요? 아니요, 틀립니다. 똑같은 '위에'지만 어떤 것을 커버하면서 위에 있는 것은 over, 단순히 어떤 것이 기준이 되어 그 기준의 위만을 지칭할 때는 above를 써야 합니다. 그래서 a small hole over my belt가 아니라 a small hole above my belt가 맞는 거죠.

거듭 당부하지만, 우리말 해석이 아니라 근본 의미를 파악하고 쓰셔야 합니다. 이제, 전치사 갈무리를 지으러 가볼까요?

at vs. on vs. in

장소와 관련해서 at/in/on은 모두 우리말 '~에'로 해석 가능합니다.
하지만, 각각 기본적으로 전달하고자 하는 이미지와 뉘앙스와 다릅니다.

at:

핵심은 '위치, 지점'입니다. at the corner (모퉁이에), at the bus stop (버스 정류장에)처럼 비교적 좁은 장소에서의 '한 점' 즉, 위치, 지점을 나타낼 때 쓰이죠. 또 비교적 넓은 장소에 해당하는 at the airport (공항에), at a concert (콘서트에), at the station (역에)처럼 해당 장소의 내부에 있음을 전달하는 게 포인트가 아니라, 그저 그 장소의 어딘가에 위치한 한 점으로서의 이미지를 전달하고자 할 때 역시 at이 쓰인다는 특징이 있습니다.

Meet me at the station.
(역에서 나 만나. – 공간 내부가 아닌 역 주위의 한 점 즉, 위치로서의 이미지를 전달)

in:

in th box (상자에), in the garden (정원에), in the building (건물에)처럼, 기본적으로 사각형 내부의 이미지를 전달합니다. 사각형의 이미지는 아니어도 도시나 국가에 있음을 말할 때도 역시 in이 사용되지요. (이것 때문에 큰 장소에는 전치사 in이 쓰이고, 작은 장소에는 at이 쓰인다고들 설명하는데요, 그게 잘못됐다는 거, 아시겠죠?)

I live in Korea.
(난 한국에 살아요. – 국가와 도시 안에라는 이미지를 전달)

on:

우리말 '~ 위에, ~에'란 뜻으로 가장 중요한 핵심은 바로 '접촉' 상태입니다. on the wall (벽에), on the ceiling (천장에), on the roof (지붕에), on the platform (플랫폼에)처럼 어딘가에 붙어 있는 접촉 상태라면 그것이 가로든 세로든 대각선이든 관계없이 on이 쓰일 수 있습니다.

The picture is on the wall.
(그 그림은 벽에 있어. – 벽 위에 있는 것이 아니라 벽에 붙어 있다는 이미지를 전달)

below vs.under vs. beneath

전치사 below와 under는 둘 다 우리말 '~ 아래에, ~ 밑에'란 뜻으로 사용 가능합니다. 하지만 이 둘의 가장 큰 차이점은 바로 접촉 여부입니다.

under:
하나의 대상이 다른 하나의 대상과 접촉 상태이거나, 또는 다른 하나를 덮고 있는 상태일 때는 below 대신에 under가 사용됩니다. 예를 들어, 앞에서 배운 예문 중 하나인 '코트 안에 스웨터를 입어.'는 머릿속에 이미지를 그려보면 결국 '코트 밑에 스웨터를 입어.'란 뜻이죠. 이 경우에는 전치사 below가 쓰일 수 없습니다. 왜냐하면, 코트가 스웨터를 덮으면서 접촉된 상태가 되기 때문에 반드시 under를 사용하여 Wear a sweater under the coat.라고 말해야 하는 거죠.
Wear a sweater under the coat. (○)
Wear a sweater below the coat. (X)

beneath:
under나 below에 비해 좀 더 문어체적인 표현으로 글이 아닌 일상 대화에서는 사용빈도가 많이 떨어지며, 보통 feet, surface 같은 특정 표현들과 즐겨 쓰입니다.
Something is moving beneath the surface of the water. (무언가가 수면 아래에서 움직이고 있다.)

단 숫자, 수치와 함께 말할 때는 under, below만 쓰이고 beneath는 사용되지 않습니다. (참고로 under의 경우는 나이, 시간, 몸무게 등을 말할 때, below는 온도나 키를 말할 때 주로 쓰입니다)
The temperature is below zero. (○) (기온이 영하이다.)
The bag is under 5 kilograms. (○) (가방은 5키로 이하이다.)
The temperature is beneath zero. (X)

over vs. above

above와 over는 둘 다 우리말 '∼보다 위에'의 뜻입니다. 차이점은 대상 간의 접촉이나 덮는 의미의 유무입니다.

over:
예를 들어, 앞에서 배운 예문 중에서 '난 양복 위에 코트를 입어야 해.'의 경우, 코트가 양복을 덮어서 접촉한 상태로 위에 위치하는 이미지가 그려집니다. 이 경우는 접촉의 의미를 지닌 over가 쓰입니다. 또 온도를 말할 때 같은 특수한 경우를 제외하고 two, three 등의 직접적인 수 (numbers)와 같이 쓰일 때는 above가 아닌 over를 써야 한다는 차이가 있습니다.

I should wear a coat <u>over my suit</u>. (○) (나 양복 위에다 코트 입을 거야.)
The temperature is <u>over 35 degrees</u>. (○) (온도가 35도가 넘어.)
<u>Over fifty people</u> will participate. (○) (50명 넘는 사람들이 참가할 거야.)
I weigh <u>over 70 kilograms</u>. (○) (난 몸무게가 70킬로가 넘어.)

above:
온도를 말할 때와 같은 특수한 경우를 제외하고 above는 절대로 대상 간의 접촉이나 덮는 의미로는 사용되지 않습니다. above sea level 즉, '해수면 위'처럼 대상 간 비교가 아닌 위치상 높은 곳에 있음을 나타내거나 위치나 지위의 우월함 등을 말할 때는 오직 above만 사용 가능합니다.

It's located <u>above sea level</u>. (○) (그것은 해수면 위에 위치해 있어.)
The temperature is <u>above 35 degrees</u>. (○) (온도가 35도가 넘어.)

about vs. on vs. over

전치사 **about, on, over**는 모두 공통적으로 '~에 관해서'란 의미로 사용이 가능합니다. 이들의 차이는 무엇에 관해서인가 즉, 언급되는 내용이 무엇인가에 있습니다.

about:
talk about (~에 대해서 말하다/이야기하다)란 표현에서 알 수 있듯이, 좀 더 일반적이고 다소 격식을 갖추지 않은 상황에서 '~에 관해서'라고 말할 때 about이 즐겨 쓰입니다. 앞에서 배운 예문 중에서 '그것은 한국 전쟁에 관한 책이야.'의 경우, 한국전쟁이라는 다소 일반적인 주제에 대해서 격식 없이 말하는 상황이라면 about을 쓰면 되지요.
It is a book about Korean war. (그건 한국 전쟁에 대한 책이야.)

on:
about에 비해 좀 더 구체적이고 세부화 된 내용에 관해 격식을 차리는 상황에서 말할 때 쓰입니다. 예를 들어, 한국전쟁이란 기간 동안 인천에 관한 책이라는 걸 구체적으로 말하고 싶을 때는 다음과 같이 말할 수 있지요.
It is a book on Incheon during Korean war.
(그건 한국 전쟁 동안의 인천에 대한 책이야.)

over:
좀 더 걱정이 되거나 혹은 논쟁과 토론이 필요한 주제에 대해 이야기할 때 즐겨 쓰이는 경향이 있습니다. '논쟁하다'의 동사 argue에서 그 대상을 언급할 때, over가 즐겨 사용되는 이유지요. (물론 비격식적으로 about을 써도 괜찮습니다.)
Let's not argue over this. = *Let's not argue about this.* (이것에 대해서 논쟁하지 맙시다.)

이 외에, concerning, regarding, in regard to, as to 등의 표현들도 '~에 관해서'란 뜻으로 쓰입니다. 이들은 대개 상호 호환이 가능하지만, 일상 회화에서는 그 사용빈도가 많이 낮은 편이고요, 오히려 문어체에서 즐겨 쓰이거나 좀 더 격식을 갖춘 상황에서 사용된다는 것만 기억해 두세요.

to vs. toward(s) vs. for

전치사 to, toward(s), for는 모두 방향성을 나타낼 수 있다는 공통점이 있습니다.

to:
정확한 목적 대상을 향해서 이동하는 이미지가 그려집니다.
He is coming to us. (그가 우리에게 오고 있어. – 정확히 우리에게)

toward(s):
향하고 있는 대상이 명확하기보다는 좀 더 넓은 의미에서 어떤 대상이 위치하고 있는 그 근처 주변 방향으로 이동한다는 차이가 있습니다.
He is coming towards us. (그가 우리를 향해 오고 있어. – 우리가 있는 방향으로)

for:
'～를 향해'라는 방향성을 띌 때 정확한 목적지, 행선지가 함께 언급되며, leave for (～를 향해 떠나다), bound for (～ 행인) 같이 묶여 쓰는 leave, bound 등을 익혀 두어야 합니다.
He left for Hawaii. (그는 하와이로 떠났어.)
This train is bound for New York. (이 기차는 뉴욕 행입니다.)

before vs. by vs. until (till)

before, by, until은 어떤 시간에 한정을 두어 나타낼 때 쓸 수 있습니다.

before:
'~ 전에'의 전치사 before는 언급되는 특정 시간이 오기 전에 어떤 행동이나 상황이 완료되어야 한다는 것을 의미합니다. 예를 들어, I want my report before Wednesday. (난 그 보고서를 수요일 전에 원해.)'란 말은 보고서를 수요일이 되기 전에 내게 줘야지 수요일이 돼서 주면 안 된다는 것을 강조하는 것이죠.
I want my report before Wednesday. (난 그 보고서 수요일 전에 원해.)

by:
시간적 표현으로서의 뜻은 '늦어도 ~까지'로 언급되는 그 시점을 데드라인으로 잡고 그때까지만 어떤 행동이나 상황이 완료되어야 한다는 것을 의미합니다. 예를 들어, Finish the report by Wednesday. (늦어도 수요일까지 그 보고서 끝내.)'란 말은 수요일을 마감일로 잡고 그 전에는 놀든 뭘 하든 상관없이 어쨌든 늦어도 수요일까지만 보고서를 완성시키면 된다는 것을 강조하는 것이죠.
Finish the report by Wednesday. (그 보고서 늦어도 수요일까지 끝내.)

until:
'~까지'의 전치사 until (줄여서 till)은 지속되는 기간을 나타냅니다. 예를 들어, I will work on the report until Wednesday. (나는 수요일까지 그 보고서를 작성할 거야.)'란 말은 수요일까지 계속해서 그 보고서를 진행하겠다는 뜻으로 시간의 지속, 계속을 강조하고 있는 것이 포인트입니다.
I will work on the report until Wednesday. (나는 수요일까지 그 보고서를 작성할 거야.)

by vs. beside vs. next to vs. near

by, near, beside, next to 등의 전치사들은 모두 '~ 옆에, 곁에'란 뜻으로 위치를 나타낼 때 쓰일 수 있습니다.

by:
보통 굉장히 가까운 거리를 의미할 때 사용되며 beside, next to 등과 크게 의미 차이 없이 혼용 가능합니다. 예를 들어, '나는 그녀 옆에 앉았어.'는 I sat by her. = I sat next to her. = I sat beside her. 모두 동일한 의미가 됩니다. 다만, 무언가의 곁을 지나가는 이동의 이미지는 by만 가지기에, '나는 그 가게 옆을 지나쳤어.' 같은 말은 오직 전치사 by를 써서 I passed by the store.라고 말해야 하는 거죠.

next to/beside:
next to와 beside의 경우는 두 대상 간 비교의 의미로 사용이 가능합니다. 예를 들어, '내 것은 네 것에 비해서 작아 보여.'와 같이 단순히 위치를 말하는 것이 아니라 두 대상을 나란히 놓고 비교를 하고자 할 때는 다음과 같이 말할 수 있는 거죠.
Mine looks small beside yours.
Mine looks small next to yours.

near:
'~의 근처에, ~ 가까이에'란 뜻의 near는 beside, by, next to 등과 비교해 가까이 있긴 하지만 이들보다는 좀 더 거리가 떨어져 있는 이미지로 기억하면 되겠습니다.
I live by a post office. (난 우체국 옆에 살아. – 굉장히 가깝게 느껴짐)
I live near a post office. (난 우체국 근처에 살아. – by보다는 좀 더 거리가 느껴짐)

because of vs. due to vs. owing to

어떤 결과에 대한 원인, 이유를 밝힐 때 '~ 때문에'의 의미로 가장 많이 쓰이는 전치사구들입니다. 이들 셋은 의미상 크게 차이 없이 사용 가능합니다.

because of:
일상회화에서 가장 압도적인 빈도로 쓰이는 전치사구입니다. 앞서 배운 예문처럼 '난 너 때문에 실패했어.'는 영어로 I failed because of you.라고 말하면 됩니다.
His success was because of pure luck. (O) (그의 성공은 순전히 운 때문이었다.)

due to/owing to:
because of를 대신하며 좀 더 격식을 갖춰야 하는 상황에서 쓸 수 있는 표현이 바로 due to와 owing to이지요. 단, 문법적으로 정확히 따지면 owing to와 다르게 due to는 형용사인 성격을 갖기에 be동사 뒤에 위치해야 함을 원칙으로 하고, 이 be동사 뒤에는 because of와 due to를 제외한 owing to는 사실 거의 사용되지 않습니다.

이들 외에, 전치사 at/with/of/for 등이 모두 '~ 때문에'의 뜻으로 사용 가능합니다. 하지만 because of/due to/owing to와는 다르게 아무 문장에서나 이 전치사들이 독립적으로 '~ 때문에'란 의미로 사용되지는 못합니다.

at은 be disappointed at이 '~ (때문)에 실망하다'인 것처럼, disappointed (실망한), surprised (놀란) 등의 특정 표현과 함께 쓰이면서 at의 기본 의미인 목적 대상을 향해서 말할 때 사용 가능하죠. with의 경우 기본 의미인 '~와 함께'란 수반의 의미를 담고, cry with (~ 때문에 울다), satisfied with (~에 만족한)처럼 어떤 대상과 함께 하면서 나타나는 감정을 전하고자 할 때 특정 표현과 함께 쓰이면서 '~ 때문에'란 의미가 전달되는 거죠. 이렇듯 기타 전치사들이 '~ 때문에'로 해석된 경우는 그 전치사들이 가진 원래 의미, 뉘앙스를 생각해 보면서 각 표현들을 이해해 주기 바랍니다.
I'm disappointed at him. = *I'm disappointed because of him.*
(난 걔한테 실망했어. = 난 걔 때문에 실망했어.)
I'm satisfied with the result. = *I'm satisfied because of the result.)*
(난 그 결과에 만족해. = 난 그 결과 때문에 만족해.)